Kira Geiss

Bittersüße Realität

KIRA GEISS

BITTER SÜẞE REALITÄT

Über mein Leben, Social Media und die Glamourwelt

adeo

Der Verlag weist ausdrücklich darauf hin, dass im Text enthaltene externe Links vom Verlag nur bis zum Zeitpunkt der Buchveröffentlichung eingesehen werden konnten. Auf spätere Veränderungen hat der Verlag keinerlei Einfluss. Eine Haftung des Verlages ist daher ausgeschlossen.

FSC www.fsc.org
MIX
Papier | Fördert gute Waldnutzung
FSC® C014496

1. Auflage 2024
Bestell-Nr. 835397
ISBN 978-3-86334-397-2

Umschlaggestaltung: Andreas Sonnhüter
Umschlagfoto: Studio Wey / www.studiowey.at
Satz: Uhl+Massopust, Aalen
Druck und Verarbeitung: GGP Media GmbH, Pößneck
Printed in Germany

www.adeo-verlag.de

Inhalt

TEIL 0 7

TEIL 1 11
Filmriss 12
Tiefpunkt 35
Neuanfang 56
Körperturbulenzen 79

TEIL 2 99
Top 80 100
Halbfinale 111
Finale 127

TEIL 3 149
Social Media Teil 1: Influencerin wider Willen 150
Grenzen und Grenzüberschreitungen 161
Wer ist die Schönste im Land? 178
Die Luxuslüge 190
Unerwünschte Nebenwirkungen 206
Der Blick hinter die Kulissen 220
Social Media Teil 2: Ein Experiment 243
Einundzwanzig Jahre 257

Anhang 267

Teil 0

Bist du schon mal in das Leben eines fremden
Menschen eingetaucht?
So tief, dass es sich anfühlt, als hättest du
manches davon selbst erlebt?
Ist dein Herz schon mal mit dem Herz
eines Buches verschmolzen?
So sehr, dass sich etwas in dir leer anfühlte,
als die Geschichte vorbei war?
Ich lade dich ein auf eine Reise.

Ich öffne dir mein Herz.
Nehme dich mit hinter die Kulissen.
Erzähl dir meine Geschichte.
Und wer weiß, vielleicht prägt meine ja deine?

Es ist dunkel. Ich drücke mich in den warmen Autositz. 22.36 Uhr. Noch eine Stunde, bis wir an der Ostsee ankommen. Eigentlich wollten wir nur essen gehen. Asiatisch. Aber als wir mit vollen Mägen gerade wieder ins Auto einstiegen, schoss mir ein Gedanke durch den Kopf: „Lasst uns noch nicht nach Hause gehen. Lasst uns lieber noch ein Abenteuer erleben!?“ Als ich in zwei grinsende Gesichter blickte, wusste ich, dass dieser Abend erst lange nach Mitternacht enden würde.

Wenig später starre ich mit einem zufriedenen Lächeln auf die roten Rücklichter des weit entfernten Autos vor uns. Eine meiner Freundinnen liest die nächste Karte des Fragespiels vor: „Bei wem von euch besteht das größte Potenzial, eine Berühmtheit zu werden.“ Ich kreische und lache, als eine von ihnen laut „Definitiv Kira“ ruft. „ICH?“ Zustimmendes Nicken und Kichern der anderen. Ich erwidere: „Niemals! Wofür sollte ich denn berühmt werden? Etwa für meine grauenhaft schlechten Kochkünste?“ Mittlerweile bin ich vor lauter Lachen den Tränen nahe.

Knapp ein Jahr später sitze ich einer MDR-Reporterin gegenüber, die eine Dokumentation über mein Leben und die Arbeit als Miss Germany dreht. Im Sekundentakt löchert sie mich mit persönlichen Fragen zu meiner Vergangenheit, Erlebnissen und Gedanken. Ich antworte karg. Weiche ihren Themen aus. Versuche, nicht zu viel preiszugeben. Ich will nicht, dass sie meine Geschichte erzählt und etwas völlig Neues daraus formt. Ich möchte sie viel lieber selbst erzählen!

Während des Schreibprozess dieses Buches habe ich sämtliche Emotionen durchlebt. Manche Kapitel habe ich unter Tränen geschrieben. Bei anderen hatte ich die pure Wut im

Herzen und bei vielen habe ich nichts als tiefe Dankbarkeit und Freude gespürt. Es war, als würde ich abwechselnd in eine bittere Grapefruit beißen, die meine Zunge pelzig werden lässt, nur um dann im nächsten Moment einen zuckersüßen Honiglöffel abzuschlecken. In drei Teilen habe ich meine bittersüße Lebensrealität aufs Papier gebracht, mit dem Ziel, echtes Leben in den Mittelpunkt zu stellen. Ich spreche über Alkoholmissbrauch, Übergriffe, meinen Weg zur Miss Germany, ungesunde Körperbilder und zeige einen ganz ehrlichen und unverblümten Blick hinter die Kulissen von Social Media, Glitzer- und Glamourwelt sowie meines eigenen Lebens.

An dieser Stelle möchte ich erwähnen, dass es sich bei allen Begebenheiten und Erlebnissen, die ich auf den folgenden Seiten erzähle, um meine subjektive Realität handelt. Mit diesem Buch möchte ich außerdem niemandem schaden, weshalb ich den Protagonisten in Teil 1 neue Namen zugeordnet habe. Zudem habe ich mich gemeinsam mit dem Verlag dazu entschieden, auf eine geschlechtergerechte Sprache zu verzichten, um den Lesefluss in den Erzählungen nicht zu stören. Gemeint ist aber ausdrücklich jede und jeder, die oder der dieses Buch in Händen hält.

Ich hätte nie damit gerechnet, mit 21 mein erstes Buch zu veröffentlichen, und sehe es als unglaubliches Privileg, auf diese Weise meine Geschichte erzählen zu dürfen, bei der die Süße meines Lebens rückblickend die Bitterkeit immer etwas übertrumpft hat! Von ganzem Herzen will ich deshalb meinen beiden Managerinnen und Freundinnen Ria und Katha danken. Ihr seid mein Rückgrat und begleitet mich in jeder Hoch- und Tieflage! Ohne eure Hilfe und den emotionalen Support wäre dieses Projekt kaum möglich gewesen. Mein zweiter Dank geht an Johannes. Danke, dass du an mich geglaubt und in mich investiert hast! Ohne deine Arbeit und die Gemeinde würde ich heute nicht hier stehen.

Und jetzt würde ich sagen: Film ab. Oder eben: Buch ab. Viel Spaß mit meiner Geschichte!

TEIL 1

Damals mochte ich meine
Die-jugendliche-Naivität-ist-so-schön Phase,
aber heute weiß ich, dass die
Ich-habe-Kontrolle-über-mein-Leben-Phase
noch viel schöner ist.

Filmriss

Ich bin dreizehn. Die bunten Lichter tanzen im Kreis um mich herum. Der Bass hämmert laut in meinem Schädel, sodass ich meine eigenen Gedanken kaum hören kann. Mir ist schlecht. Ich weiß nicht, wo ich bin. Ich taste nach den kalten Fläschchen in der Kängurutasche meines Pullovers. Sie stammen aus dem kleinen Kellerraum neben meinem Zimmer, in dem mein Vater verschiedene Spirituosen lagert. Trinken möchte ich sie jetzt eigentlich nicht, ich will mich nur vergewissern, dass sie noch da sind. Ich habe zwei Geschmacksrichtungen dabei: Käsekuchen und Blaubeere, einen für Celine und einen für mich. Sie hat mich hierhin mitgenommen. Gerade weiß ich aber nicht, wo sie sich rumtreibt. Ich will nach ihr suchen, aber jeder Schritt stellt eine Herausforderung dar. Ich stehe auf und versuche es trotzdem. Ich laufe wenige Schritte. Ich stolpere. Ich falle. Als letzter Gedanke schießt mir durch den Kopf, dass sich genau hier im Gras erst vorhin noch jemand erleichtert hat. Ekel kommt in mir auf, dann wird alles schwarz.

Als ich wieder zu mir komme, fühlt sich mein Körper taub an. Ich sitze am Lagerfeuer. Mittlerweile ist es dunkel geworden, meine Kehle brennt und meine Wangen sind nass. Ich glaube, ich habe geweint. Die Menschen um mich herum tanzen. Unter ihnen entdecke ich auch Celine. Das Zusammenspiel der schimmernden Lichterketten mit dem flackernden Lagerfeuer lässt ihre langen blonden Haare glänzen. Sie ruft mir etwas Unverständliches zu, lacht laut und winkt mich zu sich. Ich will antworten, doch die Wörter, die in meinem Kopf so klar klingen, ergeben ausgesprochen überhaupt keinen Sinn. Je öfter ich versuche, ihr etwas zuzurufen, desto wirrer wird das, was ich von mir gebe. Es fühlt sich an, als würde ich gegen mich selbst kämpfen. Als würde ich die Kontrolle über meinen Körper verlieren. Wieder wird alles schwarz.

Ich renne. Panik bricht aus – die Polizei kommt. Die Menschen stürmen durcheinander. Ich bin komplett verunsichert. Alles fühlt sich fremd an, die wenigen Gesichter, die ich kenne, verschwimmen in der Dunkelheit. Ich folge einer Gestalt mit hochgezogener Kapuze. Plötzlich gibt der Boden unter meinen Füßen nach, ich stürze eine Böschung hinunter und bleibe stumm im klammen Laub liegen. Mein Herz pocht, ich habe Angst und verstehe nicht, was gerade vor sich geht. Um mich herum raschelt und flüstert es, sehen kann ich aber nur die Äste, die sich in mein Gesicht bohren, und das gedimmte Licht der weit entfernten Lichterkette. Alle waren in Deckung gegangen. Niemand wollte dabei erwischt werden, weniger noch, niemand konnte es sich erlauben, erwischt zu werden. Volljährigkeit war schließlich auf dieser Party im Wald eher optional. Meine restlichen Erinnerungen an den Abend sind verschwommen. Nach einiger Zeit verlasse ich mein Waldversteck wieder, um mit schweren Beinen die Böschung hochzukrabbeln. Meine

Leggings ist mit einer Schicht Schlamm überzogen. Meine Handflächen sind rot und brennen, als wären sie über Asphalt geschrammt, um einen Sturz abzufangen. Es ist kalt und mein Herz pocht so laut, dass ich es fast hören kann. Langsam spüre ich meinen Körper wieder und beginne mir eine Geschichte zu überlegen, die ich meiner Mutter morgen erzählen könnte, um den Zustand meiner Klamotten zu erklären.

***

Acht Jahre später besuche ich mit einer Freundin spontan ein großes EDM Indoor-Festival. Schon seit einigen Jahren konsumiere ich Alkohol nur noch gelegentlich. Die erste Hälfte des Jahres gar nicht. Erst ab dem 24.06., meinem Geburtstag, gestatte ich es mir, hin und wieder mit einem Cocktail anzustoßen. Denn heute ist Alkohol für mich ein Genussmittel, das in Maßen genossen werden kann. Nicht mehr und nicht weniger. Selbst, wenn ich während der zweiten Jahreshälfte auf Festivals bin, trinke ich mittlerweile fast nie etwas. Ich mag es, die Musik zu hören und zu tanzen, und all das bei vollem Bewusstsein, um Erinnerungen zu schaffen und diese auch zu behalten.

Timmy Trumpet, Meduza und weitere bekannte Namen treten im Laufe des Abends auf und ich entscheide mich dazu, dieses Mal eine Ausnahme zu machen.

Während ich auf der Toilette bin, besorgt meine Freundin die zweite Runde an unverschämt teuren Getränken. In der Warteschlange zum Damen-WC fällt mir ein Plakat auf, das sich an die Besucherinnen des Festivals wendet: „Wenn du dich sexuell belästigt fühlst oder Hilfe brauchst, kannst du dich bei der Security oder unserem Personal mit dem Codewort ‚Luisa' melden", steht dort groß und schwarz geschrieben. Ich muss schmunzeln. Es gab in der Vergangenheit schon einige Situationen, in denen ich ein solches Schutzwort gebraucht hätte. Ich probiere die beiden Getränke, die sie besorgt hat. „Wodka-Bull oder Wodka-Lemon?", fragt sie mich. Ich erinnere mich durch den Geschmack des Wodka-Lemon schlagartig und ungewollt an meinen ersten Filmriss vor einigen Jahren zurück.

***

Mein Schädel brummt und ich kneife die Augen zusammen, um klar denken zu können. Das mit der Polizei war wohl eine Fehlinformation. Die Musik beginnt wieder zu dröhnen und die Party geht weiter. So wirklich viel bekomme ich davon jedoch nicht mehr mit. Eigentlich hätte ich heute gar nicht hier sein sollen, zumindest wenn es nach Anton gegangen wäre. Er ist Schülersprecher, um einiges älter als ich und seit Kurzem auch mein Freund. In diesen Kreisen aber ist er vor allem für eins bekannt: Er kann mehr trinken als alle anderen an unserer Schule. Dieselbe Erwartungshaltung gilt natürlich auch für seine Freundin und heute ist der Abend, an dem ich mich beweisen kann. Das Stück Wald, in dem gefeiert wird, gehört den Eltern von Antons Freunden. Hier stehen zwei heruntergekommene Bauwagen und alle zwei Wochen findet eine ordentliche Party statt. Der Alkohol wird, soweit ich weiß, entweder von älteren Geschwistern oder mit gefälschten Ausweisen besorgt.

Es ist ein Privileg, heute Abend hier sein zu können. Schon seit einer ganzen Weile ist es mein Ziel, zu einer dieser Partys eingeladen zu werden. Anton ist jedoch der Meinung, dass ich noch nicht so weit wäre und ihn nur blamieren würde. Deshalb bin ich auch mit Celine und nicht mit ihm gekommen. Celine ist traumhaft schön, schlank, blond, hat große Brüste, blaue Augen und sieht jetzt schon aus, als wäre sie achtzehn. Barbie wäre sicherlich neidisch auf sie gewesen, wenn sie Celine in ihrem Freundeskreis gehabt hätte. Sie lebt in meinen Augen den absoluten Traum. Ihre Eltern sind geschieden, sie wohnt mit ihrer Mutter, zwei älteren Halbschwestern und drei Chihuahuas in einem gigantischen Haus und so viele Regeln wie bei mir zu Hause gibt es nicht. Ihre Mutter erlaubt natürlich nicht alles, manches bekommt sie aber auch einfach nicht mit. Sie wirkt auf mich insgesamt eher wie eine beste Freundin als wie eine Erziehungsberechtigte. Gerade was die Jungsgeschichten betrifft.

Celine versteht es genau, ihre Attraktivität zu nutzen, und datet oft ältere Männer, die manchmal sogar zehn oder fünfzehn Jahre Altersunterschied zu ihr haben. Ich verbringe unglaublich viel Zeit mit und auch bei ihr. Oft mit dem heimlichen Wunsch, ein Stück mehr ihr Leben leben zu können. Und all das, obwohl ich sie noch gar nicht lange kenne. Es ist schließlich erst ein paar Wochen her, dass ich die Schule gewechselt habe. Das Endprodukt meines monatelangen Boykotts gegen die mahnenden Worte meiner Mutter und das Lernen grundsätzlich. Doch bereuen tue ich all das nicht, denn Celine ist schon jetzt das Beste, was mir hier hätte passieren können.

Es ist kurz nach drei Uhr nachts. Celine und ich machen uns auf den Heimweg. Anton und sein bester Freund Tom begleiten uns. Mir ist übel und ich sehne mich nach meinem Bett und einem Glas Wasser. Denn der Inhalt der Wasserflasche, die ich vorhin bekommen hatte, als ich neben dem Lagerfeuer auf dem Boden lag, war nur purer Vodka gewesen.

Wir kommen nur langsam voran. Es fällt mir schwer, geradeaus zu laufen. Der Feldweg, auf dem wir uns befinden, ist uneben und ich stolpere von Zeit zu Zeit über Maulwurfshügel oder meine eigenen Füße. Immer, wenn ich meinen Blick aufrichte und auf die Bäume entlang des Weges schaue, fühlt es sich an, als würden sie um uns herumtanzen und ebenfalls langsam nach Hause taumeln. Ich versuche, mich auf den Weg zu konzentrieren und Celines hysterischen Anfall auszublenden. Sie ist aufgewühlt, weil es hier mitten im Wald kein Netz gibt. Falls unsere Handys nicht irgendwann wieder Empfang bekommen sollten, müssen wir die restlichen zehn Kilometer vollständig zu Fuß bewältigen. Den Jungs ist das egal. Sie hatten ohnehin geplant, bis in die Morgenstunden nach Hause zu laufen. Sie nennen das ihre „Ausnüchterungsstrecke“.

Anton ist in der Schule unglaublich beliebt. Seitdem wir uns kennen, schreiben wir uns täglich Nachrichten. Angefangen hat all das vor einer Weile an einem heißen Tag am See, bei dem wir und einige andere mit Tretbooten aufs Wasser hinausgefahren sind. Als die anderen schon im See waren, gab es so einen Moment zwischen uns. Ich kann ihn gar nicht richtig in Worte fassen. Es war einfach besonders. Danach hat er mich hochgenommen, in den See geworfen und ist lachend hinterhergesprungen. Den restlichen Tag hat er gar nicht mehr aufgehört, mit mir zu flirten. Seitdem haben wir beide den Kontakt intensiviert und gemerkt, dass da mehr ist. Deswegen hat er mir auch versprochen, die Freundschaft Plus mit einem anderen Mädchen zu beenden, damit er sich auf mich konzentrieren kann. Vor Kurzem hat er mich dann bei einem Spaziergang beim Sonnenuntergang gefragt, ob ich seine Freundin sein möchte. Natürlich habe ich ja gesagt. Man hat schließlich nicht jeden Tag die Möglichkeit, mit dem beliebtesten Jungen der Schule zusammen zu sein.

Und dann ist da noch Tom. Antons bester Freund, der direkt neben ihm wohnt. Es ist mir in diesem Moment zwar nicht bewusst, aber mit diesen drei Personen werde ich für die nächsten Jahre einen Großteil meiner Zeit verbringen.

Ich stecke meine Hände in die Tasche meines Pullovers. Die kleinen Fläschchen von vorhin sind nicht mehr da. Ich erinnere mich düster daran, wie Celine und ich uns die winzigen Deckel auf die Nase gesteckt haben und daraufhin die Fläschchen zwischen unsere Zähne klemmten. Gerne hätte ich gewusst, wie der Cheesecake-Schnaps schmeckt, doch jegliche Erinnerung ist verpufft. Stattdessen halte ich eine rote Packung Zigaretten in der Hand. Anton ist wütend auf mich, da ich nicht einmal vier Becher Wodka Lemon vertragen habe, ohne völlig besoffen zu sein. An den ersten kann ich mich noch gut erinnern. Ich hatte ihn so schnell getrunken, dass die süße, klebrige Flüssigkeit mein Kinn heruntergelaufen und auf den Kragen meines Pullovers getropft ist. Einer der Jungs, der die Party veranstaltet hat, stand neben mir und hat laut gerufen: „Das ist Antons Freundin. So wie die trinkt, erkennt man das sofort!“ Ich bin stolz gewesen. Wie viel ich aber danach noch getrunken habe, verschwindet wieder im Nebel.

Wir laufen schweigend nebeneinander her. Tom reicht mir sein Feuerzeug, um die Zigarette in meinem Mund anzuzünden. Ich habe noch nie geraucht. Glaube ich zumindest. Wer weiß schon, was heute Abend alles passiert ist. Ich nehme einen langen Zug und puste den Rauch aus. Anton schaut zu mir und lacht. Er bleibt stehen und sagt: „Wenn du schon rauchen musst, dann aber auch richtig. Du paffst ja nur.“ Die Flamme des Feuerzeugs leuchtet erneut in der Dunkelheit auf. Er zündet sich ebenfalls eine Zigarette an. Eine, die er selbst gedreht hat. Das ist günstiger, hat er mir vor einigen Tagen erklärt. Er nimmt ein paar Züge und pustet den Rauch in kleinen Ringen aus seinem Mund, die er kurz danach wieder mit seinen Händen einfängt und zerdrückt. „Eigentlich ist es ganz einfach“, sagt er und grinst, während er den Rauch des nächsten Zuges aus der Nase ausbläst. „Wenn du an der Zigarette ziehst, musst du dir einfach nur vorstellen, dass deine Mutter plötzlich in der Tür steht. Du sagst: ‚AAAAH, die Mama kommt‘ und atmest den Rauch tief in deine Lunge ein. Dann bemerkst du aber, dass es doch nicht deine Mutter, sondern nur eine fremde Frau gewesen ist. Erleichtert sagst du ‚OOOOH doch nicht‘ und atmest den Rauch langsam wieder aus.“

Das klingt plausibel. Ich nehme einen Zug, atme tief ein und denke an seine Worte ‚AAAAH, die Mama…‘. Meine Kehle brennt, ich bekomme keine Luft. Mein Husten ist laut. Dabei fühlt es sich so an, als ob Risse in meiner Lunge entstehen. Aus meinem Mund kommen keine Kreise, sondern kleine Wölkchen, die in meinen Augen brennen. Ich kneife sie zusammen, aber dadurch schmerzt es nur noch mehr. Einzelne Tränen tropfen auf den Boden. Anton lacht, die anderen schmunzeln. Ich bin wütend und versuche es erneut. Dieses Mal gelingt es mir, den Rauch einigermaßen kontrolliert auszuatmen. Aber die Schmerzen in meinem Hals lassen nicht nach. Die restliche Zigarette rauche ich paffend zu Ende, aber so, dass es keiner der anderen mitbekommt.

Ein paar Minuten später brettert Celines Schwester mit ihrem roten Auto schwungvoll um die Kurve. Erleichterung macht sich in mir breit. Meine Beine fühlen sich taub an und mein Knöchel schmerzt vom Sturz in die Böschung. Ich weiß nicht, ob ich die Kraft gehabt hätte, bis zu Celine nach Hause zu laufen. Die Jungs setzen ihre Ausnüchterungsstrecke ohne uns fort.

Die Musik aus den Autoboxen ist laut. Angestrengt versuche ich, dem Gespräch von Celine und ihrer Schwester zu folgen. Ich kann die Augen vor Müdigkeit kaum aufhalten, weshalb ich mich quer auf die Rückbank lege. Unsanft werde ich aus dem Halbschlaf gerissen, als ich durch ein abruptes Bremsen in den Fußraum stürze. Kraftlos ziehe ich mich mühsam zurück auf die Sitzbank. Plötzlich bin ich hellwach. Ich schmecke etwas Säuerliches in meinem Mund. „Ich glaub, ich muss kotzen“, sage ich laut. Celines Schwester wird hysterisch, steigt abrupt auf die Bremse und schreit: „Kurbel das Fenster herunter, verdammt! Wehe, da landet was auf meinem Sitz!“ Als ob das hier drin einen Unterschied machen würde. Das Auto ist nicht gerade der Inbegriff von Sauberkeit. Leere Getränkedosen gesellen sich im Fußraum zu Lidschattenpaletten und McDonalds-Verpackungen.

Ich strecke meinen Kopf aus dem Fenster, während Celine meine Haare hält. Verschiedene Substanzen, bei denen ich mich nur zum Teil daran erinnern kann, sie heute Abend gegessen zu haben, verlassen meinen Körper.

Am nächsten Tag erzähle ich meiner Mutter von einem gelungenen Abend am Lagerfeuer. Den Zustand meiner Klamotten führe ich darauf zurück, dass wir Celines Chihuahuas im Wald suchen mussten und ich dabei aus Versehen hingefallen bin. Während ich meiner Mutter diese Lüge erzähle, plagt mich das schlechte Gewissen. Ehrlichkeit wurde in meiner Familie immer großgeschrieben. Aber wenn ich diese neue Freiheit behalten möchte, bleibt mir nichts anderes übrig.

***

Seitdem Anton seinen Mopedführerschein bestanden hat, sehen wir uns häufiger. Einmal nehmen wir uns eine vierstündige Fahrt auf seiner kleinen Maschine vor, um den Tag im Europapark zu verbringen. Dieser Ausflug bedeutet mir viel, denn er lässt an diesem Wochenende eine große Party sausen, um mit mir Zeit zu verbringen. Das Aufheulen des Motors und das vibrierende Gefühl unter mir versetzen mein Herz in einen aufgeregten Rhythmus. Es ist, als hätten wir eine Art Freiheit auf zwei Rädern, die uns überall hinbringen kann und nur uns beiden gehört. Die Morgensonne wärmt mein Gesicht und ich habe den Duft von Benzin in der Nase. Vor lauter Vorfreude auf die Achterbahn und all die Leckereien fange ich leise an zu kichern und ein erwartungsvolles Kribbeln zieht sich durch meinen ganzen Körper.

Dass ich hier Jahre später im glitzernden Kleid auf dem roten Teppich stehen würde, hätte ich mir nie erträumt. Es bringt mich zum Schmunzeln, was für verrückte Wege das Leben manchmal nimmt.

Im Park kauft mir Anton ein kleines Lebkuchenherz mit rosa Zuckeraufschrift „Schatz". Als ich es in meiner Tasche verstaue grinse ich über beide Ohren. Diese liebe Geste lässt die fiesen Worte, die er mir während unseres gestrigen Streits an den Kopf geworfen hat, verblassen. In der Hoffnung, mit dem süßlich duftenden Brot auch die Erinnerungen an die gemeinsame Zeit aufbewahren zu können, binde ich es am nächsten Tag an das Geländer meines Bettes. Doch im Gegensatz zu unseren Stunden im Freizeitpark ist die Rückfahrt der reinste Albtraum. Meine romantischen Frühlingsgefühle, die sich im Laufe des Tages wie eine Decke über mich gelegt hatten, verpuffen, als ich die pechschwarze Wolke entdecke, die sich vor uns auftürmt. Wir fahren auf direktem Wege in das totale Unwetter.

Nur Minuten später peitscht der Wind so sehr, dass die kleine Maschine gefährlich zu wackeln beginnt. Als es dann noch anfängt zu regnen, zieht Stück für Stück die Angst vor einem Unfall in mir ein. Die Straße ist unter den Wassermassen kaum mehr sichtbar und meine Klamotten sind vom strömenden Regen völlig durchnässt. Die Sicht ist so schlecht, dass wir uns an den roten Rücklichtern der Autos vor uns orientieren müssen. Ich kneife die Augen zusammen, um etwas sehen zu können. Zum Regen gesellen sich Blitz und Donner. Mit der linken Hand klammere ich mich um Antons Bauch, mit der rechten halte ich mich am kleinen Griff unter meinem Sitz fest. Wir legen uns gemeinsam in die Kurven und im nächsten Moment gegen die Windböen, um nicht umzukippen.

Ich bin dankbar, in einer „Motorradfamilie“ aufgewachsen zu sein. Bevor ich laufen konnte, habe ich schon auf großen Maschinen gesessen. Zu Hause am Kühlschrank hängt ein altes Bild von meiner Mutter, wie sie mit mir im Bauch auf einer schwarzen Harley Sportster sitzt. Als ich älter wurde, habe ich viele Stunden mit meinem Vater auf der Straße verbracht und mit der Zeit gelernt, wie ich mich in solchen Momenten bewegen muss. Ein kleiner weißer LKW rast an uns vorbei und ein Wasserschwall schwappt über unsere Köpfe. Während Anton etwas Unverständliches flucht, lacht der kleine Junge auf dem Beifahrersitz und zeigt uns den Mittelfinger. Sein frecher Ausdruck mitten im Chaos lässt mich schmunzeln.

Vor Angst, einer der Blitze könnte uns treffen, stellen wir uns bei der nächstbesten Brücke unter. Obwohl die Rückfahrt zweifellos ein Reinfall war, schlüpfe ich abends glücklich und zufrieden neben Anton unter die schwere Bettdecke.

Wir liegen gemeinsam in seinem kleinen Bett. Eigentlich ist es eher ein Klappsofa, das selbst für eine Person zu schmal ist. Es ist stickig und eng. Seine Eltern haben keine Gästematratze, geschweige denn ein Gästezimmer, weshalb ich keine andere Wahl habe, als mir mit ihm den begrenzten Raum zu teilen. Wenn ich hier bin, fällt es mir schwer, gut zu schlafen. Heute kommt mir die Luft besonders trocken vor, was das Atmen und Einschlafen zusätzlich erschwert. Ich starre an die schwarze Decke, während sich meine Augen langsam an die Dunkelheit gewöhnen. Antons Arm liegt um meinen Nacken.

Ich bekomme langsam einen Krampf, aber es ist die einzige Position, die es uns ermöglicht, gemeinsam in diesem Bett zu liegen. Während er leise schnarcht, höre ich seine Eltern im Wohnzimmer dumpf sprechen. Ich kann nur Wortfetzen und keine ganzen Sätze verstehen. Ich finde sie seltsam und versuche Gespräche mit ihnen zu meiden.

Eigentlich ist hier alles seltsam. Das Haus gehört seiner Großmutter. Die Eltern wohnen hier nur zur Miete. Es riecht modrig. Die Inneneinrichtung sieht aus wie aus den 1980er-Jahren und in der Küche hängt ein verstaubtes Bild vom Papst. Freitags gibt es immer Fisch. Ich bin nicht gerne hier. Den Großteil unserer Zeit verbringen wir aber sowieso bei Tom. Schließlich wohnt er nur fünfzehn Meter weiter in einem riesigen Haus. Dort gibt es einen gigantischen Garten, einen großen Balkon und seine Eltern sind richtig sympathisch. Manchmal wünschte ich mir sogar, sie wären Antons Eltern. Dann hätte ich eine absolute Bilderbuch-Beziehung. Aber das kann ich natürlich niemandem verraten.

Tom und ich sind mittlerweile ziemlich gute Freunde. Er versteht mich am besten, wenn es mit Anton mal nicht so rund läuft, schließlich kennt er ihn schon sein Leben lang. Mit ihm kann ich über alles reden, was ich meinen Eltern oder Celine nicht anvertrauen kann. Ich habe schon öfter in der Küche seiner Eltern am Tresen gesessen und ihm mein Herz ausgeschüttet, während er Pancakes oder Grilled-Cheese-Sandwiches für uns gemacht hat.

Celine hat ein grundsätzliches Problem mit Anton, weshalb ich sie häufig nicht als Ratgeberin einbeziehe. Nach unserem letzten Beziehungsstreit hat sie mir diese Nachricht geschickt:

"Hey bby, also ich hab dich ja echt mega lieb, aber das mit Anton hat mir heute einfach schon wieder gezeigt, dass der einfach nur ein dummes Stück Dreck ist. Der denkt immer, er ist so toll, weil er so viel saufen kann, und übersieht dabei, was er da tagtäglich für ne beschissene Show abzieht. Wenn der so Sachen sagt wie: „Den Typen schlage ich zusammen, wenn er mir nochmal so kommt. Ich habe schon ne Narbe von 'nem Älteren, noch eine macht mir nichts aus" bla bla bla, da bekomme ich das große Kotzen. Das ist doch einfach lächerlich. Sein Gelaber und wie der mit dir umgeht ist einfach unter aller Sau. Der kann einfach keine Kompromisse eingehen! Da kann ich nicht länger leise sein. Du bist mein Mädchen und wenn der nochmal sowas abzieht, raste ich echt aus."

Auch wenn sie es lieb meint, ist sie vermutlich zu befangen. Vor unserer Beziehung war Anton in einer Freundschaft Plus mit einer guten Freundin von ihr. Damals hat er zwar nicht immer die besten Entscheidungen getroffen, aber das macht ihn ja nicht direkt zu einem schlechten Menschen. Außerdem ist Celine auch nicht gerade für ihre durchdachten Entscheidungen bekannt. Anton ist einfach temperamentvoll, aber das bin ich auch. Wenn sie wüsste, wie liebevoll er sein kann, wenn wir beide allein sind, würde sie sicher anders über ihn denken. Außerdem raucht er kein Cannabis mehr, seitdem wir zusammen sind, weil ich es nicht gutheiße. Alkohol ist das eine, aber mit härteren Drogen möchte ich nichts zu tun haben. Dass er auf mich eingeht, zeigt am Ende doch nur, wie wichtig ich ihm bin und dass er bereit ist, in unsere Beziehung zu investieren. Sie wird das irgendwann auch noch sehen.

* * *

Ich stehe vor dem großen Regal der Spirituosenabteilung und gehe im Kopf die verschiedenen Möglichkeiten durch. Malibu, Berentzen oder doch Weinschorle? Eigentlich würde ich gerne den neuen blauen Hugo kaufen, den gerade alle trinken. Heute ist es nämlich endlich soweit! Das alljährliche Stadtfest namens „Rutenfest" steht an und ich kann die Party, das Feuerwerk und vor allem den Käfig auf dem blauen Platz, eine Art Outdoor-Club mit gigantischer Tanzfläche, kaum erwarten. Denn über die Geschichten, die hier passieren, wird noch das ganze nächste Jahr gesprochen. Und ich bin bereit für einen legendären Abend!

Meiner Mutter habe ich erzählt, dass ich bei Celine übernachte. Ob das auch so sein wird, weiß ich allerdings noch nicht. Als wir vor ein paar Wochen auf einem anderen Stadtfest waren, ist sie einfach mit dem Sohn des Inhabers eines Fahrgeschäftes verschwunden. Ihre ältere Schwester und ich haben sie dann nach Ewigkeiten in seinem Wohnwagen gefunden oder besser gesagt gehört. Also saßen wir eine halbe Ewigkeit mit unseren leeren Cocktailgläsern auf den kleinen, kalten Treppen seines Wohnwagens und warteten, bis sie ihr Techtelmechtel beendet hatten. Als sie uns später entdeckte, begrüßte sie uns lediglich mit einem verschmitzten Grinsen und hat bis heute kein weiteres Wort über diesen Abend verloren. Solche Geschichten sind keine Seltenheit bei Celine und aktuell ist sie auch in keiner Beziehung, weshalb ich nicht garantieren kann, dass sie heute Nacht überhaupt nach Hause kommt.

Am liebsten würde ich aber sowieso bei Anton übernachten, um sicherzugehen, dass er auch wirklich in seinem Bett landet. Schließlich ist er mir erst neulich bei einer Bauwagenparty fremd gegangen. Es war nur ein Kuss und trotzdem ein schreckliches Gefühl, das mir zuvor unbekannt war. Nie hätte ich gedacht, dass mir so etwas passieren würde, geschweige denn, dass er mir so etwas antun könnte.

Ich erinnere mich noch sehr gut an diesen Nachmittag. Antons Nachricht erschien auf meinem Display: „Wir müssen reden. Gestern Abend hatte ich was mit einer anderen. Wir haben uns nur geküsst, aber ich weiß, dass es dich trotzdem verletzen wird. Ich hoffe, du kannst mir verzeihen." Nachdem ich die wenigen Worte immer und immer wieder in meinem Kopf wiederholt hatte und mir langsam bewusst wurde, was sie bedeuteten, fiel ich in eine Art Schockstarre. Ich stand regungslos da und hatte nicht einmal die Kraft, richtig zu weinen. Eine Mischung aus Verzweiflung, Trauer und Wut durchzog meinen gesamten Körper und machte es mir unmöglich, in der darauffolgenden Nacht einzuschlafen. Eine Vielzahl an Fragen drehte sich wie ein Karussell, Runde für Runde, in meinem Kopf, bis mir davon fast schwindelig wurde. Ich dachte immer wieder: Hat er sie geküsst, weil er etwas für sie empfindet? Ist sie attraktiver als ich? Habe ich etwas falsch gemacht? Vor allem aber hat mich die Angst davor wachgehalten, durch diesen Vorfall all das Gute in meinem Leben zu verlieren. Die Freiheit, meine Beziehung und den Freundeskreis. Die Dinge, die mich ausmachten, die mich glücklich machten und die ich nicht bereit war aufzugeben. Schließlich waren es mehr seine als meine Freunde. Würde ich ihn verlieren, würde ich auch sie verlieren. Wie sollte ich also darauf reagieren? Ihn zur Rede stellen, eine Beziehungspause oder sogar die Trennung einfordern? Oder doch lieber schweigen und so tun, als wäre nichts gewesen? Ich wünschte mir, es gäbe ein festes Regelwerk bei so etwas. Ein Handbuch, in dem ich nachschlagen könnte. Wenn ich nochmal beim Schwänzen erwischt werden würde, gäbe es einen Eintrag ins Klassenbuch, und wenn ich die Zeit vergessen und abends mal wieder zu spät nach Hause kommen würde, gäbe es für die nächsten zwei Tage Handyverbot. Aber in dieser Situation wusste ich einfach nicht, wie man sich korrekt verhält.

Zum Glück kann ich mich in solchen Momenten auf Tom verlassen. In einem langen Gespräch hat er mich beruhigt und mein schreckliches Karussell zum Anhalten gebracht. „Das war nichts Ernstes, nichts was von Herzen kommt, Kira!“, meinte er immer wieder. „Du weißt doch, wie viel Jägermeister Anton trinkt. Der war bei dem Kuss nicht einmal richtig anwesend. Du bist die Einzige für ihn, da bin ich mir sicher!“ Seine Worte waren wie Balsam auf meiner Seele und trotzdem hat es sich so angefühlt, als ob sich durch dieses Erlebnis etwas in mir verändert hätte. Etwas, das vermutlich nicht allzu schnell wieder verschwinden würde. So richtig viel darüber geredet haben Anton und ich bis jetzt nämlich noch nicht. Ich weiß, dass es ihm unangenehm ist, aber das soll sich heute im Laufe des Abends ändern. Nach unserem Gespräch wird sicherlich alles wieder gut werden, oder zumindest besser.

***

Mir ist kalt und ich reibe über die Gänsehaut auf meinen Armen. Ich brauche etwas, dass ich schnell trinken kann, ohne davon direkt betrunken zu sein. Ziel ist schließlich ein guter Rausch, mit dem es sich lange tanzen lässt. Später werde ich wegen der Security nicht mehr ganz so einfach an Alkohol kommen und im Käfig ist es verboten, eigene Flaschen mitzubringen. „Kommst du bby?“, säuselt mir Celine zu, die plötzlich mit einer Flasche Weinschorle im Arm neben mir steht. Sie trägt wie so oft eine schwarze Skinny Jeans in Lederoptik, einen Spitzen-Body mit tiefem Ausschnitt und lange rote Gelnägel. Sie sieht damit wie immer einfach nur fantastisch aus. Ich greife schnell nach einer weißen Flasche, auf der *Tropica Fruchtwein – Pina Colada* steht und folge ihr zur Kasse, wo eine ältere Mitschülerin schon auf uns wartet, um den Alkohol für Celine und mich zu kaufen. Kokosnuss ist immer gut.

Wir sind spät dran. Als wir zu den anderen stoßen, haben die meisten nur noch Reste in ihren Flaschen. „Hurra, die Welt geht unter“, dröhnt laut aus den Boxen und beschallt die ganze Straße. Einige trinken die erste Runde Klopfer und schlagen die kleinen Flaschen gegen ihre Handballen. Andere spielen Bier Pong zwischen Gehweg und Straße und ein Paar aus Antons Stufe lehnt an der Hauswand und knutscht wild miteinander. Ich beneide sie. Bei solchen Veranstaltungen ist jede Spur von Romantik und Zärtlichkeit zwischen Anton und mir verschwunden. Im Gegenteil, manchmal ignoriert er mich fast schon. Ich nehme einen großen Schluck aus meiner Flasche. Der leicht künstliche Kokosgeschmack wird von dem brennenden Gefühl des Alkohols in meinem Hals begleitet. Mit jedem weiteren Schluck wird mein Bauch immer wärmer und das angenehme und altbekannte Kribbeln in mir breitet sich aus. Nicht mehr lange, bis sich der Alkohol auch in meinen Kopf ausbreitet und all das Chaos der letzten Wochen egal wird. Bei dem Gedanken zieht sich ein Lächeln über mein Gesicht, heute

Abend würde alles gut werden, dafür ist gesorgt! Ich nehme einen weiteren Schluck und reiche die Flasche an Celine weiter. Doch sie rümpft nur die Nase und schüttelt den Kopf.

„Ex, ex, ex." Im Augenwinkel sehe ich, wie Anton unter lauten Anfeuerungsrufen Schluck für Schluck eine Flasche Jägermeister leert, den Kopf wild schüttelt und eine Art Jubelschrei ausstößt. Im nächsten Moment öffnet er schwungvoll eine Bierflasche mit Hilfe seiner Backenzähne und setzt erneut an. Tom steht mit dem Biertrichter in der Hand daneben und heult auf wie ein Wolf. Die restlichen Jungs stimmen ein und brechen danach in tosendes Gelächter aus. „Sehen wir uns beim Feuerwerk", rufe ich Anton hinterher, bevor er mit den Jungs in der Menschenmenge verschwindet. Er nickt und formt mit seinen Lippen ein leises „Versprochen".

Es hatte mich verletzt, als Anton meinte, er würde heute nicht mit mir feiern gehen, damit ich ihn nicht erneut blamiere. Er spielt immer noch auf die Bauwagenparty vor anderthalb Jahren an, bei der ich meinen ersten Filmriss hatte. Bis heute wird mir übel, wenn ich Wodka Lemon nur rieche. Doch anstatt mir vor lauter Frust den Abend versauen zu lassen, puste ich ihn mit dem Rauch der Menthol-Zigarette aus meiner Nase aus. Rauchen habe ich gemeinsam mit Celine nach einigen heimlichen Ausflügen in den Wald inzwischen gelernt.

Ein Ellenbogen bohrt sich zwischen meine Rippen und das Mädchen vor mir dreht seinen Kopf so schwungvoll, dass seine Haare quer durch mein Gesicht fegen. Mit der einen Hand halte ich meine kleine Glitzertasche und mit der anderen die weiche Hand von Celine. Wir stehen in der langen Schlange vor dem Käfig an. Die Security kontrolliert alle Besucher haargenau.

„Können die nicht ein bisschen schneller machen?“, frage ich genervt, als der erste DJ bereits zu spielen beginnt. Es ist heiß, eng und der Typ hinter mir atmet ständig seinen feuchten Bieratem in meinen Nacken. Ich will hier weg und endlich tanzen!

Die großen Hände des breit gebauten Security-Mannes tasten meine Arme, Beine und Taille grob ab, während er mich kritisch mustert. Selbst in meine kleine Tasche will er einen Blick werfen, obwohl mein Handy schon kaum Platz darin findet. Ich habe Angst, dass er in meinem Atem den süßen Alkohol von vorhin riecht, und presse die Lippen aufeinander. Seine Worte „Ausweis bitte!“ reißen mich aus meinen Gedanken. Als er mein Geburtsjahr sieht, zieht er eine Augenbraue hoch, greift nach einem der roten Papierbänder und legt es um mein Handgelenk. Jetzt wissen alle, dass ich unter sechzehn bin und keinen Alkohol kaufen kann. Ich schäme mich. Genauso gut hätte ich es mir auf die Stirn schreiben können! Das Band ist zu eng und das Papier schneidet in meine Haut. Ich spüre meinen Puls und versuche es zu lockern. Doch vergebens. Hoffentlich wirkt der Alkohol bald, dann wird auch meine Hand taub und der Schmerz vergeht.

Der Käfig ist überwältigend. Die Musik ist laut, Menschentrauben bilden sich um die Getränkebuden und ein paar Jungs breakdancen oberkörperfrei auf dem blauen Boden. Ich fühle mich elektrisiert. Am liebsten würde ich mich direkt in die Menge stürzen und bis zum Feuerwerk den ganzen Abend durchtanzen. Doch Celine greift wieder nach meiner Hand und zieht mich stattdessen durch die Menschenmenge hinter sich her.

Wir sitzen auf der Wiese in der Nähe des Metallzauns und ich beginne mich zu langweilen. Es dämmert bereits und ich bin immer noch nicht tanzen gewesen. Die anderen wollen lieber weiter trinken und mit den Jungs neben uns flirten. Entstehen so die legendären Partygeschichten? Ich hatte mir von diesem Abend mehr erhofft. Mehr tanzen, mehr singen, einfach insgesamt mehr Action.

Ein Mann in schwarzer Kleidung nähert sich uns und ich trinke aus Angst den ganzen Becher Wein in einem Zug leer. „Chill mal bby!“ Celine hat die Situation amüsiert beobachtet und fängt an zu lachen. „Die werden dich sicher nicht wegen so einem kleinen Becher Wein rauskicken.“ Sie hat gut reden. Lediglich das rote Band an ihrem Handgelenk verrät, dass sie noch nicht sechzehn ist. Würde sie es abreißen, könnte sie wie immer problemlos als achtzehn durchgehen. Die älteren Mädels grinsen und ich schäme mich ein bisschen. Ich möchte auf keinen Fall, dass meine Eltern von all dem etwas mitbekommen und unter Umständen sogar noch von der Polizei informiert werden. Celines Mum würde in so einem Fall vermutlich nur schmunzeln und sie vielleicht ein Wochenende zum Hundesitten verdonnern, wenn überhaupt. Meine Eltern würden mir vermutlich Handyverbot bis zum Schulabschluss verordnen und mich nie wieder am Wochenende vor die Tür lassen. Ich bin auf jeden Fall nicht bereit, es herauszufinden.

Ich bin spät dran und renne durch die breite Straße, an der sich links und rechts die Essensstände häufen. Mein Ziel ist das Riesenrad, an dem ich mich mit Anton für das Feuerwerk verabredet habe. Hoffentlich wird der restliche Abend erfolgreicher. In der dicht gedrängten Menschenmenge halte ich nach Anton Ausschau. Zehn Minuten später fehlt immer noch jede Spur von ihm. Als auch der Versuch, ihn anzurufen scheitert, beginne ich, mir Sorgen zu machen. „Verdammt, wo bist du?“, spreche ich sauer auf seine Mailbox. Meine Vorfreude auf das Feuerwerk wird immer mehr von dem Gefühl der Unsicherheit überschattet. Die Minuten verstreichen und ich weiß weder, wo sich Anton rumtreibt, noch wo Celine ist. Falls ich niemanden erreiche, wartet ein noch größeres Problem auf mich: Ich weiß nicht, wo ich heute schlafen soll.

Eine Mischung aus Wut und Angst macht sich in mir breit. In einer halben Stunde beginnt das Feuerwerk. Hat er mich vergessen? Oder liegt er vielleicht im Krankenhaus? Erst neulich musste einem Mädchen aus seiner Klasse der Magen ausgepumpt werden, weil sie eine Alkoholvergiftung hatte. Anton verträgt viel, aber die Flasche Jägermeister von heute Mittag war vielleicht zu viel. Als mein Handy aufleuchtet und ich einen Livestandort von Tom zugesendet bekomme, bin ich erleichtert.

Nur wenige Minuten später stehe ich in einer schmalen, schlecht beleuchteten Seitengasse. Die Laterne flackert gelblich und die Szene hätte genauso gut einem Horrorfilm entspringen können. Tom steht auf dem Gehweg neben einem Bauzaun und Anton in der Mitte der Straße mit einer blutigen Hand. Er flucht laut, taumelt umher und schreit unverständliche Sachen. Ich erkenne ihn kaum wieder. Ich laufe auf ihn zu und will über seinen Rücken streicheln, um ihn zu beruhigen, als er plötzlich laut „Verdammter Dreckskerl!“ schreit und die braune Bierflasche mit voller Wucht auf den Beton schmettert. Tausende kleine Glassplitter verteilen sich auf dem Asphalt und schlittern die Straße entlang. „Anton, verdammt, was soll das?!“, schreie ich auf. Ich habe Angst. Was war passiert? Wieso war er so wütend? „Misch dich nicht ein!“, antwortet er mir harsch.

Es ist nichts Neues, dass er betrunken lauter wird, aber so habe ich ihn noch nie erlebt. Wütend schreit er auf und tritt gegen den Bauzaun. Ich weiche zurück und setze mich ängstlich auf den Bordsteinrand. Tom redet ihm gut zu, sie gehen ein Stück. Immer wieder brüllt er und schlägt in die Luft. Ich verstehe nur Wortfetzen: Eine Mischung aus Lallen, Fluchen und Schreien. Sie sind weit weg und ich höre sie nur noch dumpf. Das ist nicht der Junge, in den ich mich verliebt hatte. Das ist nicht der Abend, wie ich ihn mir vorgestellt hatte. Ich will nach Hause und überlege, meine Mutter anzurufen. Neulich erst hat sie mir gesagt, dass sie immer für mich da ist und mich auch nachts abholen würde. Ich halte das Handy in der Hand und öffne meine Kontakte. Ich starre auf das Display. Minuten vergehen. Ich entscheide mich dagegen und packe es wieder in meine Tasche. Der Himmel über mir leuchtet plötzlich bunt auf. Das spektakuläre Feuerwerk beginnt mit einem lauten Knall. Kleine und große Farbexplosionen leuchten in der Dunkelheit auf. In der Ferne höre ich Leute klatschen und lachen. Ich bleibe auf dem Bordstein sitzen und fühle mich allein, leer und verzweifelt.

Ich übernachte bei Tom und sitze am nächsten Morgen wie immer am Küchentresen und esse das Rührei und Grilled-Cheese-Sandwich, das er für mich gemacht hat. Ich bin dankbar, ihn zu haben. Er versteht mich und ist da, wenn Anton es nicht ist. Wir reden den kompletten Vormittag über meine Gefühle, den gestrigen Abend und die Beziehung mit Anton. Wir lachen viel und schauen einen Film. Er hilft mir, die Situation von gestern mehr zu verstehen und gibt mir das Gefühl, gehört zu werden. Es tut gut, einen Menschen zu haben, dem ich absolut vertrauen kann.

Tiefpunkt

Er atmet laut und seine Hand ist kalt. Ich würde gerne aufstehen. Ich würde gerne wegrennen. Ich würde gerne laut schreien. Aber ich bleibe regungslos liegen. Ich bin stark, denke ich. Ich halte das aus, ich lasse mir nichts anmerken. Er denkt, ich schlafe. Er denkt, ich bekomme nicht mit, was er gerade macht. Meine Jeans war eng und hat mir in den Bauch geschnitten, deshalb hatte ich sie ausgezogen. Im Zimmer ist es heiß und stickig, weswegen ich auch den Pullover nicht mehr trage. Nur in Unterwäsche liege ich unter der schweren Bettdecke.

Ich tue so, als würde ich schlafen, obwohl ich hellwach bin. Ich drehe mich leicht, in der Hoffnung, dass er aufhört. Vergebens. Seine Hand fährt über meinen Po. Ich halte die Luft an, würde gerne weinen, würde sie gerne wegschlagen. Ich drehe mich in die andere Richtung, so nah wie möglich an die Bettkante. Er rutscht nach. Ich kann die Wärme seines Körpers spüren. Er beginnt, über meine Brüste zu streichen. Es ist unangenehm und mir wird heiß. In mir vermischen sich Wut und Angst, aber ich bin noch immer gelähmt.

Die Minuten vergehen und es wird unerträglich. Ich will, dass er aufhört. Ich will, dass er von mir weg geht. Ich drehe mich wieder und gebe ein Geräusch von mir, als würde ich gähnen. Er zieht seine Hand ruckartig zurück. Hört er jetzt auf? Eine Minute passiert nichts. Er atmet leiser und liegt regungslos neben mir. Aber plötzlich spüre ich ihn wieder. Etwas hartes. Er drückt seinen Unterkörper gegen mich. Gleichzeitig streicht seine Hand über meine Haut. Ich presse die Lippen zusammen und versuche so leise wie möglich zu atmen.

Ein Auto fährt in die Einfahrt des Hofes. Der Kies knirscht unter den Reifen. Die Haustüre fällt ins Schloss und jemand läuft die Holztreppe in den ersten Stock hoch. Er rutscht weg von mir, nur seine Hand bleibt unter der Decke auf mir liegen. Ich hoffe, dass die Person an seine Zimmertür klopft und all dem ein Ende setzt. Aber es ist nur sein Bruder, der nach Hause kommt. Seine Hand fährt langsam von meinem Po zwischen meine Beine. Mein Herz rast. Es sind leichte Berührungen, die sich wie eine Ewigkeit anfühlen. Endlich höre ich seine Mutter rufen: „Tom, das Frühstück ist fertig. Kommt ihr bitte?“ Er richtet sich auf. Bleibt wenige Momente im Bett sitzen und klopft mir dann auf die Schulter. Ich tue so, als würde ich jetzt erst aufwachen, reibe mir die Augen und bleibe unter der Decke liegen, bis er das Zimmer verlassen hat.

Was ist hier gerade passiert? Wieso fasst er die Freundin seines besten Freundes an? Ich starre an die Decke und versuche den Kloß in meinem Hals runterzuschlucken. Mein Herz rast noch immer, obwohl die Berührungen schon längst vorbei sind. Es gibt Pancakes und ich sitze Toms Vater gegenüber. Ein freundliches Lächeln zieht sich über sein Gesicht, als er mich fragt: „Na, Kira, willst du noch einen Schuss Ahornsirup über die kleinen Meisterwerke?“ Nein, eigentlich will ich das nicht! Am liebsten würde ich Tom zur Rede stellen. Ihn vor seinen Eltern konfrontieren, ihn beschimpfen, ihn anschreien, ihn mit Pancakes und Ahornsirup bewerfen, dann weinen und wegrennen. Ganz weit weg. Aber das mache ich nicht. Stattdessen erwidere ich das Lächeln und nicke zustimmend.

Meine Gedanken sind nicht am Tisch, sondern bei dem, was zuvor im Zimmer passiert ist. Mir ist übel, weshalb ich mich dazu zwingen muss, etwas zu essen. Ich meide den Blickkontakt zu Tom. Ich habe Angst, ihm in die Augen zu schauen, Angst davor, seinen unschuldigen Gesichtsausdruck zu sehen, als wäre nichts passiert. Meine Hand zittert und das kleine Stückchen Pancake auf meiner Gabel fällt zurück in den goldbraunen Sirup. Ich überspiele es mit einem gezwungenen Lachen und verschwinde im Badezimmer.

Das Fenster steht offen, und während ich die kalte Luft einatme, versuche ich verzweifelt, meine Gefühle zu ordnen. Jeder dieser Atemzüge fällt mir schwer. Ich wasche mein Gesicht mit kaltem Wasser und zwinge mich dazu, die Tränen zu unterdrücken. Das Gefühl, kein Recht darauf zu haben, verletzt zu sein, plagt mich. Schließlich war all das auch meine eigene Schuld. Ich hatte mich zu ihm ins Bett gelegt. Ich hatte meine Klamotten ausgezogen. Normalerweise mache ich das nicht.

In der letzten Zeit war es zur Gewohnheit geworden, bei Tom zu übernachten. Seitdem Anton seinen Abschluss gemacht hat und in seine Ausbildung gestartet ist, verlässt er oft schon frühmorgens das Haus. Da ich ungern allein bei seinen Eltern bleibe, stehen wir fast immer gemeinsam auf. Er fährt zur Arbeit und ich schlafe bei Tom weiter. Er ist jetzt schon seit über zwei Jahren mein bester Freund und weiß so gut wie alles über mich. Die Tatsache, dass wir schon so viel miteinander geteilt haben, macht all das noch unverständlicher. Unsere Freundschaft schien für mich immer so unzerstörbar, zumindest bis heute.

Noch immer stehe ich im Badezimmer und schaue in den Spiegel. Als ich in mein blasses Gesicht blicke, empfinde ich Wut und Schuld. Wut, weil ich mich nicht genug gewehrt habe. Wut, weil ich das Gefühl habe, ich hätte die Macht über die Situation haben können. Wut weil ich mich dumm und naiv fühle und Anton damit auch noch bestätige, schließlich hält er mir genau diese Eigenschaften immer wieder vor. Und zwischen all dem frage ich mich, ob es meine Schuld gewesen ist. Habe ich ihm womöglich Signale gesendet und ihn dadurch eingeladen? War es wirklich so schlimm, was gerade eben passiert ist? Oder bilde ich mir all das nur ein und überreagiere? Mir fehlen die Worte, um auszudrücken, was ich denke und fühle. Das Gefühl von Ekel überschattet alles.

***

Die nächsten Monate übe ich mich darin, das Geschehene so gut wie möglich zu verdrängen. Ich schaffe es so weit, dass ich mir in manchen Augenblicken nicht einmal mehr sicher bin, ob der Morgen tatsächlich so stattgefunden hat. „So schlimm ist es nicht gewesen“, rede ich mir hin und wieder ein. Aber selbst in den Momenten, in denen die Erinnerung zum Greifen nah ist, behalte ich es für mich. Die Angst vor den möglichen

Konsequenzen ist über all die Zeit geblieben. Denn was wäre, wenn mir die anderen nicht glauben und mich für eine Lügnerin halten würden? Oder wenn sich Anton nicht auf meine, sondern Toms Seite stellen würde? Das Schlimmste wäre, wenn sich etwas in meinem Freundeskreis ändern und ich von den Menschen um mich herum anders gesehen und behandelt werden würde. Auf keinen Fall möchte ich irgendetwas von dem verlieren, was ich gerade habe.

Also unterdrücke ich weiterhin meine Sorgen und entscheide mich aufgrund dieser Ängste, das Erlebnis für mich zu behalten. Stattdessen beginne ich, den Kontakt zu Tom langsam und unauffällig zu minimieren. Insgeheim hoffe ich, dass ich mit der Zeit einen Frieden über das Geschehene finde und es irgendwann gänzlich vergesse.

***

In den Winterferien veranstaltet ein Klassenkamerad eine Hausparty für seine engsten Freunde. Es ist kurz vor ein Uhr und ich sitze gemeinsam mit Celine in den gemütlichen Gartensesseln auf der Terrasse. Wir nippen beide an unserer Weißweinschorle, die sich in der letzten Zeit zu meinem Partygetränk entwickelt hat, und unterhalten uns über ihren aktuellen Freund. Durch die Glastür höre ich das dumpfe Gelächter der Jungs, die im Wohnzimmer die verschiedenen Gin-Sorten der Eltern kosten. Ich genieße den ruhigen Moment hier draußen, schaue in den sternenklaren Himmel und entscheide mich dazu, Celine endlich etwas anzuvertrauen. Wenn mich jemand verstehen kann, dann sie.

„Kann ich dir etwas erzählen?“, frage ich vorsichtig, während ich die schwarze Kuscheldecke enger über meine Schultern ziehe. Celine sieht mich mit besorgten Augen an, runzelt die Stirn und nickt zustimmend. „Klar, Bby, was ist los?“, sagt sie einfühlsam und greift nach meiner Hand. Ihr Atem riecht nach Wein und mein Gefühl sagt mir, dass sie sich in ein paar Stunden vermutlich nicht mehr an unser Gespräch erinnern wird. Es ist lange her, dass wir so viel getrunken haben, aber ohne die entsprechende Menge Alkohol hätte ich vermutlich auch nie den Mut gehabt, ihr das Folgende anzuvertrauen. Ich spüre, wie meine Hand auf der Stuhllehne zittert, als ich ihr von dem Morgen bei Tom erzähle.

Als ich alles losgeworden bin, was sich seit Monaten angestaut hatte, schaut Celine mir in die Augen und lacht. Sie lacht nur. Ich bin verwirrt. „Ach, bby, du kennst doch Tom, der hatte doch noch nicht mal eine Freundin, der würde so etwas niemals tun. Vielleicht hat er dich einfach aus Versehen berührt“, antwortet sie mir. Ich nicke und sage nichts mehr. Enttäuschung macht sich in mir breit. Ihre Worte treffen mich mehr, als ich erwartet hätte. Ich dachte, sie wäre zornig oder enttäuscht, würde sich auf meine Seite stellen, den Kontakt zu Tom abbrechen oder wenigstens minimieren. Schon unzählige Male hatte ich hinter ihr gestanden und sie gedeckt oder ihr den Rücken frei gehalten. Ich weiß, dass sie ein anderes Verständnis von Intimität hat, aber es war kein Versehen gewesen. Ich weiß, was passiert ist. Ich spüre die Berührungen manchmal noch heute. Ich weiß, dass er mich absichtlich angefasst hat.

Ein paar Stunden später sind nur noch wenige Partygäste übrig, die jetzt im Wohnzimmer Schnipsen spielen. Ich lausche dem Klappern der Münzen, das sich mit der leisen Musik im Hintergrund vermischt. Landet die Geldmünze in einem der Gläser, muss der Nachbar den Becher austrinken, bis die Münze am Boden sichtbar wird. Trifft man in die kleine Mitte zwischen den Bechern, in das goldene Auge, müssen alle Becher von dieser Person geleert werden. Ich bin überraschend gut in diesem Trinkspiel und treffe fast immer.

Gerade setze ich aber aus, um ein Glas Wasser in der Küche zu trinken. Der Gedanke an einen möglichen Filmriss reizt mich nicht und ich beginne, nach etwas Essbaren zu suchen. Der Kühlschrank ist wie leer gefegt, doch im Backofen finde ich noch Reste und ein triumphierendes Lächeln zieht sich über mein Gesicht. Während ich esse, kreisen meine Gedanken um das Gespräch mit Celine, als Tom plötzlich vor mir steht. Ich erschrecke mich so sehr, dass ich mich beinahe an dem warmen Brötchen verschluckt hätte. Heute Abend will ich nichts weniger als mit ihm allein in einem Raum zu sein. Doch ich lasse mir nichts anmerken.

Wir führen einen angespannten Smalltalk und er erzählt mir von dem Tannennadel-Gin, den sie vorhin probiert haben. Dieser banale Wortwechsel steht so sehr im Kontrast zu den ungesagten Dingen, die zwischen uns stehen, dass es mich fast schon wieder wütend werden lässt. Denn er weiß nicht, dass ich weiß, was er getan hat. In den letzten Monaten habe ich versucht, mir nicht anmerken zu lassen, dass sich etwas verändert hat. Ich habe einfach mitgespielt und lediglich unsere Zeit zu zweit minimiert, zum Selbstschutz. Meine Befürchtung, dass mir niemand glauben würde, hatte sich durch Celines verständnislose Reaktion am heutigen Abend bestätigt.

Alle lieben Tom. Er ist intelligent, Antons bester Freund, Liebling der Lehrer und gemeinsam mit mir Klassensprecher. Niemand würde so etwas von ihm erwarten. Während ich tief durchatme, merke ich, dass ich an einem Wendepunkt stehe. Ich kann und möchte mich nicht länger verstecken. Mit viel Mut und fester Stimme sage ich: „Ich weiß, was du gemacht hast!" Mein Herz schlägt wie wild. Er schaut mich verwirrt an und antwortet skeptisch: „Was habe ich denn gemacht?" Ich konfrontiere ihn, erzähle alles, doch er leugnet es. Seine Worte sind nicht ganz klar, was an der Menge Alkohol liegen könnte, die er im Laufe des Abends getrunken hat.

Ich bin wütend. Es fühlt sich an, als würde ich gegen eine Wand rennen, die einfach nicht einstürzen will, egal, wie sehr ich es versuche. Seine Stimme steht jetzt gegen meine und ich weiß nicht, ob ich bereit bin, alles zu riskieren, um mein Recht zu beweisen. Es sind nur noch wenige Monate bis zu unserem Abschluss, vielleicht kann ich es bis dahin einfach noch aushalten und ihn danach nie wiedersehen.

***

Es ist Silvester. In wenigen Stunden feiern wir den Start von 2018 und die Abschlussprüfungen rücken immer näher. In unserer Familie ist es Tradition, Silvester gemeinsam zu verbringen. Die letzten Plätzchen werden gegessen und der Duft von Raclettekäse zieht durch das gesamte Haus. *Uno* und *Monopoly* stehen auf der Tagesliste und um null Uhr wird mit *Robby Bubble* angestoßen. So wie jedes Jahr.

Anton ist im selben Dorf, feiert jedoch bei seinen Jungs. Fest entschlossen, das Beste aus beiden Welten rauszuholen, nehme ich mir vor, später noch dort vorbeizuschauen, um mir einen Neujahrskuss abzuholen. Die Musik ist laut, als ich ankomme. Anton und ein paar der anderen tanzen auf dem großen Holztisch im Esszimmer zu alten Schlagersongs. Bierkisten stapeln sich im hinteren Bereich des Zimmers und ein Plastikfass voll mit Dieter, einer Mischung aus Eistee und Wodka, steht auf einem der Stühle. Ich setze mich auf die Bank zu den anderen und schaue den restlichen Jungs zu, wie sie auf dem Hof Raketen zünden und sich mit Böllern bewerfen. Eine Rakete rast quer über den Parkplatz und explodiert an einem der Autos. „Verdammt, passt doch auf!", schreit einer der Jungs. „Mein Vater bringt mich um, wenn sein Auto einen Kratzer abbekommt."

Anton setzt sich neben mich und legt seinen Arm um meine Schultern. Sein Atem riecht nach Jägermeister und seine Finger sind schwarz. Vermutlich hat er wieder etwas an seinem Motorrad repariert. „Gut, dass du hier bist, heute Nacht schlafe ich bei dir!", sagt er überzeugt und bläst den Rauch der Zigarette aus seinem Mund. Ich bin verärgert, dass er mir nicht einmal zum neuen Jahr gratuliert, geschweige denn mich liebevoll begrüßt. „In dem Zustand nehme ich dich sicher nicht mit zu mir nach Hause", entgegne ich ihm etwas schärfer als beabsichtigt.

Manchmal überkommt mich ein Gefühl von Scham, wenn Anton sich im betrunkenen Zustand auffällig verhält oder unangenehm laut wird. Außerdem ist mein Vater nicht unbedingt sein größter Fan. Ein unangekündigter nächtlicher Besuch, und dazu noch stockbesoffen, würde das sicherlich nicht ändern.

Ich erinnere mich an letztes Jahr, als er sich auf dem Rutenfest wegen irgendeines Typen die Hand am Bauzaun blutig geschlagen hat. Das Letzte, was ich für heute Abend will, ist, dass er wieder mal die Kontrolle verliert und dadurch die ganze Familie aus dem Schlaf reißt. „Ist das dein Scheißernst?“, sagt er laut. Ein paar der anderen schauen zu uns rüber. Für einen kurzen Moment herrscht eine unangenehme Stille. Ich bereue meine Wortwahl schon jetzt. Ich hätte einfach nicken und ja sagen sollen. Aber um mit meiner Aussage nochmal zurück zu rudern, ist es jetzt zu spät. Würde ich das tun, müsste ich mir für die nächsten Monate ständig anhören, wie naiv und dumm ich bin.

„Lass uns das unter vier Augen klären, in Ordnung?“, flehe ich ihn an, während ich aufstehe und versuche, nach seiner Hand zu greifen. Doch er schlägt sie weg, als wäre ich giftig. Wir diskutieren laut. Der Raum ist mit einer erdrückenden, fast greifbaren Spannung gefüllt. Ich versuche ihm meinen Standpunkt zu erklären und suche währenddessen immer wieder nach einem Anzeichen von Verständnis in seinen Augen. Doch er wird mit jedem Satz nur noch wütender und schreit mich an. Einige der Jungs von draußen eilen zu uns und versuchen, Anton zu beruhigen. Es ist zwecklos. „Sei nicht wütend Anton, du weißt doch, wie meine Eltern sind“, versuche ich es erneut. Der Raum füllt sich mit immer mehr Menschen, die unserem Streit zuhören. In ihren Gesichtern finde ich eine Mischung aus Neugier und Besorgnis. „Halt dein Maul, verdammt“, brüllt er plötzlich, bevor er wutentbrannt den Raum verlässt.

Ich stehe in der Nähe der Tür und will ihm ausweichen, aber seine Schulter trifft meine. Durch den Stoß pralle ich gegen die scharfe Kante des Türrahmens. Schmerz explodiert in meinem Arm, während ich auf den Boden stürze. Es wäre genug Platz gewesen, er wollte mich treffen. Ich sitze auf dem kalten Steinboden und lehne mich an den Türrahmen. Niemand sagt etwas. Ein paar Jungs stürmen Anton hinterher, der Rest steht stumm im Raum. Mir wird eine der Bierflaschen gereicht, um meinen Arm zu kühlen.

Als ich nach draußen schaue, sehe ich, wie ein guter Freund von mir Anton eine Ohrfeige verpasst. „So respektlos geht man nicht mit seiner Freundin um! Reiß dich zusammen!", fügt er hinzu. Als er mich im Anschluss auch nach Hause begleitet, breche ich in Tränen aus. Sie sind heiß und salzig und brennen auf der aufgerissenen Haut meiner Lippe. Er legt seinen Arm um meine Schulter und versucht mich zu trösten. Zu Hause stehe ich im Badezimmer barfuß vor dem Spiegel. Ich blicke in das Gesicht eines jungen Mädchens, das mir seltsam fremd vorkommt. Sie sieht traurig und erschöpft aus. Ihre dunklen Augen sind rot angeschwollen und wirken leer. Was ist aus mir geworden? Eine tiefe Einsamkeit macht sich in mir breit und schnürt mir innerlich die Kehle zu. Jetzt, wo es so still geworden ist, merke ich, wie müde ich von all dem bin. Die Freundschaften und Partys, die mich früher immer elektrisiert haben, rauben mir jetzt, drei Jahre später, nur noch meine Kraft.

Minutenlang bleibe ich auf den kalten Fliesen stehen und starre in mein Gesicht. Mit der Zeit wird mein Schluchzen leiser und mir immer mehr bewusst, dass ich gerade dabei bin, alle Menschen zu verlieren, die mir in den letzten Jahren wichtig geworden waren. Ich fühle mich innerlich zerrissen, aber in den vergangenen Monaten habe ich zu viel geweint, zu viel gelitten und zu viel gekämpft. Mir fehlt die Kraft, um damit weiterzumachen. Meine beste Freundin hält mich für eine Lügnerin, mein bester Freund fasst mich gegen meinen Willen an und mein fester Freund verbietet mir, feiern zu gehen, ist ständig wütend und nun auch noch gewalttätig. Und alle drei wissen vermutlich nicht im Geringsten, wie verletzt ich ihretwegen bin.

***

In den nächsten Monaten ziehe ich mich zurück. Dabei verbringe ich viel Zeit allein in meinem Zimmer. Schlaf wird zur Mangelware, weil ich Nacht für Nacht heimlich Krimiserien schaue, um zu vergessen, was in den vergangenen Monaten passiert ist. Anton und ich streiten fast nur noch. Sein Verhalten und seine Nachrichten verängstigen mich zunehmend. Mit viel Mut vertraue ich mich meiner Mutter an und erzähle ihr von der Situation mit Anton. Gemeinsam lese ich mit ihr eine von seinen neuen Nachrichten:

„Öhh, ich fühle mich unverstanden. Ja dann fühl dich doch so und lass mich mit deinem Scheißdreck in Ruhe, sonst gebe ich dir mal einen Grund, dich wirklich verletzt zu fühlen. Du bringst mich echt auf die Palme! Bei dir hat auch jegliche Erziehung fehlgeschlagen, ein paar auf die Fresse hätten dir in den letzten Jahren besser getan. Siehst ja, was aus dir dank der gewaltfreien Erziehung deiner Eltern geworden ist. Du bist komplett am Sack, weil du in deinem Leben noch nie irgendetwas Gescheites geschafft hast!“

Seine Worte treffen mich. Eigentlich sehne ich mich nach jemandem, der mich sieht und bedingungslos annimmt. Nach lieben Worten und Gesprächen auf Augenhöhe. Aber wenn ich dieses Thema und meine Bedürfnisse nur anspreche, rastet Anton völlig aus. Meine Mutter sitzt an meinem Bettrand und streicht mir liebevoll die dunklen Haare aus dem Gesicht. Wir reden, sie hört mir zu und stellt Fragen, die mich zum Nachdenken bringen. Mit ihrem Zeigefinger wischt sie die Tränen aus meinem Gesicht und sagt: „Mausi, deine dicken Krokodilstränen ist er doch gar nicht wert. Du bist ein ganz wundervolles Mädchen und ich bin sehr stolz auf dich!“ Stunden nachdem sie das Zimmer verlassen hat, liege ich immer noch regungslos in meinem Bett und starre an die grün-orange karierte Zimmerdecke.

In letzter Zeit sehe ich auch Celine immer seltener. Sie fehlt viel im Unterricht und ist ständig im Krankenhaus. Mal ist sie plötzlich in Ohnmacht gefallen, ein anderes Mal von der Treppe gestürzt oder hatte einen schweren Autounfall. Erst neulich hat sie mir sogar von einer Schwangerschaft und einem darauffolgenden Abbruch erzählt. Ich mache weiterhin ihre Hausaufgaben und Kunstprojekte, misstraue ihr aber zunehmend. Oft frage ich mich, ob sie all diese Dinge nur erfindet und mir die Wahrheit verschweigt. Aber warum? Ich habe das Gefühl, nach den beiden Jungs jetzt auch sie noch zu verlieren. Nach dem Fremdgehen von Anton und Toms Händen auf meiner Haut ist es nie wieder so geworden wie davor. In den letzten Monaten ist auch sie mir durch ihr Verhalten fremd geworden. Celine und ich telefonieren nur noch ab und zu und nicht wie früher jeden Tag.

Doch heute war zur Ausnahme eines dieser Telefonate, bei dem es vor allem um Liam ging. Liam. Allein bei dem Gedanken an seinen Namen legt sich eine düstere Wolke über mich. Es war eines von diesen Gesprächen, das einen auch in den nächsten Tagen nicht loslässt, egal, wie sehr man versucht, das Thema abzuschütteln. „Er schleckt jetzt anscheinend sogar an Kröten, um high zu werden", erzählt Celine mir fassungslos. Ich muss schlucken und mein Herz wird schwer. Einem Menschen dabei zuzuschauen, wie er zerbricht und die Kontrolle über sein Leben verliert, ist hart. Irgendwann ist sein Alkohol- und Drogenkonsum aus dem Ruder gelaufen, weshalb er vor einiger Zeit unsere Schule und Klasse verlassen hat. Es tut besonders weh, all das zu hören, weil ich weiß, dass es nicht immer so gewesen ist. Weil ich weiß, wie er früher war. Am Abend, an dem ich ihn kennengelernt habe, sind Celine und ich nachts mit einer Flasche Wodka und einer Schachtel Zigaretten heimlich aus ihrem Fenster geklettert und zu seinem Haus gerannt. Ich hatte mich schrecklich gefürchtet, denn nur eine der alten Laternen leuchtete gelblich an der kleinen Feldstraße und der Nebel war so dicht, dass wir nur wenige Meter weit schauen konnten. Celine und ich lauschten gespannt der Geschichte, wie sein Bruder und er fast das ganze Haus abgebrannt hatten und tranken währenddessen Wodka-Maracuja, welchen er dankend ablehnt. Auch unser Angebot auf eine Zigarette schlug er lächelnd aus. Er mache gerne Sport und möchte seine Kondition nicht gefährden, erklärte er uns beiläufig, nachdem Celine und ich uns einen verwirrten Blick zugeworfen hatten. Stundenlang saßen wir zusammen in seinem Wohnzimmer, fragten nach und erzählten selbst. Es war einer dieser Abende, von denen man sich wünschte, sie würden niemals enden.

***

Einige Monate nach unserem Kennenlernen verbringe ich meine Mittagspause auf der kleinen Grünfläche des heruntergekommenen Hauses hinter unserem Dorfmetzger. Dieser Ort dient schon seit Jahren als unser Treffpunkt sowie als Drogenumschlagplatz. Auch Liam ist da und teilt sich mit ein paar Jungs einen der altbekannten "Mittagspausen-Joints". Er hat schon vor einiger Zeit angefangen zu trinken und ist seit Neuestem auch in den Kreisen unserer Kiffer unterwegs. Nur ein halbes Jahr in unserer Klasse hat ihn vollkommen verändert. Heute konsumiert er fast alles, soweit ich weiß. Vielleicht ist ihm das Gras irgendwann nicht mehr genug gewesen. Ecstasy und andere synthetische Drogen sind mit der Zeit aber bei einigen aus unserer Stufe angekommen. Oder wie ich es nenne: das „Zombiezeugs". Die Bilder von nach hinten rollenden Augen und starren Körpern, die reglos auf dem Boden liegen, haben sich wohl bis zum Ende meiner Tage in meinen Kopf gebrannt.

Ein Jahr nach unserem Abschluss treffe ich Liam durch Zufall auf dem Weg zur Arbeit im Bus wieder. Er erzählt mir von mehreren Schulverweisen, seinem Job als Dealer, einer Polizeiuntersuchung, bei der er sich nackt an die Wand stellen musste, und seinem endgültigen Schulabbruch vor einigen Monaten. Es schmerzt, ihm zuzuhören und in sein leeres Gesicht zu schauen. Er ist dünn geworden, seine Wangen fallen leicht ein und die Augen flackern wild umher. Kein einziges Mal gelingt es ihm, länger als drei Sekunden an einer Stelle zu verweilen oder mich überhaupt richtig anzuschauen. Es fühlt sich an, als würde er vor irgendetwas fliehen. Als müsste er ständig auf der Hut sein. Sein Verhalten macht mir Angst. Ich versuche mich an das Bild des sportlichen und attraktiven Jungen zu erinnern, der mir anfangs so imponiert hat. Aber so sehr ich mich auch bemühe, ich kann kaum etwas davon in ihm entdecken. „Ich muss vor Schmerzen aufschreien und kann mich nicht bewegen, wenn ich nicht rauche, das ist doch Beweis genug, dass ich eine Muskelkrankheit habe. Aber niemand glaubt mir!“, erklärt er ausführlich und hängt in einem weiteren Satz an, dass er plant, in ein Land auszuwandern, in dem Cannabis legal konsumiert werden darf. Während ich ihn lächelnd anschaue, da jede Gegenargumentation hier zwecklos gewesen wäre, erinnere ich mich an das Telefonat mit Celine zurück.

„Lass uns aufhören über Liam zu sprechen, erzähl mir lieber, wie es mit Anton läuft, bby? Habt ihr euch wieder zusammengerauft?“, säuselt sie ins Telefon, unwissend, dass sie dadurch erneut ein schwieriges Thema anschneidet. Ich meide den Kontakt zu ihm, so gut es geht, und zweifle seit dem Vorfall an Silvester immer stärker an unserer Beziehung. Manchmal fühlt es sich an, als würde ich zwischen zwei Welten stehen und müsste mich für eine entscheiden. Mich von Anton trennen und alle anderen verlieren oder es einfach aushalten. Immer wieder mal ist Anton ausgesprochen liebevoll und romantisch zu mir. Als ich krank war, zum Beispiel, ist er extra mit dem Motorrad durch den Regen gefahren, nur um mir meine Lieblingspizza zu bringen. Phasen, in denen ich ihm doch noch eine Chance geben möchte. Wenig später kocht er aber wegen einer Kleinigkeit vor Wut fast über, diskutiert unaufhörlich und akzeptiert keines meiner Argumente. Momente, in denen ich manchmal sogar richtig Angst vor ihm habe. Es erinnert mich an eine frühere WhatsApp-Nachricht von Celine, in der sie behauptet hatte, dass Anton keine Kompromisse eingehen könne. Damals war ich davon überzeugt gewesen, ihr irgendwann das Gegenteil zu beweisen. Jetzt merke ich aber zunehmend, dass sie recht behalten hat, obwohl ich es lange Zeit nicht wahrhaben wollte.

Doch all das erzähle ich ihr nicht. Sie hat in der letzten Zeit zu sehr mit meinem Vertrauen gespielt. Ich stocke kurz, bevor ich stattdessen ein paar meiner anderen Gedanken laut ausspreche. „Manchmal habe ich das Gefühl, Anton kommt nur zu mir, wenn er ficken will.“ Dieses Gefühl begleitet mich schon seit Längerem. Tagelang sind wir im Streit, doch wenn er das Bedürfnis nach Nähe hat, ist er plötzlich wieder liebevoll und romantisch. „Ich liebe dich doch“, sagt er häufig, während er anfängt, an meinem Oberteil zu spielen. Ein Nein akzeptiert er nicht, sondern versucht mich so lange zu überzeugen, bis ich nachgebe. Ich will nicht noch mehr Streit. Aber der Gedanke, ihm nahe zu sein, wird von Mal zu Mal befremdlicher. Ich fühle mich machtlos. Deshalb lüge ich immer öfter. Wenn er sich mit mir treffen will, behaupte ich entweder, wegen der Vorbereitungen auf die Prüfungen keine Zeit zu haben, oder dass meine Eltern einen Besuch verbieten. Ich dachte, wir würden uns mit der Zeit wieder annähern, doch es ist exakt gleich geblieben. Seit dem Gespräch mit meiner Mutter weiß ich, dass ich etwas ändern muss, und mittlerweile weiß ich auch, welcher Schritt notwendig ist, damit es mir wieder besser geht.

***

Es klingelt an der Tür. Mein Herz klopft schneller und vor lauter Aufregung wird mir übel. Hunderte Male bin ich im Kopf durchgegangen, was ich ihm sagen möchte und jetzt erinnere ich mich an kein einziges Wort mehr. Ich habe Angst vor seiner Reaktion. Was, wenn er meine Entscheidung nicht respektiert? Wir schweigen, bis ich die Tür meines Zimmers hinter mir zuziehe. Ich glaube, er ahnt bereits, weshalb ich ihn eingeladen habe. Er trägt ein weißes Hemd und eine schwarze Anzughose. Beides ist ihm zu klein. Der Reißverschluss seiner Hose steht offen und der weiße Stoff des Hemdes spannt über seinem kleinen Bierbauch. Meine Gedanken schweifen ab und ich frage mich, wie lange die Knöpfe wohl noch dem Druck standhalten werden. In seiner Hand hält er einen Strauß in Plastik verpackter Rosen. Er kniet vor mir, liest mir einen Text von seinem zerknitterten Zettel vor und bittet mich, ihn nicht zu verlassen.

Die Situation ist völlig bizarr. Zum ersten Mal in den vergangenen dreieinhalb Jahren fühle ich mich ihm gegenüber stark und überlegen. Ich habe das Gefühl, dass meine Stimme endlich gehört und respektiert wird. Nie wieder möchte ich mich von jemandem so behandeln lassen, wie ich es in dieser Beziehung zugelassen habe. Nie wieder will ich das Gefühl bekommen, nicht gut genug zu sein. Die letzten Monate waren einsam, aber sie waren auch gut, denn ich hatte sehr viel Zeit zum Nachdenken und konnte dadurch mit dem Vergangenen abschließen.

Viele liebe Worte sprudeln aus seinem Mund, aber es ist zwecklos. Er kniet immer noch auf dem Boden und greift nach meiner Hand, aber nichts könnte meine Meinung jetzt noch ändern. Mit dieser Trennung würde ich einen endgültigen Schlussstrich ziehen und alles hinter mir lassen. Die Beziehung, die Freundschaft zu Tom und Celine, zu all den Leuten, die wie Liam die Kontrolle über ihren Drogenkonsum verloren haben oder im betrunkenen Zustand Autounfälle verursachten und dadurch das Leben von anderen gefährdeten.

In den letzten Jahren ist einfach zu viel passiert, was mich zunehmend nach unten gezogen hat. Natürlich gab es auch wertvolle Freundschaften und besondere Augenblicke, die ich für immer in meinem Herzen tragen werde. Ich glaube, es ist eigentlich nie alles gut oder alles schlecht, das Leben ist komplexer als das und auch Anton war ein Mensch, der mir lange Zeit sehr viel bedeutet hat und mit dem ich allerlei schöne Momente teilen durfte. Aber er wird nie wissen, was mir sein bester Freund angetan hat und noch viel weniger, welche Narben unsere Beziehung in mir hinterlässt.

Es tut weh, aber ich habe eine Entscheidung getroffen. Ich weiß, dass ich mit unserer Trennung alles verlieren werde, was mir in den letzten Jahren so wichtig geworden ist. Aber mittlerweile frage ich mich, ob das überhaupt so schlimm ist, oder ob es mich nicht eher frei macht.

Auch wenn ich wegen so manchem Erlebnis der letzten Jahre innerlich brodele und immer wieder eine Wut in mir hochkommt, versuche ich, Anton die Situation so lieb wie möglich zu erklären. Ich könnte ihm jetzt die Rosen aus der Hand reißen und mit voller Wucht gegen die Wand schmettern. Oft habe ich darüber nachgedacht, ihm all das, was ich denke, schreiend an den Kopf zu werfen und ihn richtig fertigzumachen. Allein der Gedanke daran ist schon ein Stück weit Genugtuung. Aber ich entscheide mich dagegen, denn eigentlich möchte ich ihm nicht mit Hass begegnen, ich möchte ihn nur nie wieder sehen.

Heute kann ich auf diese Zeit mit einem Lächeln zurückschauen. Nicht weil ich froh bin, dass all das passiert ist, sondern weil es mir hilft, junge Menschen zu verstehen, die sich mir anvertrauen. Manchmal reicht in diesen Gesprächen schon ein „Ich weiß, wie du dich fühlst“ oder ein „Ich habe das auch erlebt“. Meine Erlebnisse zu nutzen, um anderen zu helfen, gibt mir immer wieder Kraft. Es fühlt sich dadurch manchmal sogar fast so an, als wäre all das nicht umsonst gewesen. Und trotzdem wäre es gelogen, wenn ich sagen würde, dass mich manches davon nicht auch heute noch begleitet.

Diese dreieinhalb Jahre meiner Jugend waren in vielerlei Hinsicht sehr prägend und sind es bis heute. Manches ist so tief verankert, dass es mich gelegentlich einholt. Während der Abschlussprüfung meiner Ausbildung oder bei der Leitung meiner ersten Jugendfreizeit hat es sich so angefühlt, als würde Antons Stimme leise in mein Ohr flüstern: „Du bist dafür viel zu naiv“ oder: „Du bist zu dumm und wirst das sicher nicht schaffen.“ Vertraute Sätze und Gedanken, die mich immer wieder ausbremsen. Sie kommen mir vor wie eine lästige Klette, die sich im Wollpullover verhakt hat und nur mit viel Aufwand gänzlich entfernt werden kann.

Heute weiß ich viel mehr, wer ich bin und was ich kann. Aber die Angst, nicht gut genug zu sein, und die Auffassung, etwas leisten zu müssen, um geliebt zu werden, sind mir trotz des Neustarts geblieben. In den letzten Jahren musste ich lernen, diese falschen Zweifel an mir und meiner Arbeit nach und nach abzulegen. Dieser Prozess hat mich oft sehr herausgefordert, aber auch zu der Kira gemacht, die ich heute bin und der ich zunehmend mit Liebe und Respekt begegnen kann.

In dieser Zeit habe ich auch angefangen, für mich selbst einzustehen, und diese Entscheidung trägt mich oft heute noch. Manchmal habe ich sogar das Gefühl, ich hatte damals gar keine andere Wahl, als einen radikalen Schlussstrich zu ziehen, denn ohne diese Entscheidung wäre ich mit der Zeit vermutlich völlig kaputtgegangen. Über die Jahre und mit den richtigen Menschen konnte ich irgendwann sogar einen gewissen Frieden mit all dem Erlebten schließen und es als einen alten Teil von mir annehmen.

Neuanfang

Ich bin spät dran. Schon wieder verschlafen. Meine Schritte werden immer schneller. Zuerst jogge, dann renne ich und schaffe es mit einem letzten Zielsprint zwischen die sich schließenden Bustüren. Mein Hals brennt und ich bin außer Atem. Ein bisschen mehr Sport würde mir auf jeden Fall guttun. Ich lasse mich auf den letzten freien Sitzplatz fallen. Nur wenige Sekunden später tippt mir jemand leicht auf die Schulter. Als ich mich umdrehe, grinsen mich die beiden Kirchenmädchen an. Ich atme tief durch und grinse freundlich zurück. Bitte nicht heute, schießt es mir durch den Kopf.

Die Sonne geht gerade erst auf und ich hatte eigentlich vor, die nächste Dreiviertelstunde in meiner Playlist zu versinken und die Augen zu schließen. Heute Morgen will ich alles, nur kein Gespräch mit diesen beiden. Sie sind wirklich lieb und gehören aktuell zu meinen wenigen sozialen Kontakten außerhalb der Arbeit, aber an manchen Tagen nerven sie mich einfach nur. An Tagen wie heute. „Wie war dein Wochenende, Kira?“, fragt mich eine von ihnen und lehnt sich breit grinsend zu mir vor. Ich kenne die beiden von früher. Unsere Eltern waren eine Zeit lang befreundet. Am liebsten würde ich antworten: „Morgens habe ich gerne meine Ruhe“, aber stattdessen sage ich: „Ganz gut, ich bin zu Hause geblieben und habe Zeit mit meinem Bruder verbracht.“

Ich drehe mich um und stecke die Kopfhörer in mein Handy, in der Hoffnung, sie würden das als Signal für das Ende unseres Gesprächs verstehen. „Wenn du nächsten Freitag nichts vorhast, kannst du auch zu unserem Jugendkreis kommen“, sagt die andere lächelnd, während ich innerlich die Augen verdrehe. Alles, nur das nicht! Wir sitzen meistens im selben Bus und die beiden reden ohne Unterlass von diesem Jugendkreis, ihren Gottesdiensten und „Lobpreisabenden“, was auch immer das sein soll. Aber daran habe ich kein Interesse. Ich weiß ziemlich genau, welcher Typ Mensch zu solchen Kirchenveranstaltungen geht. Das sind seltsame und verklemmte Leute, die nicht wissen, was es bedeutet, Spaß am Leben zu haben.

Anstatt mit ihnen in irgendwelchen Gruppen im Kreis zu sitzen und zu beten, verbringe ich meine freie Zeit dann doch lieber in meinem Zimmer und schaue Serien oder arbeite an meiner Followerzahl bei Instagram. Mittlerweile poste ich fast täglich Bilder. Darüber hinaus verbringe ich Stunden in den Kommentarspalten unter den Beiträgen großer Influencerinnen wie Bibis Beauty Palace, Melina Sophie oder Shirin David, um hunderte Male „like for like“ oder „follow for follow“ zu kommentieren. Selbst während der Mittagspause meiner Ausbildung suche ich nach einem ruhigen Ort, um fleißig weiter zu kommentieren.

In den letzten Wochen habe ich allein dadurch knapp tausend Follower dazugewonnen. Es ist ein befriedigendes Gefühl, das fast schon süchtig macht. Es ist, als hätte ich einen neuen, einen virtuellen Freundeskreis gefunden. Jetzt, wo ich so viel allein bin. Ich fühle mich bestätigt, gesehen und vor allem eins: schön. Mit der Zeit habe ich gelernt, welche meiner Bilder am meisten Likes generieren. Häufig sind es die, die ich im Voraus mit einem Filter bearbeitet habe. Mit nur wenigen Klicks gleicht meine Haut denen der Frauen, die das Cover der Vogue zieren. Zusätzlich werden durch die Filter automatisch meine Lippen voller und meine Wimpern länger.

Für einen kurzen Moment plagt mich dabei manchmal sogar ein schlechtes Gewissen. Irgendwie habe ich das Gefühl, die Menschen auf Instagram zu betrügen, wenn ich nicht mein wahres Gesicht zeige, sondern immer nur bearbeitete Bilder teile. Aber fast alle Mädchen, die ich in den letzten Jahren kennengelernt habe, machen das so. Nur die Kirchenmädchen vermutlich nicht. Manche nutzen sogar richtige Apps, um ihre Beine zu verlängern oder einen schönen „thigh gap" zu bekommen. So weit bin ich bis jetzt noch nicht gegangen. Aber wenn eines meiner Bilder nicht innerhalb einer Stunde mindestens hundert Likes bekommt, lösche ich es sofort wieder und kommentiere selbst noch ein bisschen mehr unter anderen Beiträgen. Denn je aktiver ich bei anderen Accounts bin, desto besser läuft es auch bei mir. Manchmal like und kommentiere ich sogar so viele Beiträge, dass mein Account von Instagram für kurze Zeit gesperrt wird, weil sie vermuten, es sei ein Bot am Werk.

Ich bin schon seit ein paar Jahren bei Instagram unterwegs und irgendwann ist diese Welt wie eine Art Zuhause geworden. Hier kann ich im Alltag aufatmen, schließlich können mich die

Menschen nur so sehen, wie ich es möchte. Niemand kann hier über mich verfügen. Kommentare, die mir nicht gefallen, lösche ich konsequent oder blockiere direkt das Konto des Verfassers.

Hier sehen andere nur die Kira, die ich ihnen zeigen will. Niemand sieht meine mittlerweile relativ dicken Beine oder die Pickel in meinem Gesicht. Niemand sieht den fettigen Ansatz meiner Haare, weil ich keine Kraft hatte, das Bett zu verlassen. Niemand sieht die Einsamkeit oder kennt die Albträume, die mich nachts plagen. Niemand sieht, wie unzufrieden ich mit meinem neuen Leben bin, das ich mir eigentlich ganz anders vorgestellt hatte. Durch die Trennung von Anton und dem Freundeskreis hätte mein Leben eigentlich besser und nicht schlechter werden sollen.

***

Ich stehe in vier Metern Höhe auf dem Trittbrett einer Leiter und befestige an langen Fäden rote und goldene Christbaumkugeln in der Krone des großen Glühweinzeltes. Der Draht sticht durch den dünnen Stoff der Handschuhe und durchbohrt die Haut meiner kalten Fingerspitzen. Weihnachten steht vor der Tür und das Unternehmen, in dem ich arbeite und zur Gestalterin für visuelles Marketing ausgebildet werde, organisiert einen Großteil des jährlichen Weihnachtsmarktes. Seit Wochen laufen die Vorbereitungen auf Hochtouren. Das komplette Modehaus sowie die anliegende Straße werden mit Lichterketten, Kunstschnee und Tannenbäumen in ein Winterparadies verwandelt.

Meine Jacke spannt, als ich meine Arme zur Spitze des Baumes ausstrecke, um die Lichterkette zu fixieren. In den letzten Monaten habe ich etwas zugenommen, was sich mittlerweile immer häufiger negativ bemerkbar macht. Wenn ich morgens zum Bus renne, bekomme ich Schnappatmung und nach nur einem Treppenaufgang plagen mich üble Seitenstiche. So richtig bewusst geworden ist es mir aber erst vergangene Woche, bei dem Skiausflug nach Mellau-Damüls. Denn nach nicht einmal einer Stunde hatte ich bereits schreckliche Schmerzen in meinen Waden. Sie waren in den letzten Monaten so dick geworden, dass mir die Ski-Schuhe selbst im lockeren Zustand das Blut abschnitten.

Für einen kurzen Moment hatte ich wegen der Schmerzen überlegt, mich in einem der Hotelrestaurants zu verkriechen und den kleinen Skiurlaub abzubrechen. Doch ich entschied mich gegen den verlockenden Gedanken und verbrachte den restlichen Tag unter dem Motto ‚Augen zu und durch'. Schließlich hatte ich für diesen Ausflug einen beträchtlichen Teil meines ersten Azubi-Gehalts ausgegeben. Das Resultat waren jedoch zwei riesige blaue Flecken, die noch immer meine Schienbeine zieren.

Insgesamt hat sich mein Bewegungspensum auf ein Minimum reduziert. Seit der Trennung von Anton bin ich nur noch wenig draußen. Warum auch? Es gibt keine Partys oder Treffen mehr. Zumindest nicht für mich.

Das wohlbekannte Gefühl der Einsamkeit, das mich auch schon vergangenes Jahr und in der Beziehung begleitet hatte, hat sich mittlerweile verändert. Es ist anders, komischer, unangenehmer geworden. Vielleicht sogar ein bisschen lauter.

Früher habe ich mich einsam gefühlt, weil niemand wirklich wusste, was in mir vorgeht. Aber wenn ich jemanden brauchte oder das Bedürfnis nach Gemeinschaft hatte, ließ sich immer jemand finden. Heute ist es anders. Ich kann mich nicht mehr für oder gegen diese Einsamkeit entscheiden. Sie ist einfach da. Immer.

Eine der großen roten Glaskugeln rutscht mir aus der Hand und reißt mich aus meinen Gedanken zurück in das große Weihnachtszelt. Bei dem Versuch, sie aufzufangen, falle ich selbst fast von der Leiter und kann mich nur im letzten Moment an einer der kalten Zeltstangen festhalten. „Das kann doch nicht wahr sein", stöhne ich, als die Kugel durch den Zusammenprall mit meinem Fuß mit noch mehr Geschwindigkeit in Richtung Boden fliegt und auf dem Kopfsteinpflaster zersplittert. Ich trete wütend gegen die Leiter. Es ist schon die zweite der teuren Glaskugeln, die mir heute zerbricht.

Das laute Lachen des Hausmeisters hallt durch das große Gastrozelt, in dem ich seit einigen Stunden die Tannenbäume über der Glühweinbar schmücke. Als er meinen Namen ruft, zucke ich zusammen. Am liebsten würde ich im Boden versinken. Ich hatte gehofft, den kleinen Kugelunfall verheimlichen zu können. „Na, Prinzessin", ruft er mir von unten zu, „muss ich etwa zu dir heraufkommen?" Laut lachend stellt er einen seiner Füße auf die unterste Stufe der Leiter, während er ein Lied pfeift. In seiner Hand hält er einen Besen, mit dessen Spitze er vor meiner Nase herumwedelt. Seine penetrante Art, der Parfüm-Schwall, den er immer hinter sich herzieht, und allgemein sein Auftreten sind mir unsympathisch, mehr noch, es ekelt mich an. Er ist aufdringlich, laut, vermutlich

Mitte vierzig, ziemlich klein, dicklich und gelt seine schwarzen Haare für meinen Geschmack ein bisschen zu sehr zurück.

Viele der älteren Frauen hier finden ihn sympathisch, weil er gerne mit ihnen flirtet, Kaffee vorbeibringt oder Komplimente macht. Ich kaufe ihm diese ganze Nummer aber von Anfang an nicht ab und meide den Kontakt zu ihm. Dass er tatsächlich zu mir auf die Leiter klettert, würde ich ihm sogar zutrauen. Es wäre nicht das erste Mal, dass er mir ein bisschen zu nahe kommt.

Manchmal nimmt er einfach meine Hand, um mit mir die Ladentreppe hinunterzulaufen oder greift mir an die Taille. Immer wieder stellt er mich auch den älteren Handwerkern als „seine zukünftige Ehefrau", „seine Geliebte" oder „seine heiße Flamme" vor und macht mit seiner Zunge Leckbewegungen in meine Richtung. Ich finde ihn ekelerregend. Alles in mir sträubt sich, wenn ich diese Worte aus seinem Mund höre, auch weil ich ganz genau weiß, dass seine Frau mit der zweijährigen Tochter zu Hause sitzt. Es fühlt sich falsch und befremdlich an. Doch nach jeder dieser Aktionen und Kommentare folgt ein herzhaftes Lachen oder ein schlechter Witz, der alle immer wieder ein Auge zudrücken lässt.

In den ersten Wochen war er noch distanzierter, doch seitdem meine Teamleiterin gekündigt hat und meine Kollegin wegen Krankheit so oft ausfällt, ist sein Verhalten aufdringlicher geworden. Manchmal habe ich das Gefühl, dass ich die Einzige bin, die all das sieht. Der Rest scheint von seinen Kaffee-Schenkungen, kleinen Flirts und der fröhlich-lustigen Masche völlig geblendet zu sein.

Ich spüre seinen bohrenden Blick in meinem Rücken, während ich vorsichtig die Stufen der Leiter hinunterklettere, um den Scherbenhaufen zu beseitigen. Er pfeift noch immer und grinst über das ganze Gesicht, als ich mich zu ihm umdrehe. Er schaut mir mit seinen dunklen Augen unangenehm lang ins Gesicht und mustert im Anschluss meinen Körper. „Schicker Mantel. Das Rot macht mich ganz rallig", sagt er und lacht erneut auf. Ich ignoriere seinen Kommentar und versuche seinen Blicken auszuweichen. Er verschwindet erst, als eine andere Mitarbeiterin anfängt, die Scheiben des Zeltes zu putzen und uns beide neugierig mustert. Sein penetrantes Pfeifen verfolgt mich jedoch noch den restlichen Tag, denn während ich mich um die Inneneinrichtung des Glühweinzeltes kümmere, baut er nur wenige Meter entfernt mit den Handwerkern die Glühweinküche auf und schaut immer wieder zu mir rüber. In seiner Gegenwart fühle ich mich unwohl und versuche meine Liste so schnell wie möglich abzuarbeiten, um morgen nicht noch einen weiteren Tag in seiner Nähe verbringen zu müssen.

Draußen ist es mittlerweile dunkel geworden und die Lichterketten, die ich in den letzten Tagen rund um das Zelt befestigt habe, leuchten atmosphärisch. Es duftet nach Punsch und Honigkerzen. Der absolute Weihnachtstraum. Ich bin stolz auf meine Arbeit. Auf dem Boden liegen große Kuhfelle und von der Decke hängen unzählige Papiersterne in den verschiedensten Formen und Farben, die ich in den letzten Stunden sorgfältig aufgehängt habe. Das Grundgerüst steht also, was noch fehlt, ist das Mobiliar. Doch der dicke Holzklotz, der als Tisch fungieren soll, bewegt sich keinen einzigen Zentimeter vorwärts. Erneut stemme ich mich mit meinem gesamten Gewicht dagegen. Ich fange an zu schwitzen und atme immer schwerer. Mit der Zeit schwindet die Kraft in meinen Oberarmen. Es ist vergebens. Verzweiflung macht sich in mir breit, als mir bewusst wird, dass ich allein nicht weiterkomme. Als das Pfeifen immer lauter wird und der Hausmeister um die Ecke biegt, muss ich schlucken und eine unangenehme Entscheidung fällen. Ich atme tief ein und bitte ihn widerwillig um Hilfe.

***

Das neue Jahr ist erst ein paar Tage alt und ich werde jetzt schon von meinen schlechten Entscheidungen eingeholt. „Scheiß Winterfreizeit", murmele ich in meinen dicken Schal, während ich beinahe auf der vereisten Straße ausrutsche. Wie gerne würde ich mich jetzt in meine warme Bettdecke kuscheln, einen Tee trinken und währenddessen einen dieser schnulzig-romantischen Weihnachtsfilme schauen. Stattdessen stiefel ich bei Minustemperaturen im Schnee herum, um ein Wochenende mit lauter Fremden zu verbringen.

Die Einsamkeit der letzten Wochen hat mich fast in den Wahnsinn getrieben und zunehmend mürbe werden lassen. In einem schwachen Moment bin ich weich geworden und habe die Einladung zu einer Winterfreizeit der beiden Kirchenmädchen angenommen. Viel schlimmer konnte meine Situation ja nicht werden. Dachte ich zumindest. Aber hier bin ich nun. Mitten im Schneechaos und der Eiseskälte. Mittlerweile halte ich diese Entscheidung nicht mehr für sonderlich clever, sondern bereue sie viel mehr. Wie konnte ich mich nur auf so was einlassen?, denke ich wütend.

Die letzten zwei Kilometer bis zur Unterkunft müssen wir mit unseren vollgepackten Rucksäcken zu Fuß gehen. Der Wind peitscht stark und beißt sich in meine Augen, sodass ich nur wenige Meter weit schauen kann, die Schneehose spannt an meinen Beinen und meine Haut brennt von der Kälte. Ich laufe mit ein bisschen Abstand hinter den anderen her. Ich fühle mich fehl am Platz. Die meisten von ihnen kenne ich nur oberflächlich und es ist anstrengend, mit ihrem Schritttempo mitzuhalten. Hoffentlich gehen die nächsten drei Tage schnell vorbei. Dann kann ich behaupten, ich hätte es mit der Kirche probiert und im Anschluss argumentieren, dass es einfach nicht das Richtige für mich gewesen sei.

Am liebsten würde ich umdrehen, mich ins Auto setzen und wieder nach Hause fahren. Aber dafür ist es jetzt zu spät. Urplötzlich steht mitten im Nichts eine große Holzhütte vor uns, deren Tür schwungvoll von einem freundlichen Mann geöffnet wird. Während die anderen in die Wärme des schmalen Flurs treten, begrüßt er sie alle so herzlich, dass ich fast ein bisschen neidisch werde. Was hatte ich mir nur dabei gedacht, die Winterfreizeit einer Gruppe zu besuchen, die sich schon seit Jahren kennt? Ich weiß genau, wie lange es braucht, um zu so etwas dazu zu gehören, schließlich bin ich viele Jahre selbst Teil einer Clique gewesen.

Mit dieser ernüchternden Erkenntnis stapfe ich frustriert durch den kniehohen Schnee in Richtung Wärme. Den heiter blickenden Mann an der Tür kenne ich auch nur flüchtig. So wie man sich eben kennt, wenn man im selben Dorf wohnt. Er arbeitet in der Kirche, macht Kinder- und Jugendprogramme und baut gerne verrückte Sachen in seinem Garten. „Kira, so schön, dass du am Start bist! Ich freue mich sehr, dich zu sehen!“, ruft er laut, lächelt und winkt mich zu sich. Ich zucke kurz zusammen, als er meinen Namen nennt. Das kam unerwartet. Ein kleines Lächeln huscht über mein Gesicht. Es ist irgendwie schön, dass er meinen Namen kennt.

Nach einem Tag voll mit Schneeballschlachten, einem Schlitten-Schanz-Wettbewerb und einer Schneeschuhwanderung sitzen wir am nächsten Abend alle in der kleinen Stube, kochen, essen, unterhalten uns und spielen verschiedene Spiele. Die meisten von ihnen sind netter und deutlich normaler, als ich es erwartet hätte. Ich genieße ihre Gemeinschaft sogar ein bisschen. Eine Instagram-Story über den Besuch der Winterfreizeit poste ich dennoch nicht. Denn hin und wieder schleicht sich ein kritischer Gedanke ein: Was würde mein alter Freundeskreis wohl davon halten, wenn sie wüssten, dass ich mit Christen unterwegs bin?

Ich habe Angst, dass sie mich exakt so sehen, wie ich die Christen sehe: als langweilig, verklemmt, bieder und seltsam. Obwohl der heutige Tag ganz anders war, bleibt die Befürchtung, dass ich genauso abgestempelt werden könnte. Ich würde den Leuten aus meiner alten Clique gerne das genaue Gegenteil beweisen. Ihnen zeigen, dass ich sie nicht brauche. Dass es mir egal ist, was sie über mich denken. Klarstellen, dass es mir jetzt besser geht. Aber dieser Eindruck soll entstehen, ohne dass sie sich über mich lustig machen.

So angenehm der nächste Tag zwischen Schneeballschlacht und Wanderung auch ist, abends wird es komisch. Gemeinsam sitzen wir neben dem Kamin im Kreis und singen Lieder aus einem ihrer Bücher. Sie nennen es „Lobpreis“. Ich versuche, leise einzustimmen, um nicht negativ aufzufallen, lasse es dann aber doch bleiben und beobachte lieber das Geschehen. Hier scheinen alle von dieser Glaubenssache ganz schön überzeugt zu sein. Vielleicht sind sie deshalb so freundlich, obwohl sie mich gar nicht kennen.

Seitdem ich hier bin, hat sich niemand beleidigt oder hinter dem Rücken über einen anderen gelästert, wie es in meinem alten Freundeskreis üblich gewesen ist. Und es wird auch überhaupt nicht über Partys, One-Night-Stands oder den letzten Filmriss gesprochen. Es scheint, als wäre all das überhaupt kein Teil ihres Lebens. Als wären sie glücklicher. Oder zumindest auf eine andere Art und Weise glücklich. Anders trifft es grundsätzlich ganz gut. Es ist anders hier, aber seltsam gut.

Nachdem sie aufgehört haben, Lieder zu spielen, schließen sie ihre Augen und beginnen zu beten. Wieder einmal fühle ich mich etwas fehl am Platz. Ich hadere damit, ob ich ebenfalls meine Augen schließen soll oder einfach nur stumm dasitzen. Ich entscheide mich dazu, an die Decke zu starren und ihren Worten zu lauschen. Es ist nicht das erste Mal, dass ich Leute beten höre, schließlich war ich früher schon öfter in der Kirche und wurde konfirmiert. Auch am Essenstisch wurde von Zeit zu Zeit ein kurzes Dankgebet gesprochen. Aber hier ist es anders. Sie beten „Papa“ oder „Vater“ und sagen persönliche Dinge, als würden sie mit einem Freund reden. Das alles erscheint mir suspekt. Glauben sie wirklich, dass ihnen jemand zuhört?

Doch so seltsam mir manches auch vorkommt, spüre ich gleichzeitig eine Art Sehnsucht, die ich nicht in Worte fassen kann. Ich will mehr von dieser Wärme, von dieser

Gemeinschaft und der angenehmen Atmosphäre, die sich ein bisschen wie „Zu-Hause-Ankommen“ anfühlt. Überraschenderweise bleibt dieses Bedürfnis auch in den Tagen nach der Freizeit bestehen, weshalb ich mich nach anfänglicher Skepsis doch zu einem der Jugendkreise einladen lasse. Und dann noch ein zweites und drittes und viertes Mal, bis ich irgendwann ganz ohne Einladung jeden Freitagabend dabei bin – so sehr sehnt sich mein Herz nach mehr davon.

***

In den letzten Monaten ist so einiges aus den Fugen geraten. Begonnen hat die Achterbahnfahrt an dem Abend, als ich den Hausmeister um Hilfe bitten musste. Er hat mir geholfen, aber als Dankeschön einen Kuss auf seine Wange eingefordert. Auf keinen Fall!, dachte ich mir angeekelt. Aber ich war heillos überfordert. Wir waren allein und in diesem Moment hatte mich all mein Mut verlassen. Gleichzeitig wollte ich verhindern, dass er meinen Unfall mit den teuren Weihnachtskugeln weitergibt. Also habe ich einfach gar nichts gesagt und ihn mit zusammengekniffenen Augen auf die kurzen Bartstoppeln geküsst. Sein Parfüm war so aufdringlich, dass ich die Luft anhalten musste. Als ich danach ein paar Schritte nach hinten gehen wollte, hielt er mich am Arm fest und gab mir ebenfalls einen Kuss auf die Wange. Während er lachend davonlief, blieb ich wie angewurzelt stehen, die Hände zu Fäusten geballt, mein Herzschlag drohte sich vor Angst zu überschlagen. Seitdem berührt er mich immer wieder. Er streichelt mir über den Rücken, greift an meine Taille oder hält meine

Hände unangenehm lange fest, wenn er mit mir spricht. Doch er handhabt es so geschickt, dass es niemandem auffällt, weshalb ich seit einigen Wochen versuche, ihn so gut wie möglich zu meiden.

Mein Chip piept und die Uhr zeigt 7.53 Uhr an. Ich drücke mich müde gegen die schwere Tür des Mitarbeitereingangs und trete in das dunkle Treppenhaus ein. Wie jeden Morgen bin ich die Erste im Laden und schalte während meiner Hausrunde nacheinander alle Lichter ein. Stockwerk für Stockwerk, während ich die verschiedenen Warenträger und Schaufenster überprüfe. Ein Schmunzeln huscht über mein Gesicht, als ich die oberkörperfreie Schaufensterfigur im ersten Stock entdecke. Ihre abgetrennten Arme liegen auf dem Tisch und eines ihrer Beine steht seltsam ab. Vermutlich wurde das Oberteil gestern noch kurz vor Ladenschluss verkauft.

Als ich in einer Kiste nach einem Ersatzoberteil suche, höre ich ein Pfeifen. Sein Pfeifen. Eine fröhliche Melodie, die in mir Angst und Panik auslöst. Ich lasse das pinke T-Shirt fallen und gehe mit schnellen Schritten auf den großen Spiegel zu, hinter dem sich eines der Lager befindet. Zwischen Taschen, Schuhen und Kleiderbügeln quetsche ich mich hektisch in eine kleine Lücke und schließe die Tür. Ich presse die Lippen zusammen, als sie laut gegen die Wand knallt. Hat er mich gehört? Mit angewinkelten Beinen sitze ich auf dem Boden, traue mich kaum zu atmen und starre in die Dunkelheit. Wut macht sich in mir breit. Wut, weil ich schwach bin und die Angst vor ihm oft meinen ganzen Tag bestimmt. Vor allem aber, weil ich das Versprechen an mich selbst nicht gehalten und es schon wieder nicht geschafft habe, für mich selbst einzustehen.

Mit der Trennung von Anton und dem Freundeskreis wollte ich einen Neustart wagen. Ich wollte dadurch auch glücklicher sein. Mit mir. Mit meinem Leben. Mit meinem Körper. Anton hat mir häufig verboten, Klamotten zu tragen, die mir gefallen, und an den meisten Unternehmungen unseres Freundeskreises hatte ich kein Interesse. Ich war einfach nur dabei, um dazuzugehören. Aber jetzt bin ich dran. Jetzt ist mein Glück dran. Nur das mit meinem Körper funktioniert noch nicht allzu gut. Aber im Dunkeln zwischen Klamotten auf dem Fußboden sitzen, weil ich Angst vor einem alten Mann habe, der mich schon wieder anfasst, obwohl ich es nicht möchte, war nicht das, wovon ich geträumt habe!

Es reicht! Es ist endlich an der Zeit, aktiv zu werden und darüber zu sprechen. Ein paar Tage später erzähle ich meiner Teamleiterin in einem ruhigen Moment von den verschiedenen Vorfällen. „Kannst du es für dich behalten?", frage ich sie am Schluss noch vorsichtig. Sie nickt. Ich will es nicht an die große Glocke hängen, ich wünsche mir nur, dass jemand hinter mir steht und ich offen darüber reden kann.

Als ich am nächsten Morgen die großen Eingangstüren öffne, stürmt er wutentbrannt auf mich zu. „Was du da treibst, ist Rufmord! Ich verlange, dass du deine Aussage zurücknimmst! Niemals würde ich jemanden anfassen!", schreit er laut. Einige der Kunden schauen verwirrt zu uns rüber. Mir wird heiß und ich würde am liebsten im Boden versinken. Aber dieses Mal nicht! Dieses Mal stehe ich für mich ein und gebe der Angst keinen Raum! Ich zwinge mich, ruhig zu bleiben. „Nichts, was ich erzählt habe, war erfunden oder gelogen. Das weißt du ganz genau!", antworte ich ihm möglichst gefasst und hoffe dabei, dass er das leichte Zittern in meiner Stimme nicht hört.

Er stellt sich dicht vor mich und schaut mir tief in die Augen. „Hör mal zu!“, sagt er so leise, dass es niemand anderes hören kann. Seine Worte sind nur für mich bestimmt: „Entweder du stellst das richtig oder ich verklage dich und schalte meinen Anwalt ein!“ Er hält den Augenkontakt. Meine Hände sind zu Fäusten geballt und meine Fingernägel graben sich tief in meine Handfläche. Solange ich den Schmerz spüre, kann ich stark bleiben. Erst als er sich umdreht und geht, fällt der unangenehme Druck von meinen Schultern. Hunderte Gedanken explodieren in meinem Kopf und ich fühle Angst, Wut, Stolz und Verunsicherung auf einmal.

Ich gehe raus an die frische Luft. Jetzt erst beginne ich zu realisieren, was gerade passiert ist. Das Atmen fällt mir immer schwerer und vor lauter Tränen kann ich das Kopfsteinpflaster der schmalen Gasse kaum noch sehen. Alles verschwimmt und ich setze mich auf den hohen Bordstein des Gehwegs. Hände streicheln über meinen Rücken. Liebe Stimmen sprechen mir gut zu. Eine meiner Arbeitskolleginnen greift mir unter die Arme. Ich erzähle ihnen von dem Vorfall und weine immer weiter.

Sie schicken mich nach Hause, den restlichen Tag darf ich mir freinehmen. Nur wenige Stunden später renne ich zum Gemeindehaus, um rechtzeitig beim Jugendkreis zu sein. Wie so oft bin ich viel zu früh da. Hätte ich normal gehen können, wäre ich sicher rechtzeitig angekommen. Aber sobald ich auf dem Weg zu diesem Ort bin, überkommt mich eine Vorfreude, wie ich sie zuvor noch nie empfunden habe. Sie überstrahlt alles, was in der vergangenen Woche passiert ist, sie durchflutet mich wie elektrische Energie. Mir bleibt nichts anderes übrig, als zu rennen!

„Johannes, können wir reden?“, frage ich vorsichtig, nachdem fast alle anderen bereits gegangen sind. Es ist spät geworden und ich helfe noch beim Abspülen. In den letzten Wochen habe ich beobachtet, wie einige der anderen zu ihm gegangen sind, um über Probleme zu sprechen oder sich einen Ratschlag zu holen. Ich glaube, es ist Teil von seinem Job als Jugendreferent. In der Vergangenheit habe ich vieles totgeschwiegen, aber dieses Mal will ich es besser machen und endlich reden.

Auf der Couch des kleinen, chaotischen, aber dennoch gemütlichen Büros von Johannes beginne ich zu erzählen. Angefangen beim Schulwechsel, als Konsequenz der Rebellion gegen meine Eltern, über die schwerwiegenden Erlebnisse der Beziehung mit Anton sowie den Übergriff von Tom schildere ich ihm detailreich all das, was mir auf dem Herzen liegt. Zuletzt berichte ich auch von den aktuellen Herausforderungen inklusive der Konfrontation am Morgen. Johannes hört mir zu. Bei all den Erzählungen über die übergriffigen Handlungen des Hausmeisters beginnt er sich Notizen zu machen, um im Fall einer Anklage vor Gericht aussagen zu können.

Nach dem Gespräch überreicht er mir einige seiner Notizen in einem roten Plastikumschlag, schaut mich nachdenklich an und sagt: „Ach Kira, ich kann all das fast nicht glauben, weil du beim Erzählen keine einzige Träne verdrückst.“ Ich lächle ihn an, sage aber nichts. Ich habe in den letzten Monaten zu viel geweint. Eigentlich habe ich sogar in den letzten Jahren zu viel geweint. Jetzt sind alle Tränen aufgebraucht.

Nach der Wahl zur Miss Germany stoße ich auf eine Kiste, in der meine Mutter verschiedene Erinnerungsstücke gesammelt hat. Zwischen Kuscheltieren, meinen ersten Schuhen und Fotos finde ich den roten Plastikumschlag von Johannes. Ich presse ihn gegen meine Brust. Es ist ein simples Stück Papier, aber es trägt die Handschrift einer Person, die mich gesehen und an mich geglaubt hat. Ein simples Stück Papier, das der ausschlaggebende Grund dafür war, dass ich heute in junge Menschen und Jugendarbeit investiere. Damals war es so heilsam gewesen, als er ihn mir überreichte. In diesem Moment schien es kurz so, als ob ich all meine Probleme ab jetzt nicht mehr ganz allein bewältigen müsste. Ein Gefühl, dass ich seitdem auch anderen jungen Menschen in schwierigen Phasen ermöglichen will.

***

Es ist diese eine Frage, die Frage „Wer sieht mich?“, wegen der ich mich schon mit dreizehn Jahren auf Bauwagenpartys herumgetrieben und an fragwürdigen Beziehungen festgehalten habe. Diese Suche war lange ein fundamentaler Bestandteil meiner Identität, ohne dass ich mir dessen bewusst war. Dabei übersteigt die Bedeutung von „sehen“ das bloße Erblicken, es beinhaltet auch das Wahrnehmen. Dieser Aspekt war für mich zentral. „Wer nimmt mich wahr?“, gerade auch jenseits der Oberfläche, die von außen so heiter und aufgeweckt erscheinen mag, sich von innen aber durch verschiedene Begebenheiten häufig kaputt und leer angefühlt hat.

Viele in meinem Umfeld hatten nie Interesse gezeigt, wirklich tiefer schauen zu wollen, also gewöhnte ich mich mit der

Zeit daran, die Oberfläche präsentabel zu halten. Ohne dass es mir irgendjemand direkt befohlen hätte, begann ich, eine chamäleonartige Persönlichkeit zu entwickeln. In der Beziehung wurde ich zur lieben, aber konturlosen Freundin, die sich für alle seine Fehler bei ihm entschuldigte. Ich kleidete mich wie die Mädchen um mich herum, ging auf Partys, bei denen ich trank, bis andere es für genug empfanden, und verbrachte Zeit mit Menschen, die mir nicht einmal sympathisch waren. Alles nur, um dazuzugehören. Bevor ich begann, regelmäßig in diesen Jugendkreis zu gehen, hatte ich mich dementsprechend damit abgefunden, etwas nach außen vorzuspielen. Ich dachte, um glücklich zu sein, müsste ich für immer dieses Chamäleon bleiben.

Heute weiß ich, dass ich mich schon damals in meinem alten Freundeskreis danach gesehnt habe, gesehen, wahrgenommen und verstanden zu werden. Durch den Bruch mit all dem bemerkte ich, dass mir in der vergangenen Zeit nicht nur das oberflächliche Interesse meiner engsten Freunde an mir zu schaffen gemacht hat. Es war auch das Gefühl, von ihnen nicht als Kira, mit meinem ganzen Sein, als ganzer Mensch gemocht und überhaupt verstanden zu werden. Was sie an mir schätzten, waren viele Eigenschaften von ihnen selbst, die ich lediglich kopierte. Denn bei den Versuchen, ihnen mein echtes Herz zu offenbaren, wie damals Celine auf der Terrasse der Hausparty, kam kaum Resonanz. Momente, in denen es sich anfühlte, für diese Handvoll Menschen gleichgültig zu sein. Doch als Johannes mich mit Namen auf der Hütte begrüßte und sich auch in den Monaten danach Zeit nahm, um mir zuzuhören und mich von dem erzählen ließ, was keine chamäleonartige Facette, sondern mein echtes Herz war, veränderte sich einiges. Ich durfte Kira sein.

Was ich damals nur ahnte, weiß ich heute mit Sicherheit. Das, was Johannes' Handeln leitete, war dabei nicht sein Bestreben, ein guter Mensch zu sein, oder dadurch bedingt, dass er einen guten Tag hatte, sondern es war sein Anliegen, etwas von Gottes Charakter weiterzugeben. Wenn ich davon schreibe, dass es an diesem Ort, in dieser Kirche, bei diesen Menschen „anders" war, dann nicht, weil sie besonders talentiert oder tugendhaft gewesen sind. Vielmehr bemerkte ich, dass sie danach strebten, die Akzeptanz, die Gott ihnen entgegenbringt, an die Menschen um sich herum weiterzugeben.

Auch wenn mir damals der Umfang dessen noch nicht bewusst war, so begann ich zu spüren, dass ich einen Ort gefunden hatte, an dem die Sehnsucht, gesehen, wahrgenommen und akzeptiert zu werden, ein Stück weit gestillt wird. Rückwirkend sorgte genau das dafür, dass ich jeden Freitag in den Jugendkreis ging. Aber dabei blieb es nicht. Es führte sogar dazu, dass ich irgendwann jeden Freitag voller Vorfreude zu diesem Jugendkreis rannte, um dann nach und nach fast meine komplette Freizeit mit diesen Menschen an diesem heilsamen Ort zu verbringen.

***

Mit einem Lächeln schalte ich die Lichter der verschiedenen Stockwerke an. Heute habe ich keine Angst und werde mich sicherlich nicht in irgendeinem Schuhlager verstecken. Heute fühle ich mich frei, denn der Hausmeister ist für einige Tage zwangsbeurlaubt. Insgeheim träume ich sogar davon, dass sie ihn kündigen. Vielleicht kommt er in den Tagen zu Hause aber auch zur Besinnung und entschuldigt sich bei mir. Damit könnte ich mich auch anfreunden.

Meine Vorfreude auf den Arbeitstag findet ein jähes Ende. „Mit einer Lügnerin will ich nichts zu tun haben!“, antwortet mir ein Mitarbeiter scharf, als ich ihn anspreche, und dreht mir anschließend den Rücken zu. Lügnerin? Ich muss schlucken. Als ich mich umschaue, ernte ich einen weiteren wütenden Blick. Der Hausmeister hat anscheinend begonnen, alle, die hier arbeiten, gegen mich aufzubringen. Viele meiner Kollegen ignorieren mich einfach, manche von ihnen sogar dann, wenn ich sie aktiv auf etwas anspreche. In der Mittagspause sitze ich allein am Tisch.

Er hat ihnen scheinbar erzählt, dass ich alles erfunden hätte, und offensichtlich fressen sie ihm aus der Hand. Und da ist sie plötzlich wieder: diese Wut. Wut auf die Umstände und Wut auf mein Leben, weil es scheinbar einfach nicht besser werden will. Ich hasse diese Ausbildung, ich hasse diese Situation. Ich hasse hier einfach alles. Manchmal frage ich mich, ob ich die falsche Entscheidung getroffen habe. Ob das Ertragen von früher vielleicht die bessere Wahl gewesen wäre.

Auch wenn es sich anfühlt, als würde ich mich im Kreis drehen, bin ich mir trotzdem sicher: Dieses Mal endet es anders. Er wird nicht einfach wie Tom mit der ganzen Sache durchkommen. Auch wenn ich es vermeiden wollte, bleibt mir nichts anderes übrig, als meine Eltern einzuweihen. Sie wird er nicht anlügen oder sogar auf seine Seite ziehen können.

„Frau und Herr Geiss, ich kann diese Situation nur zu gut nachvollziehen, ich bin selbst Mutter einer Tochter, die etwa im Alter von Kira ist. So ein Erlebnis wünscht man natürlich keiner jungen Frau und schon gar nicht seinem eigenen Kind“, sagt die Hausleiterin der Firma und lächelt freundlich. Meine Eltern nicken. Jetzt wird alles gut werden, denke ich. „Jedoch kann ich Ihnen versichern, dass der Kollege keinen bösen Absichten nachgegangen ist und alle Kommentare rein humorvoll zu verstehen waren. Ich habe mir persönlich Zeit genommen, um mit ihm über die Geschehnisse zu sprechen und bin davon überzeugt, dass es sich hier um ein Missverständnis handelt.“ Humorvoll? Für mich hat sich all das nicht wie Spaß angefühlt. Oft genug habe ich ihm gesagt, dass ich mich dabei unwohl fühle.

Fassungslos sitze ich an dem großen Holztisch des Büros, während meine Chefin zum Abschied freundlich die Hände meiner Eltern schüttelt. Es ist egal, was ich sage, die Hausleiterin glaubt mir nicht. Sie verhält sich so, als würde ich lügen. Als wären da keine Angst, keine Berührungen oder Kommentare gewesen. Es steht Aussage gegen Aussage. Nur wird seine Stimme anscheinend stärker gewichtet als meine. Schließlich kann ich all das nicht beweisen.

Am Ende wurde er weder gekündigt noch entschuldigte er sich bei mir. Nur sein elendes Pfeifen kehrte zurück und drückte jeden Tag erneut seinen Triumph über mich aus. Ich hatte alles versucht, aber er hatte doch gewonnen und spielte sein Spiel weiter wie gewohnt. Nur wie es mir dabei ging, interessierte niemanden. Morgens kam ich immer schwerer aus dem Bett. Einmal ließ ich mich sogar für eine Woche krankschreiben, weil ich es einfach nicht mehr aushalten konnte. Immer häufiger dachte ich darüber nach, zu kündigen. Einzig die Vorfreude auf den nächsten Freitag im Jugendkreis trug mich durch die Woche und machte den frustrierenden Alltag ein Stück weit erträglicher.

Körperturbulenzen

„Ich möchte gerne ausziehen, Mama“, sage ich und lächle in ihre Richtung. Mein Herz klopft wie wild, als ich die Worte laut ausspreche. Seit Wochen denke ich schon darüber nach, habe mich bislang aber nicht getraut, diesen Wunsch zu äußern. Das Nudelwasser kocht über und während meine Mutter die zischenden Bläschen von der Herdplatte wischt, antwortet sie mir mit skeptischem Blick: „Und wo willst du hin?“ Ich atme tief durch und frage vorsichtig „Kennst du das Lighthouse?“ Es ist ein großes Mehrgenerationenhaus der Kirchengemeinde, in dem auch einige der Jungs aus dem Jugendkreis wohnen. „Eines der WG-Zimmer wird in ein paar Wochen frei und ich wäre nur fünf Minuten von zu Hause entfernt.“ Stille. Vielleicht muss sie nachdenken.

Aber auch nach weiteren Momenten des Schweigens gibt es keine Antwort. Zweifel kommen in mir auf. Womöglich hätte ich besser bei einer anderen Gelegenheit fragen sollen. „Kira will ausziehen“, sagt sie plötzlich am Essenstisch zu meinem Vater. Mein kleiner Bruder lacht laut auf und schüttelt den Kopf. „In die Lighthouse-WG“, ergänze ich schnell. „Ach, zu den Christen willst du ziehen? Bist du dir da ganz sicher?", antwortet mein Vater und zieht amüsiert eine Augenbraue hoch. „Lass uns mal in Ruhe überlegen, du bist schließlich erst sechzehn. Also, die Mietkosten und dein Essen würden wir nicht finanzieren, das müsstest du schon selbst stemmen." – Bedeutet das etwa, sie erlauben es? – „Du verdienst ja jetzt schließlich dein eigenes Geld", fährt er fort. – Kann das wirklich wahr sein? – „Aber sonst wüsste ich nicht, was dagegen sprechen sollte. In deinem Alter Verantwortung für das eigene Leben zu übernehmen, schadet sicher nicht." – Wahnsinn!

Als ich einen Monat später die Tür zu meinem neuen WG-Zimmer öffne, entdecke ich zahlreiche Streifen Toilettenpapier, die von der Decke hängen. Ein Kichern entwischt mir, als ich sehe, dass mein Kleiderschrank in Geschenkpapier gewickelt ist. Beides sind scheinbar die Auswüchse des „Willkommensstreichs", der hier traditionell dazugehört. Doch der Spaß, den sich meine neuen Mitbewohner erlaubt haben, kann meine Stimmung nicht trüben. Unfassbar, dass meine Eltern mich haben ausziehen lassen! Ich bin überglücklich über diese neue Lebensphase und hüpfe vor lauter Freude kreischend durch mein Zimmer.

Vieles in meinem alten Zimmer hatte mich immer wieder an Momente aus meiner ungeliebten Vergangenheit erinnert. Erst kürzlich habe ich das mittlerweile harte Lebkuchenherz von Anton von meiner Bettlehne gerissen und an meinem Schrank sind immer noch die Kleberückstände der Fotos von Celine und mir. Dieser Raum hat mich daran gehindert, richtig loszulassen, weshalb sich der Tapetenwechsel einfach befreiend anfühlt. Wie ein Neustart.

In letzter Zeit merke ich, wie sich mein Leben in eine gute Richtung entwickelt. Auch, wenn ich das im Zusammenhang mit der Kirche niemals gedacht hätte. In der Gemeinde konnte ich Anschluss finden, was mir immer wieder bei den alltäglichen Herausforderungen hilft. Ich fühle mich frei, so frei wie schon lange nicht mehr. Ich kann sagen und tragen was ich will, ohne, dass mir Anton etwas verbietet oder kommentiert. Allerdings gibt es da noch eine Sache, mit der ich hadere: mein Körper.

Wenn ich in den Spiegel schaue, würde ich am liebsten direkt wieder wegschauen. Nicht, dass ich mir nicht gefalle, nein, es ist mehr als das. Ich finde mich richtig hässlich. Ich hasse meinen Körper einfach. Laut dem BMI-Rechner bin ich im leichten Übergewicht. *Leichtes* Übergewicht? Während ich an mir herunterschaue, fallen mir unzählige Stellen auf, die ich gerne austauschen würde. Mein Bauch wölbt sich nach vorne. Am Rücken bilden sich kleine Röllchen. Meine Oberschenkel sind unförmig, mein Gesicht dicklich und meine Füße kommen mir klobig vor. Am allerschlimmsten sind aber meine Waden. Sie könnten genauso gut die eines Sumoringers sein.

Seit Monaten verstecke ich all das unter Baggy Jeans, Oversized T-Shirts und Hoodies. Aber damit ist jetzt Schluss! Pamela Reif hüpft auf meinem Bildschirm umher, während ich schnaufend auf dem Boden liege. Wie kann es sein, dass sie am Ende des Videos weder einen roten Kopf noch Schweißflecken hat? Von ihrem 20-minütigen Workout schaffe ich nur zehn. Bevor sie mich nach ihrem fünfzehnten Squat anlächeln kann, schalte ich mein Handy aus. Bauch und Beine brennen und eine Mischung aus Wut und Frust macht sich in mir breit. Du Versagerin, kommt mir in den Kopf, als ich heimlich darüber nachdenke, alles hinzuschmeißen und die Sportpläne wieder aufzugeben. Aber das ist keine Option. Schließlich möchte ich das niederschmetternde Erlebnis von vor ein paar Tagen künftig vermeiden. Einige der Auszubildenden wurden zu einem Fotoshooting für das neue Modemagazin meines Betriebs angefragt. Die meisten von ihnen sind groß und schlank. Sie kommen jeden Tag perfekt gestylt zur Arbeit. Ich kleide und schminke mich zwar nicht wie sie, dennoch wäre ich auch gern ein Teil des Shootings gewesen. Meine Anfrage wurde jedoch nach einem kritischen Kontrollblick auf meinen Körper freundlich abgelehnt.

Vermutlich bin ich einfach nicht schlank genug, nicht schön genug, nicht gut genug. Aber ich werde ihnen das Gegenteil beweisen. Ab sofort mache ich sechs Tage die Woche Sport und ernähre mich nach einem strikten Essensplan. Wenig Kalorien, wenig Kohlenhydrate und viel Gemüse und Obst. Wenn ich es durchziehe, werde ich sicher bald einen Unterschied sehen und allen zeigen, dass sie sich getäuscht haben.

Tagebucheintrag 2. Januar 2020

„Heute bin ich gerannt. Einfach losgerannt. Ich hatte das Gefühl zu ersticken und wollte einfach nur raus. Rennen und schreien. Seitdem ich so viel in der Gemeinde bin und mich nach den anfänglichen Zweifeln sogar für den Glauben entschieden habe, geht es mir besser. Zumindest Welten besser als zuvor. Ich muss nicht mehr allein mit all dem klarkommen und ich habe über die Zeit eine Stärke in mir selbst gefunden, die ich davor noch nicht gekannt habe. Aber manchmal gibt es Tage, an denen alles

hochkommt. Tage, an denen ich all die Erlebnisse von früher nochmal in meinem Kopf durchleben muss. Tage, wo es mir trotz Glaube und Gemeinschaft schwerfällt, mit der Ausbildungssituation und dem Hausmeister, der noch immer sein Spiel spielen darf, umzugehen. Tage, an denen ich keine Liebe für mich selbst übrig habe und alles, was ich im Spiegel sehe, hässlich finde. Manche Leute denken vielleicht, dass alle Probleme plötzlich verpuffen, wenn man nur genug glaubt und betet. Aber das ist nicht so. Im Gegenteil! Jesus ist kein Wunderheilmittel für alles, was im Leben passiert. Aber das hat er auch nie behauptet. Er hat nur gesagt, dass er einen in diesen Problemen begleitet, dass er mit hindurchgeht. Deswegen musste ich heute einfach raus. Einfach nur rennen, um den Frust abzubauen. Aber es hat gutgetan und das Wissen, dass ich nicht allein bin, ist immer wieder tröstlich."

„Ich mache Pizza Hawaii, möchtest du auch eine?", ruft mir einer der WG-Jungs durch den langen Flur entgegen und winkt mit der Mehlpackung. Ich schüttle den Kopf. Vor dem Joggen kann ich nichts essen, das bremst mich nur aus.

Nach sechs Kilometern erklingt die Stimme der Running-App in meinem Ohr und verkündet, dass meine durchschnittliche Geschwindigkeit abgenommen hat. Ich lege einen Zahn zu, merke aber, wie die Kraft meiner Beine langsam nachlässt. An der nächsten Weggabelung entscheide ich mich dennoch gegen die direkte Strecke nach Hause. Drei Kilometer packe ich noch! Ich versuche mich auf meine Atmung zu konzentrieren, um den Rhythmus und die Geschwindigkeit beizubehalten. Mein Kopf sagt mir zwar, ich könne nicht mehr, aber ich weiß, dass da noch mehr drin ist.

In den letzten vier Monaten bin ich regelmäßig gelaufen, aber noch nie eine so lange Strecke. Mich selbst zu übertrumpfen ist ein beflügelndes Gefühl. Ich kann das Lighthouse zwar schon sehen, biege aber ein weiteres Mal ab, um die Runde zu verlängern. Gerade erst hat die Stimme im Ohr den neunten Kilometer verkündet und ein angefangener Kilometer muss immer auch beendet werden. Wenige Minuten später drücke ich glücklich und schwer schnaufend auf „Aktivität beenden“. Zusammenfassung der Laufaktivität: Distanz 10,01 Kilometer, Dauer 61 Minuten und 26 Sekunden, 583 Kalorien verbrannt. Aktivität beendet. Ein Jubelschrei entweicht mir und ich tanze wie ein Kleinkind im Kreis. Der dicke weiße Kater meiner Vermieter sitzt nur wenige Meter entfernt und neigt seinen Kopf in meine Richtung. Soll er doch gucken! Sollen mich doch die Nachbarn sehen und mich für kindisch halten. Ich habe es geschafft! Ich bin stärker gewesen als ich selbst. Ich bin zehn Kilometer gelaufen!

Mit dem Grinsen im Gesicht entdecke ich auf dem Esstisch einen Teller mit drei großen Pizzastücken. Auf einem kleinen Zettel daneben steht: „Für Kira. Lass es dir gut gehen!“ Sie ist noch warm und der geschmolzene Käse duftet fantastisch. Ich nehme den Teller in die Hände und atme den Pizzageruch ein. Mein Magen knurrt vor Hunger. Einen kurzen Moment bin ich versucht, fasse mich dann doch wieder und greife zu der Salatbowl, die laut meines Essensplans heute an der Reihe ist. Es ist Wochen her, dass ich das letzte Mal von einer Pizza abgebissen habe. Aber zurzeit kann ich mir das nicht leisten.

***

Cardi B reißt mich aus dem Schlaf. Es ist fünf Uhr, als mein Wecker bereits zum zweiten Mal klingelt. Jetzt aber los, denke ich und schwinge mich aus dem Bett. Wenige Minuten später bin ich draußen auf dem Weg zum Sportplatz. Mit meiner Handytaschenlampe in der Hand laufe ich dort einige Runden. Freitags gehe ich immer häufiger morgens joggen, schließlich ist abends der Jugendkreis.

Während ich laufe, schmerzen meine Waden. In letzter Zeit werde ich nachts oft von unangenehmen Wadenkrämpfen geweckt. Aber bisher beiße ich mich einfach durch. Nachdem ich geduscht habe, stelle ich auf der Waage fest, dass ich bereits zehn Kilogramm abgenommen habe. Ich bin zufrieden. Das ist ein guter Anfang.

Auf der Arbeit stehe ich mit einem Lächeln in der Mitarbeiterrunde – allerdings nicht lange. Während der kurzen Ansprache der Hausleitung wird mir schwindelig und ich kippe um. Als ich die Augen wieder öffne, steht eine Menschentraube um mich und schaut zu mir herab auf den Boden. Mein Schädel pocht. Als mir eine Cola-Dose in die Hand gedrückt wird, würde ich am liebsten entgegnen: „Ich verzichte auf Zucker", trinke dann aber doch ein paar Schlucke, um Diskussionen zu vermeiden. Als mich meine Eltern später abholen, überspiele ich die Situation lachend und behaupte, zu wenig getrunken zu haben, wohlwissend, dass es nicht mein erster Schwächeanfall war.

Ich lasse eine gelbe Tablette in das Glas plumpsen und beobachte, wie sie sich sprudelnd im Wasser auflöst. Der Magnesiumgeruch steigt mir in die Nase und ich leere das Glas in einem Zug, um so wenig Geschmack wie möglich abzubekommen. Die Krämpfe sind dadurch seltener geworden, aber komplett weg sind sie nicht. Vielleicht ist das der Preis, den man für eine sportliche Figur zahlen muss. Ich bin schneller geworden und kann mittlerweile etwa fünfzehn Kilometer laufen. Auch wenn ich ab und zu eine kürzere Strecke zurücklege, absolviere ich am liebsten Langstreckenläufe. An den Restdays trainiere ich dann Bauch und Oberkörper.

Aber heute ist ein ganz besonderer Tag. Heute werde ich endlich einen Halbmarathon laufen. Ich ignoriere das Knurren meines Magens und vertröste mich mit dem später anstehenden Mädels-Dinner. Mittlerweile sind wir zu viert und unzertrennlich. Kathi und Malin, die beiden Mädchen aus dem Bus, Laura, eine gute Freundin der beiden, und natürlich ich. Wenn ich nicht gerade für irgendwelche Aktionen in der Gemeinde bin, verbringe ich neben dem Sport fast jede freie Minute mit ihnen. Aber erst die Arbeit, dann das Vergnügen. Ich laufe im Takt der Musik. Es sind bereits zwölf Kilometer geschafft. Du bist schon über die Hälfte der Distanz gelaufen, ermutige ich mich innerlich selbst. Es ist anstrengender, als ich erwartet habe, denn seit zwei Kilometern geht ein starker Wind und vor wenigen Minuten hat es auch noch angefangen zu regnen. Meine Klamotten sind bereits jetzt mit Wasser vollgesogen und ich beginne zu zittern. Während ich immer weiter ein Bein vor das andere setze, versuche ich das Klappern meiner Zähne zu unterdrücken. Aufgeben ist keine Option! Aufgeben ist keine Option! Aufgeben ist keine Option!, sage ich mir immer wieder. Der Satz wird fast schon zu einem inneren Mantra. Kilometer neunzehn ist der härteste. Die Kombination aus nicht endender Nässe und dem eisigen Wind lässt meine sonst so starke Kondition schwach aussehen.

Doch jedes Mal, wenn ich ans Abbrechen denke, kommt mir dieser eine Satz in den Sinn. Auch wenn es schon etwas her ist, hat er sich in mein Gedächtnis eingebrannt. „Kira, bevor du dünne Beine hast, bist du tot!“ Ein Satz, der mir bei einer vergangenen Familienfeier gesagt wurde, als ich äußerte, dass ich irgendwann auch gerne mal ein Fotoshooting wie ein echtes Model machen würde. Die Wut und der Schmerz darüber sitzen noch so tief, dass sie zum Antrieb werden, auch wenn das anfängliche Vergnügen am Sport vergeht.

Ich renne immer weiter, während mir die kalte Luft in den Hals schneidet. Aufgeben ist keine Option!, Kira, bevor du dünne Beine hast, bist du tot!, hämmert es erneut in meinem Kopf. Diese Glaubenssätze schaffen es, mir den nötigen Anstoß zu geben, um die 21 Kilometer zu beenden. Meine innerliche Freude ist riesig, aber ich habe keine Kraft mehr, sie äußerlich zum Ausdruck zu bringen. Meine Beine schmerzen und ich spüre meine kalten Hände nicht mehr. Doch all das wird von dem Stolz übertrumpft, mich selbst besiegt zu haben. Wer weiß, wenn ich noch etwas weiter trainiere, laufe ich bald vielleicht sogar meinen ersten Marathon.

***

„Kommt, wir feiern ein letztes Mal unser Käsefest“, hat Laura vor wenigen Tagen in unsere Gruppe geschrieben. In wenigen Wochen zerstreut es uns vier in die ganze Welt und auch für mich beginnt ein neues Kapitel in Magdeburg. Über die letzten

Jahre bin ich häufig in dieser Stadt gewesen, in die ich mich Hals über Kopf verliebt habe. Dort durfte ich bereits in einem Nachbarschaftsprojekt mitarbeiten. Vor einigen Monaten bin ich dann angefragt geworden, ob ich mir vorstellen könnte, bei der Gründung einer Jugendgemeinde mitzuwirken. Die absolute Traumanfrage! Dennoch ist es ein seltsames Gefühl, schon so bald die WG, meine Mädels und auch die Gemeinde zu verlassen. Gleichzeitig freue ich mich auch auf die Herausforderung.

Aber vorher tragen wir gemeinsam den alten Tisch des Balkons in den Garten. Weingläser, Käse- und Wurstplatte, Brote, Trauben und Schokokuchen türmen sich neben dem üppigen Wald- und Wiesenblumenstrauß. Erstmals seit sehr langer Zeit habe ich das Gefühl, mein Leben so zu lieben, wie es ist. Ein Gefühl, das ich vermisst habe. Die Abendsonne strahlt durch die Baumkrone und Kathi macht ein kleines Feuer an der Grillstelle. Ein Stück Pinterest, aber real. Die Frauen, die mir im Bus anfangs so fremd waren, sind schrittweise zu meinen besten Freundinnen geworden. Ohne sie hätte ich vermutlich mein abwertendes Bild von Kirche behalten. Aber heute weiß ich, dass das, was wir jetzt gerade leben, auch Kirche ist. Dieser Mädelsabend und unsere Gemeinschaft, das Leben zu feiern, gemeinsam zu lauter Musik durch die hohe Wiese zu tanzen und tonnenweise Käse zu genießen. Kirche sind Menschen. Kirche ist das pure Leben und das liebe ich.

Während ich mich lachend neben Kathi ins Gras fallen lasse und in den blauen Himmel starre, muss ich schmunzeln. Verrückt, dass ich dachte, Kirche und Gemeinde würden sich nur um langweilige Gottesdienste und Orgelmusik drehen. Ich war gefangen in selektiver Wahrnehmung. Oder hielt mich vielleicht die ein oder andere Kirche sogar ein Stück weit darin gefangen?

Manchmal kann eine einzige Erfahrung die komplette Sicht auf etwas beeinflussen. Ein schlechter Gottesdienst, eine seltsame Person mit christlichem Hintergrund oder eine negative Schlagzeile mag die Sicht auf die ganze Kirche überlagern. So, wie es bei mir gewesen ist. Obwohl Kirche mehr ist als der Gottesdienst am Sonntag oder das Beten vor dem Essen. Kirche ist die Gemeinschaft unter Menschen, die sich dazu entschieden haben, zu glauben. Menschen, die Zeit miteinander verbringen, alltägliches Leben teilen und genau das immer und überall tun können. Kirche ist an keinem Ort gleich, man kann sie durch eine einzige Erfahrung weder verstehen, begreifen noch verurteilen. Denn wenn man sie auf die kritische Aussage einer Person festnagelt, würde man diese Aussage tausend anderen unfairerweise überstülpen. Kirche ist nichts Statisches. Kirche ist nicht nur ein Gebäude. Kirche sind Menschen.

Mittlerweile schäme ich mich sogar manchmal für die verurteilenden Gedanken, die ich anfangs mit mir herumgetragen habe. Ich dachte, ich wäre ihnen einen Schritt voraus, wüsste es besser als sie, doch das Einzige, was ich in diesen Momenten gewesen bin, war blind vor lauter Arroganz. Ich habe Menschen verachtet, die bedeutend mehr Wertschätzung und Zuneigung in sich tragen als all jene, mit denen ich mich über mehrere Jahre umgeben habe. Ich habe Menschen verachtet, weil viele von ihnen nicht den Lebensstil feiern, der mich fast kaputt gemacht hätte. Ich habe Menschen verachtet, die echtes Interesse an mir gezeigt haben, ohne dass ich etwas dafür leisten musste. Oh, ich habe mich in so vieler Hinsicht geirrt und heute in dieser anscheinend so verstaubten und langweiligen Kirche ein Zuhause gefunden. Dieser Ort und diese Menschen berühren mein Herz so tief, dass ich es kaum in Worte fassen kann. Ich habe das Gefühl, angekommen zu sein. Ich bin endlich wieder glücklich.

Als es zu dämmern beginnt, setzen wir uns in Decken gekuschelt um das kleine Lagerfeuer. Malin bringt eine Packung Vanilleeis aus der WG mit und reicht auch mir eine Schüssel. Ich überlege kurz, schüttle dann aber den Kopf. Heute bin ich noch nicht joggen gewesen und der Käse war genug. „Kira, wir machen uns Sorgen um dich", kommt es wenig später von Kathi. „Oh, wieso? Mir geht es doch super!", antworte ich. Wieso sollte sich irgendjemand Sorgen um mich machen? „Was ist denn so schlimm an einer Schüssel Eis?", fügt Laura hinzu. Malin nickt. "Ich... ich weiß nicht", stammle ich.

Ich würde ihr gerne eine Antwort geben, aber ich habe keine. Was ist so schlimm an einer Schüssel Eis? Gar nichts! Oder? Trotzdem schaffe ich es nicht, ein paar Löffel zu essen. Eine innere Stimme rechnet mir vor, wie viele Kalorien all das Eis, die Sahne und bunten Streusel haben. Eine Rechnung, die schon seit einiger Zeit automatisch in meinem Kopf stattfindet, sobald ich irgendetwas koche oder esse. Wenn das Kalorienlimit erreicht ist, gehe ich manchmal auch hungrig ins Bett oder mache eine extra Runde Sport, um es auszugleichen. Aber ist das so verwerflich? Ich esse einfach nicht mehr als die Menge an Kalorien, die mein Körper braucht. So wie es auch all die Fitnessinfluencerinnen tun. Ist das nicht normal?

Dennoch schaffe ich es nicht, meine Gedanken auszusprechen. Das seltsame Gefühl, mich selbst zu belügen, schwingt mit. „Du bist sicherlich schon unter deinem Ideal-BMI, oder?“, ergänzt Kathi nach einem kurzen Moment der Stille. Ich zucke mit den Achseln, obwohl ich genau weiß, dass ich laut des BMI-Rechners im Untergewicht bin. Ein Gefühl von Stolz hatte mich durchzogen, als ich mir den kleinen Ergebnistext durchgelesen habe. „Zu dünn“, hatte dort gestanden. Aber kann man wirklich zu dünn sein? Bei meinen Beinen hat sich bisher nicht so viel verändert. Kein Grund, jetzt aufzuhören, oder? Wieso sollte ich weniger Sport machen und Kohlenhydrate essen, wenn es gerade so gut läuft? Vor mehr als einem Jahr hatte ich mir das Ziel gesetzt, zwanzig Kilo abzunehmen. Mittlerweile bin ich nur noch ein Kilogramm von diesem Plan entfernt. Es fehlt nur noch so wenig, bis ich endlich das erreicht habe, wofür ich so hart trainiert habe. Das ist die Schüssel Eis nicht wert. Ich ringe mit mir. Ich ringe mit meiner inneren Stimme und suche immer noch nach einer Antwort auf Lauras Frage. Was ist so schlimm an einer Schüssel Eis?

Bevor ich schlafen gehe, stelle ich mich noch einmal vor den kleinen Spiegel meines Zimmers. Dabei schaue ich die junge Frau an, die ich in den letzten zwei Jahren geworden bin. Ihre Schlüsselbeine stehen hervor und die Rippen werden unter der Haut sichtbar. Ich bin stolz auf den kleinen Sixpack, der nach und nach definierter wird. Genauso stolz bin ich auf den Bizeps meiner Arme, die ich erst seit ein paar Monaten mit Gewichten trainiere. Mein Gesicht ist schmal geworden und der Pony, den ich mir vor einigen Jahren in einer unüberlegten Situation gemeinsam mit meinem Bruder blond gefärbt habe, ist mittlerweile bis zum Kinn gewachsen. Ich fühle mich schön. Zumindest schöner als früher.

Aber auch nicht jeden Tag. Vor allem meine Beine sind mir weiterhin ein Dorn im Auge. Sie sind im Gegensatz zu allem anderen dick geblieben. Es scheint fast so, als wäre ein zierlicher Oberkörper auf den falschen Unterkörper gesetzt worden. Und trotzdem schaue ich mich an und denke mir: Ein bisschen dünner würde schon noch gehen. Oder: Wenn ich noch zwei bis drei Kilo abnehme, dann sehe ich perfekt aus. Nur dass ich diese Gedanken schon häufig hatte, das Resultat nach Erreichen des Zieles jedoch nie das Gefühl des Perfekt-Seins gewesen ist. Eher fühle ich mich noch schuldiger, wenn ich über meinen Kalorienbedarf hinaus esse.

So wie heute. Vorhin habe ich doch noch eine kleine Schüssel Eis gegessen, weshalb sich jetzt das schlechte Gewissen bei mir meldet. Wenigstens auf die Sahne konnte ich verzichten. Gleichzeitig frage ich mich, ob ich irgendwann zwischen der Freude am Sport, der Instagram-Fitness-Welt, den „What I eat in a day"-Videos und der Sehnsucht, über mich hinauszuwachsen, die Kontrolle verloren habe. Ob ich überhaupt jemals mit mir und meinem Körper zufrieden sein kann? Jedes Mal, wenn ich ein Ziel erreicht habe, setze ich mir ein Neues. Vielleicht gibt es keinen Punkt, an dem ich zufrieden bin. Womöglich ist es durch Sport nicht zu erreichen, dass ich mich endlich schön genug fühle. Mich gut genug fühle.

***

Einige Jahre später besuche ich mit ein paar Teens eines der größten christlichen Festivals Deutschlands. In einer der Hauptsessions stellt ein Redner die folgende Frage: „Wer ist mit sich, seinem Körper oder seinem Leben unzufrieden? Ich bitte euch, die Augen zu schließen und eine ehrliche Antwort zu geben. Wenn eine dieser Aussagen auf dich zutrifft, hebe bitte deine Hand."

Der Großteil der 11.000 Menschen, die an dieser Session teilnehmen, schließt die Augen. Ich lasse meine geöffnet. Nach und nach erscheinen immer mehr Hände in der Luft, bis nach einigen Augenblicken fast alle im Saal eine Hand heben. Ich schaue zu den Teens neben mir und scheinbar verspüren auch sie diese Unzufriedenheit mit sich selbst oder ihrem Körper.

Jahrelang habe ich verzichtet. Auf Pizza, auf Croissants, auf Brot, auf Käse, auf sämtliche Geburtstagskuchen und auf Kuhmilch. Jahrelang habe ich versucht, besser und schöner und wertvoller zu sein, um mir und denen um mich herum zu genügen. Ich habe mich aus dem Bett gequält, um Sport zu machen und endlich einen „thigh gap" zwischen meinen Beinen vorzufinden und immer noch schlanker zu werden. Ich habe auf so viel Schönes im Leben verzichtet. Nur um jetzt hier zu sitzen und zu begreifen, dass die meisten dieser Menschen, vor deren Blicken und Urteilen ich mich so lange gefürchtet habe, sich so sehr um ihre eigene Unzufriedenheit drehen, dass sie meine vermutlich gar nicht wahrgenommen haben.

Es ist zugleich eine befreiende und erschütternde Erkenntnis. Ein tiefer Schmerz macht sich in mir breit, als ich in all die jungen Gesichter schaue, die schon jetzt diese Unzufriedenheit und eventuell auch einen Optimierungswahn in sich tragen, der anscheinend bis ins Alter bestehen bleibt. Denn selbst zwei Reihen vor mir streckt ein Herr in den Vierzigern beide Arme kerzengerade in die Luft. Nachdenklich frage ich mich: „Wieso ist das nur so?“

Darauf gibt es sicher nicht nur eine Antwort. Ich selbst war in meiner Sportphase getrieben davon, besser aussehen zu wollen. Wobei es nicht nur um „besser“ ging, es ging vor allem um „anders“. Ich wollte anders aussehen als andere. Mein täglicher digitaler Konsum trug seinen Teil dazu bei. Am Ende war all das nichts anderes als Junkfood für Kopf und Seele. Auf Instagram stapeln sich makellose Körper, die teilweise unbewusst, teilweise absichtlich vermitteln, wie Körper aussehen sollten. Durch die Zeit, die ich auf Social Media verbringe, merke ich häufig, wie verwundbar ich an dieser Stelle bin. So schnell denke ich wieder, dass ich nicht gut genug, nicht schlank genug, nicht schön genug bin.

Ein Mechanismus, der hierbei eine beinahe tragische Rolle spielt, ist das Vergleichen. Grundsätzlich halte ich das für nichts Verwerfliches. Musikstile miteinander zu vergleichen, formt den eigenen Geschmack, und der sportliche Vergleich kann den Menschen zur Höchstleistung bringen. Auch das Vergleichen von Körpern ist nicht per se falsch. Darin sehe ich die Chance, die Unterschiedlichkeit voneinander wahrzunehmen und wertzuschätzen. Es ist faszinierend zu entdecken, wie unterschiedlich Menschen aussehen, und ich persönlich erkenne darin auch immer wieder Gottes Wirken. Aber der Vergleich mit gefilterten Bildern, dem nachbearbeiteten Körper und der gestellten Realität führt bei mir stets zu Unzufriedenheit und Selbstzweifeln. Es gibt kein Wachstum, keinen Ansporn, kein Über-den-Tellerrand-Hinausblicken. Es bleibt destruktiv.

Der Toxoplasma gondii ist ein Parasit, der bevorzugt Katzen befällt. Um dorthin zu gelangen, nutzt er Mäuse als Zwischenwirt. In diesen setzt er sich im Gehirn und in der Leber fest, um die Tiere so zu manipulieren, dass sie ihre natürliche Angst vor Katzen verlieren. Dadurch programmiert der Parasit seinen Wirt zum Selbstmord. Ich frage mich, ob meine durch Social Media und digitale Medien geförderte Unzufriedenheit wohl mit solch einem Parasiten vergleichbar ist. Ob sie mich mit der Zeit immer mehr in meiner Selbstwahrnehmung und Lebensfreude einschränkt? Wie ein Parasit, der einem zuflüstert, dass man noch nicht genug ist, nicht genug besitzt oder noch nicht genug erreicht hat. Ein Parasit des Vergleichens und der Unzufriedenheit, der sich wie bei der Maus im Kopf festbeißt und es vermag, uns bis in den Selbstmord zu treiben.

Wenn ich selbst nie auch nur in die Nähe suizidaler Gedanken gekommen bin, so weiß ich doch, dass durch Social Media leider bei manchen jungen Menschen das Potenzial dafür entstehen kann. Ironischerweise habe ich dazu erst kürzlich auf Instagram einen Beitrag gesehen. Justin Bieber postete einen Screenshot aus seinen Handynotizen. Dort steht: „Hey Welt, dieser glamouröse Lebensstil, der euch von berühmten Menschen auf Instagram gezeigt wird, lasst euch davon nicht täuschen und denkt erst recht nicht, dass ihr Leben besser sei als eures. Ich kann euch sagen, das ist es nicht.“[1]

---

1 Original-Post von Justin Bieber vom 8. Mai 2018 um 9:45 Uhr: „Hey World That Glamorous Lifestyle You See Portrayed By Famous People On Instagram, Don’t Be Fooled Thinking Their Life Is Better Than Yours, I Can Promise You, It’s Not“

Auf seinem Account sehen hundert Millionen Follower dennoch nur ein scheinbar perfektes, glamouröses Leben, das von schönen Frauen, teuren Autos und Designerklamotten nur so überquillt. Es ist sicher einfacher, solch einen Post zu teilen, als den eigenen Beitrag zur Täuschung zu entlarven und diesem entgegenzusteuern.

Trage ich etwa auch dazu bei? Ich würde mich zwar nicht als berühmt bezeichnen, aber auf Instagram folgen mir so viele Menschen wie noch nie zuvor. Täusche ich sie mit dem, was ich poste? Bin ich echt genug? Authentisch genug? Regen meine Bilder zum krankhaften Vergleichen an? Nähre ich einen Parasiten in den jungen Menschen, die auf meinem Insta-Profil unterwegs sind? Und halte ich wirklich das, was ich in meinen Beiträgen und Stories so häufig erzähle?

Schnell beginne ich, systemische Fragen anzuschließen: Wie würde eine Welt ohne Photoshop aussehen? Was wäre, wenn die Fernsehwerbung nur mehr echte, unbearbeitete Körper zeigte? Was, wenn jedes Bild und Reel auf Instagram oder TikTok, welches nachbearbeitet wurde, gekennzeichnet wäre? Könnten wir dann unser eigenes Leben mehr wertschätzen? Würde es uns leichter fallen, unseren Körper anzunehmen?

Oft denke ich an die vielen tausend Menschen, die auf dem Festival einen oder sogar beide Arme in die Luft gestreckt haben. Wie sehr ist ihr Selbstbild von dem beeinflusst, was sie täglich konsumieren? Hierbei spielt womöglich nicht nur Social Media eine Rolle. Sich unwohl im eigenen Körper zu fühlen oder frustriert mit dem Leben zu sein, ist schließlich keine Modeerscheinung des 21. Jahrhunderts. Aber was müsste sich ändern, um diesen Parasiten wieder loszuwerden?

Vielleicht braucht es mehr als Gedanken von Justin Bieber. Vielleicht braucht es auch mehr als nur ein paar meiner Gedanken in diesem Buch. Denn am Ende stellt sich die Frage: Bleibt es bei Worten oder gibt es eine Veränderung?

Ich wage etwas! Ab sofort poste ich regelmäßig ein ungeschminktes Bild von mir und kommuniziere an den anderen Tagen immer wieder, dass ich geschminkt bin. Denn auch Make-up ist eine Art Filter. Meiner Meinung nach darf darüber noch bewusster und offener kommuniziert werden. Ich will mich nicht an mein Gesicht im geschminkten Zustand gewöhnen. Und auch nicht, dass sich die Menschen, die mir folgen, zu sehr an die geschminkte Kira gewöhnen. Gleichzeitig werde ich versuchen, mehr über herausfordernde Themen zu sprechen und echtes Leben zu zeigen. Ungesunde Schönheitsideale, exzessiver Social-Media-Konsum, negative Gedanken oder Erlebnisse.

Nicht, dass ich als Einzelne hier die Möglichkeit hätte, die Social-Media-„Industrie" zu revolutionieren. Oder dass ich die Einzige wäre, die solche Beiträge teilen würde, aber punktuell kann ich vielleicht einen Unterschied machen. Es motiviert mich, die Kontraste zwischen Social Media und Realität neu zu betonen. Wie eben echtes Leben aussieht. Vielleicht kann ich dadurch bei Einzelnen und auch mir selbst ein Stück dazu beitragen, dass wir uns zunehmend im echten Körper und im echten Leben wohlfühlen. Und wer weiß, vielleicht finde ich Unterstützung von Leuten, die das ebenfalls auf dem Herzen haben. Die mit mir gemeinsam etwas verändern wollen. Um einen kleinen, aber feinen Unterschied für die zu machen, die so wie ich immer wieder mit ihrem Körper zu kämpfen haben.

TEIL 2

Ich atme tief ein.
Ich schließe die Augen.
Ich lasse mich fallen.
Es ist dunkel.
Ich verliere die Kontrolle.
Ich weiß nicht, wann es endet.
Ich weiß nicht, wo es mich hinbringt.
Aber ich weiß:
Manchmal kommt man nur weiter,
wenn man anfängt, etwas zu wagen.

Top 80

Ich swipe die Werbung für die neue Staffel von Miss Germany genervt weg. Wer bewirbt sich denn heute noch bei einem Schönheitswettbewerb? Als sie einige Tage später erneut auf meinem Display erscheint, bin ich leicht verärgert. Kennt mich der Instagram-Algorithmus wirklich so schlecht, obwohl ich ihn tagtäglich mit Unmengen meiner Daten füttere? Womöglich ist es das Resultat aus der Zeit, in der ich exzessiv *Victoria's Secret Fashionshows*, *Germany's Next Topmodel* und Inhalte von Fitness-Influencerinnen konsumiert habe.

Aber von all dem habe ich mittlerweile Abstand genommen. Das Letzte, was ich möchte, ist Teil einer Plattform zu sein, die das Selbstwertgefühl und Körperbild einer ganzen Generation von jungen Mädchen negativ beeinflusst. Nicht, dass ich das überhaupt könnte. Von 90-60-90 bin ich an manchen Stellen deutlich entfernt. Aber auch darüber hinaus weiß ich, was Bilder im Kopf junger Menschen anrichten können. Social Media kann wie ein Strudel sein, der einen immer tiefer in die Welt des Vergleichens, der Unzufriedenheit und der ungesunden Schönheitsideale zieht, ohne dass man es aktiv wahrnimmt. So war es zumindest bei mir. An meiner Freude am Sport und der Sehnsucht, nicht länger im Übergewicht zu sein, ist bis heute nichts auszusetzen, doch über die Umsetzung lässt sich definitiv streiten. Aber woher soll eine Sechzehnjährige auch wissen, wie ein gesunder Sportkonsum und der daraus resultierende echte Körper aussieht, wenn beinahe alles in den Print- und digitalen Medien, bei Fernsehshows, in der Werbung oder auf Social Media retuschiert und optimiert wird?

Heute bin ich schlank. Das sagen mir zumindest die Personenwaage und mein BMI, doch wenn ich vor dem Spiegel stehe, finde ich mich dennoch ab und zu in einem Ringkampf mit meinen Gedanken wieder. Ich weiß, dass der Großteil von dem, was ich auf Social Media aufgetischt bekomme – sei es das Familienbild, die Wohnung, der Urlaub, die Arbeit oder eben der Körper –, nicht der ganzen Wahrheit entspricht. Diese Erkenntnis hat ihre Zeit gebraucht und ist mir lange nicht zugänglich gewesen. Hauptsächlich daraus resultieren auch die Probleme mit meinem Körper und Essverhalten.

Aber für diese schmerzhafte Erkenntnis bin ich durchaus dankbar. Denn durch sie konnte stückweise Veränderung wachsen. Der erste Schritt war ein neuer Instagram-Account, der sich nicht um „like for like“ und „comment for comment“ dreht, sondern mein echtes Leben zeigt – viel weniger mich, sondern das, was ich sehe und erlebe, mein engstes Umfeld. „mood.kira“ nenne ich ihn, weil ich jede Stimmung und nicht nur die perfekten Momente teilen will. Der zweite Schritt war, allen Accounts sowie Influencerinnen, die mir einen ungesunden Sport- oder Essenskonsum vorgelebt haben, zu *ent*folgen, um Grenzen zu ziehen und Platz für mich selbst in meinem Kopf zu haben. In meinem Leben darf seitdem nur noch Raum für das sein, was mir wirklich guttut, und inszenierte Körper und Leben gehören definitiv nicht dazu! Ich wollte nicht länger Teil dieses toxischen Strudels sein, der einen an sich selbst zweifeln lässt, und will ihn jetzt im Leben anderer noch viel weniger befeuern.

Ein solcher Wettbewerb kommt für mich also nicht infrage.

***

„Miss Germany 22" steht über dem Kopf der Frau mit dunkler, wilder Löwenmähne. Ist das die Miss Germany?, frage ich mich. Ihr Bild entspricht überraschenderweise nicht dem einer klassischen Schönheitskönigin. Etwas weiter unten steht in Knallorange: „Die neue Female Empowerment Plattform". Ich bin verwundert, anscheinend hat sich hier einiges geändert. Jetzt bin ich doch neugierig geworden. Durch gründliche Recherche finde ich heraus, dass es in den letzten Jahren einen Konzeptwandel gab. Der einstige Schönheitswettbewerb steht heute dafür, Frauen für ihr Thema eine Bühne zu geben, sie in ihrer Mission zu unterstützen und zu befähigen, die Gesellschaft nachhaltig zu prägen. Deshalb wurden seit 2019 auch die Krone, Bikini-Walks und aufreizende Fotoshootings abgeschafft. Die Miss-Germany-Website spricht davon, dass Frauen nicht mehr mit ihrem Körper, sondern mit ihrer Vision antreten. Eine interessante Veränderung, weswegen ich in den darauffolgenden Minuten mit meinem Laptop auf dem Sofa sitze und den Bewerbungsbogen ausfülle.

Ich bin skeptisch und zugleich fasziniert. Wenn es stimmt, was sie behaupten, dann könnte das eine Plattform sein, die mir hilft, auch über die Grenzen von Magdeburg hinaus über mein Herzensthema zu sprechen. Jugendarbeit. Denn hier in Magdeburg darf ich seit einiger Zeit die Jugendgemeinde EASTSIDE mitgründen. Einen Ort, an dem Jugendliche ein Zuhause finden können, gefördert werden, kostenlosen Gesangs-, Tanz- und Kunstunterricht bekommen und bei Interesse mehr über Kirche und Glauben erfahren. Räume, in denen junge Menschen das bekommen können, was ich in meiner Jugendarbeit und bei Johannes erlebt habe. Wir veranstalten Segelfreizeiten, Mädelsausflüge und eine Menge anderer Aktionen. Aber all das nur an einem Ort. In einem Stadtteil. Ich würde es gerne größer denken. Ich will mehr davon! Etwas fassungslos über mich selbst, aber mit einem dicken Grinsen drücke ich auf den „Jetzt bewerben“-Button. Heute wage ich etwas! Ein Experiment, das ich aber vorerst geheim halten werde. Zunächst gilt es, einige Fragen zu beantworten.

1. Mit welcher Thematik und Mission kandidierst du bei der diesjährigen Miss-Germany-Staffel?
Förderung der jungen Generation und der richtige Umgang mit Social Media.

2. Was tust du bereits, um deine Mission voranzutreiben?
Ehrenamtliche Mitarbeiterin in einem Jugendkreis, ehrenamtliche Mitarbeiterin in einem Kinder- und Familienprojekt, Gründung einer Jugendgemeinde und Organisation verschiedener Jugendfreizeiten, langjährige Zusammenarbeit mit

„Weihnachten im Schuhkarton“ und Leitung einer Sammelstelle für hilfsbedürftige Kinder, angehendes Studium zur Religions- und Gemeindepädagogin.

3. Als neue Miss Germany möchte ich mit dem projektgebundenen Preisgeld Folgendes aufbauen oder unterstützen:
Mein Traum ist es, eine Plattform oder App für junge Menschen zu gründen, die ihnen nach Schulabschluss bei der Ausbildungswahl und anschließenden Bewerbung behilflich ist.

4. DU wirst zur Miss Germany gewählt, wie lautet die Schlagzeile am nächsten Tag?
„Jung, bunt und angenehm anders: Das ist das Gesicht unserer neuen Miss Germany! Sie will mit Schönheitsidealen und Vorurteilen brechen und zeigen, dass junge Menschen Verantwortung übernehmen können und unsere Gesellschaft aktiv mitgestalten wollen!“

5. Für welche der folgenden Themen begeisterst du dich (wähle zwei)?
Soziale Nachhaltigkeit, digitale Gesundheit

6. Nenne Beispiele und Begründungen, warum du diese Thematiken gewählt hast:
Ich durfte anhand meiner persönlichen Geschichte erfahren, wie sehr sich ein Leben ändern kann, wenn junge Menschen gesehen, supported und begleitet werden. Dieses erfahrene Privileg möchte ich anderen jungen Menschen zurückgeben

und mich dafür einsetzen, dass diese in verschiedenen Bereichen gefördert werden. Durch die vergangenen Jahre im Ehrenamt und meine aktuelle Arbeit in der Gründung erlebe ich viel positive Resonanz vonseiten dieser jungen Menschen. Mit der Miss-Germany-Plattform möchte ich genau das noch einen Schritt größer denken. Jugendarbeit beinhaltet für mich nämlich nicht nur das wertvolle Angebot eines Jugendkreises in der Heimatstadt, es bedeutet auch, junge Menschen in der Arbeitswelt und Politik anzuleiten, ihnen eine Stimme zu geben und gemeinsam mit ihnen, mit meiner Generation, weiterzudenken.

Knapp zwei Monate später ist immer noch nichts passiert. Keine Mail, keine Verkündung meines Namens auf Instagram, kein Lebenszeichen seitens des Miss-Germany-Teams. Enttäuschend, aber nicht verwunderlich. Es sind mittlerweile nur noch eine Handvoll der 160 Plätze für das E-Casting frei. Leicht frustriert entfolge ich dem Account des Unternehmens wieder. Wirklich hohe Chancen hatte ich mir als Zwanzigjährige mit einem sozialen Thema und 412 Followern auf meinem bis vor wenigen Wochen noch privaten Account aber sowieso nicht ausgerechnet. Als ich mein Handy wenig später in die Hand nehme und die E-Mail-Benachrichtigung sehe, kann ich meinen Augen kaum trauen. Da ist sie – die Nachricht, mit der ich längst nicht mehr gerechnet hatte.

Liebe Kira,
herzlichen Glückwunsch! Du hast uns überzeugt und es unter die Top 160 aus über 15.000 Bewerberinnen geschafft. Mit deinen Einblicken und Themen hast du uns gezeigt, du bist eine

Frau, die Verantwortung übernehmen will. Wir freuen uns auf die Reise mit dir und darauf, dich in den E-Castings besser kennenlernen zu dürfen!

Mein Herz beginnt schneller zu schlagen, und ein kleines Lächeln huscht über mein Gesicht. In Windeseile öffne ich Instagram, um dem Account von Miss Germany schnellstmöglich wieder zu folgen. Dabei bin ich mir nicht mal sicher, ob ich weiterhin an dem Wettbewerb teilnehmen kann oder überhaupt will. In ein paar Wochen verlasse ich Magdeburg wieder, um Religions- und Gemeindepädagogik zu studieren. Die Frage, ob ich mir währenddessen überhaupt Zeit für den Miss-Germany-Kosmos nehmen kann oder möchte, ist völlig unklar. Während ein kleines Gefühl des Zweifels an mir nagt, erinnere ich mich an den Ratschlag eines guten Freundes: „Kira, ich sehe dein Feuer und deine Motivation, aber ich rate dir, lieber weniger richtig zu machen, als vieles anzufangen und davon dann nur die Hälfte richtig zu Ende zu bringen." Und genau das will ich eigentlich auch weiterhin so handhaben. Und deswegen will ich mich nicht vorschnell durch all die Vorfreude kopfüber in dieses völlig verrückte Abenteuer hineinstürzen.

***

Es ist fünf Uhr morgens, die Sonne geht gerade erst auf, und während ich die Augen zusammenkneife, um im Zug hoffentlich noch eine weitere Stunde Schlaf abzugreifen, sehne ich mich zurück in mein gemütliches Bett. Eine Mischung aus Vorfreude und Skepsis macht sich in mir breit, während ich darüber nachdenke, was mich heute erwartet: ein Treffen mit der amtierenden Miss Germany Domitila Barros, ein Fotoshooting für Pressebilder und Visitenkarten, ein Workshop zum Thema „Finanzielle Unabhängigkeit", ein Panel im Twitch-Livestream, in dem ich mit zwei anderen Frauen vor Hunderten von Menschen über „Bildung und die nächste Generation" sprechen darf, und die Aufnahme meines allerersten Pitches, in dem ich meine Mission auf zwei Sätze herunterbrechen soll. Ich fühle mich, als wäre ich aus Versehen in den Traum eines kleinen Mädchens gerutscht und dabei unter den Top 80 der aktuellen Miss-Germany-Staffel gelandet. Nur dass mein Aussehen dabei anscheinend keine Rolle mehr spielt.

All das ist zu verrückt, um wirklich wahr zu sein. Ich muss grinsen. Am liebsten würde ich die alte Dame neben mir fest schütteln und ihr euphorisch davon erzählen. Oder noch besser, von meinem Platz aufstehen und durch das ganze Zugabteil schreien, dass ich etwas Verrücktes gewagt habe und mächtig stolz darauf bin. „Mein Name ist Kira, ich bin zwanzig Jahre alt und ich will Miss Germany werden, um zu zeigen, dass eine Frau mehr als ihr Körper ist und um junge Menschen in Deutschland zu fördern!", liegt es mir bereits auf der Zunge. Aber ich verschone all die Leute, die sich heute Morgen so wie ich zu einer unmenschlichen Uhrzeit aus ihren Betten gequält haben, und drücke mich stattdessen grinsend, mit weiterhin geschlossenen Augen in den gemütlichen Sitz und träume vor mich hin. Schließlich muss ich all das auch erst noch prüfen. Zu sagen, dass man keinen Schönheitswettbewerb mehr veranstaltet, bedeutet nicht automatisch, dass es wirklich keiner mehr ist. Coca Cola verkauft auch Coke Zero, gesünder wird die ganze Geschichte dadurch aber nicht zwingend. Wie deckungsgleich das, was das Unternehmen Miss Germany nach außen kommuniziert, mit dem ist, was sie tatsächlich veranstalten, versuche ich heute herauszufinden.

Ich atme tief durch, bevor ich über die Türschwelle des lichtdurchfluteten Raums trete. Der erste Schritt in eine Welt, die ich sonst nur von *taff*, *red* oder den Instagram-Storys großer Stars kenne. Vor riesigen Spiegeln sitzen lauter Kandidatinnen, deren Haare und Make-up von verschiedenen Stylistinnen zurechtgemacht werden. Koffer, Klamotten und Make-up türmen sich auf den Tischen vor den Frauen. Es ist laut, warm und völlig chaotisch. „Du kannst zu mir kommen, Süße", ruft mir eine Frau zu, die ich in etwa auf mein Alter schätze. Während sie nach und nach immer mehr Schichten Concealer, Foundation und anderer Produkte, die mir bis heute fremd waren, auf die Haut aufträgt, dreht eine weitere Stylistin leichte Locken in mein Haar und dicker Dampf steigt in die Luft. Ich zucke zusammen, als der Pinsel meine Haut berührt, und entschuldige mich zum wiederholten Mal bei der freundlichen Make-up-Artistin, die mich mit einem leicht verzweifelten Lächeln anschaut.

Es ist gewöhnungsbedürftig, von einer anderen Person geschminkt zu werden und dabei nicht einmal Mitspracherecht zu haben. Als es zu Lidschatten und Wimperntusche kommt, muss ich mich konzentrieren, um ein tränendes Auge zu verhindern. Es könnte ihre Arbeit mit einem einzigen Blinzeln ruinieren. Am Ende betrachte ich ihr Meisterwerk im Spiegel und fühle ich mich so schön, dass ich mich kaum wiedererkenne. Am liebsten würde ich diese so glänzende und makellos scheinende Version meiner selbst in ein Marmeladenglas packen, um sie mir immer dann überstülpen zu können, wenn ich einen Motivationsboost vertragen kann.

„Das ist alles Fake, Süße!“ Wie selbstverständlich erzählt eine Kandidatin von zahlreichen Eingriffen, während wir auf dem Rückweg zum Bahnhof sind. „Meine Brüste und meinen Po habe ich vor einiger Zeit machen lassen und mein Gesicht ist mit Botox unterspritzt, das verrate ich nur meinen Followern nicht“, ergänzt sie zwinkernd. Auf meine Frage, weshalb und mit welchem Thema sie sich bei Miss Germany beworben hat, antwortet sie nur: „Das Thema ist egal, die Performance ist viel wichtiger! Und Miss Germany bietet mir eine gute Plattform, um mehr Follower zu generieren, schließlich bezahlt sich mein Lifestyle nicht von selbst.“

Unser Gespräch geht mir nach, und als ich abends im Bett liege, durchforste ich den Content ihres Instagram-Accounts, den täglich fast 100.000 Follower zu Gesicht bekommen. Bei einem ihrer Reels ist eine Stimme hinterlegt, die davon spricht, dass man sie niemals beim Partymachen, lange Wachbleiben oder laut Musikhören antreffen wird, weil dieser Lifestyle nicht kompatibel mit ihrem Lebensplan ist. Dabei hat sie mir nur wenige Stunden zuvor ihre Partyaffinität und Liebe für nächtliche Raves dargelegt. Auf vielen ihrer Bilder sitzt sie im Privatjet, steht vor teuren Hotels oder liegt an glamourösen Pools. Ich frage mich, ob es normal ist, eine Version von sich selbst zu erfinden, die in den sozialen Medien präsentiert wird. Aber wie gelingt es diesen Menschen dann nur, sich dabei nicht selbst zu verlieren? Am liebsten hätte ich sie gefragt, ob sie sich jetzt, mit Botox und den vergangenen Eingriffen, schöner findet, oder überhaupt schön. Vielleicht wird man aber auch irgendwann von seinem perfekten Social-Media-Selbst süchtig und sehnt sich auch außerhalb der virtuellen Welt nach diesem Anblick und der damit verbundenen Anerkennung.

Als ich mich am nächsten Morgen mit zerzausten Haaren, trockener Haut, roten Flecken und müden Augen im Spiegel anstarre, fühle ich mich ein bisschen hässlicher als sonst. Während ich mich nach meinem glamourösen Selbst von gestern sehne, erinnere ich mich mahnend daran, dass auch Make-up im Endeffekt nichts anderes als ein Daily-Life-Filter ist und die Arbeit einer professionellen Stylistin fast schon mit Photoshop vergleichbar.

Halbfinale

„Endlich mal wieder eine Miss-Germany-Kandidatin, die ganz normal und attraktiv aussieht. Letztes Jahr wurde mir eine mit Armprothese vor die Linse gestellt. Ich verstehe nicht, weshalb diese Frauen plötzlich alle mit ihren ganzen Wehwehchen antanzen müssen. Das macht doch überhaupt keine Freude mehr beim Anschauen", sagt mir der Fotograf leicht verärgert, während ich die kleine Kirche aufschließe und innerlich die Augen verdrehe. Er soll Bilder für den bald über mich erscheinenden Artikel einer Boulevardzeitung schießen. Das kann ja was werden! Als ich im Dunkeln nach dem Lichtschalter taste, versuche ich ihm erneut das neue Konzept des Wettbewerbs zu erläutern. Schließlich soll es doch eine Plattform für Frauen sein, unabhängig von Äußerlichkeiten und fokussiert auf gesellschaftliche Visionen.

„Denken Sie nicht, dass es an der Zeit ist, damit aufzuhören, Frauen auf ihr Äußeres zu reduzieren?", frage ich ihn freundlich, während wir die Wand mittlerweile gemeinsam verzweifelt nach einem Lichtschalter abtasten.

„Doch, sicher!"

Es ist noch nicht einmal sieben Uhr und durch unsere kurze Begegnung ist mir schon jetzt ein Stück weit die Lust auf den restlichen Tag vergangen.

„Aber normal können sie doch trotzdem aussehen oder nicht?", antwortet er mir lachend.

Für einen kurzen Moment spiele ich mit dem Gedanken, einfach durch den kleinen Türspalt nach draußen zu huschen und ihn allein in der dunklen, kalten Kirche stehen zu lassen. Es ist früh und ich bin kognitiv noch nicht bereit, um mit diesem freundlichen, in Schubladen denkenden Herrn über den Begriff „normal" zu diskutieren. Ich entscheide mich gegen die Flucht und reiße einen kleinen grauen Kasten auf, in der Hoffnung, endlich etwas Licht ins Dunkel bringen zu können.

„Wenn sich hier kein Lichtschalter verbirgt, dann hilft nur noch beten", rufe ich ihm über meinen eigenen Witz lachend zu, um die Stimmung etwas aufzulockern. Denn auch wenn mir bereits jetzt dämmert, dass mir der kommende Artikel vermutlich nicht sonderlich zusagen wird, will ich verhindern, dass er durch Missgunst mir gegenüber in der Qualität noch zusätzlich geschmälert wird. Trotzdem ist mir bewusst, dass der aktuelle Medienrummel meine Chancen erhöht, im anstehenden Miss-Germany-Halbfinale weiterzukommen. Aber irgendwie habe ich mir all das spektakulärer vorgestellt. Gerade so ein Fotoshooting. Mit mehr Tamtam, Professionalität und ein bisschen Glamour. Doch die Realität ist überraschend anders.

Wenn ich für ein Interview oder ein Shooting zugesagt habe, helfe ich oft beim Aufbau, muss die Location organisieren oder sitze in großen kalten Räumen mit flackerndem Licht und erzähle immer wieder das Gleiche. Seit meinem Einzug in die Top 40 klingelt mein Telefon fast ununterbrochen. Die Landesschau Baden-Württemberg will mich in ihrer Abendsendung haben, die Lokalzeitung meines aktuellen Wohnorts ein großes Interview führen und neulich erst hat die Stuttgarter Zeitung ein Porträt über mich veröffentlicht. Irgendwann habe ich aufgehört, von meinen Ideen, Visionen und Beweggründen zu erzählen, da aus den 60-Minuten-Dialogen am Ende doch immer nur die gleichen drei Zitate genutzt werden und sich zudem jedes Mal mir unerklärliche Falschinformationen einschleichen. Häufig muss ich mir die Zeitschrift dann auch noch selbst kaufen, um den Artikel vollständig lesen zu können. Eine ernüchternde Erkenntnis. Eine, die mich bezüglich all der Artikel über Stars, Promis und deren Lebensgeschichten skeptisch und sensibler werden lässt. Wenn sie schon bei mir so viel hinzudichten oder falsch wiedergeben, wie sieht es dann erst bei denen aus, die aufgrund ihrer Arbeit den Titel „Person des öffentlichen Lebens“ tragen?

Als das Licht in der Kirche plötzlich hell aufleuchtet, jubeln wir beide lachend.

„Das Redaktionsteam will einen Stilbruch“, erklärt mir der Fotograf begeistert. „Das Traditionelle der Kirche und eine lässige Pose von dir.“ Er zeigt mir ein paar Screenshots von Magazincovern, bei denen Frauen breitbeinig auf umgedrehten Stühlen sitzen oder mit angewinkelten Beinen an einer Hauswand lehnen.

„So habe ich mir das vorgestellt! Und jetzt noch einmal durch die Haare fahren“, ruft er mir wenig später zu. Während ich versuche, möglichst entspannt auf der dünnen Lehne der Kirchenbank zu sitzen und nicht allzu krampfhaft seine Wünsche umzusetzen, sehe ich im Augenwinkel etwas Oranges aufblitzen. Ich erstarre innerlich, als ich den Pfarrer der Gemeinde vom Regen durchtränkt und mit offenem Mund im Kircheneingang entdecke. Falls er keine Zeitung lesen sollte, wird er nicht wissen, weshalb ich auf der Lehne seiner Kirchenbank herumrutsche und dabei fotografiert werde. Bis jetzt habe ich meine Kandidatur sowieso eher unter Verschluss gehalten. Ich hole Luft, suche nach den richtigen Worten, finde sie nicht und bleibe stumm. Der Blick des Fotografen huscht von mir zu dem triefenden Pfarrer und wieder zurück. Er ist sichtlich irritiert.

„Die Glocken läuten seit fast einer Stunde", sagt der Pfarrer nach einer unangenehmen Minute des Schweigens in unsere Richtung. „Ich dachte, es wäre etwas passiert, deswegen wollte ich einmal vorbeischauen."

Als er die Worte ausspricht, weiß ich nicht, ob ich lachen oder weinen soll. Ich kann sicherlich niemals wieder seinen Gottesdienst besuchen, ohne vor Scham im Boden zu versinken. Bei all dem Trubel und den vielen Schaltern hatte ich wohl, ohne es zu merken, auch den für die Glocken umgelegt. „Verzeiht die Störung", antwortet er auf meinen kläglichen Versuch, ihm die Misere zu erklären. Leicht verzweifelt und lächelnd verschwindet er wieder in der regnerischen Dunkelheit. Was für ein Reinfall!

Eine Woche später entdecke ich meinen Artikel in der neusten Ausgabe des Boulevardblattes. Unterhalb der Überschrift sitze ich breitbeinig und verschmitzt lächelnd auf der Lehne der Kirchenbank. Ein bisschen fassungslos und dennoch neugierig lese ich die Zeilen, die über mich geschrieben wurden. Unter anderem entdecke ich den amüsanten Satz: „Gott ist ihr bester Freund." Ich verdrehe die Augen. Dem Reporter, der mich nach dem Fotoshooting ausführlich interviewt hatte, ist es nicht im Ansatz gelungen, etwas von dem, was ich ihm erzählt habe, wiederzugeben. Weder über meine Arbeit und das Studium noch über die Miss-Germany-Kandidatur und deren Wandel hat er einen sinnhaften Satz verloren. Er hat es auch nicht geschafft, meine Persönlichkeit und Gedanken zu Papier zu bringen. Aber das ist vermutlich auch nie sein Ziel gewesen. Die Erkenntnis, dass es auch diesmal nicht um mich, sondern vielmehr um die Jagd nach einer guten Schlagzeile geht, ist ernüchternd. Ich atme tief durch und versuche, den Frust herunterzuschlucken. Schließlich wusste ich, worauf ich mich einlasse, als ich mich dafür entschieden habe, die Kandidatur fortzusetzen.

***

„Das wird die beste und emotionalste Zeit eures Lebens! Ihr müsst jeden Moment aufsaugen und genießen", prophezeit eine der Mitarbeiterinnen von Miss Germany zu Beginn der dreitägigen Top-40-Network-Experience im Europapark begeistert. Anfangs bin ich skeptisch, doch sie soll recht behalten.

Abgesehen von der Misere mit Bruce Darnell natürlich, der als Juror in der Staffel dabei ist und mir mit den klaren Worten „Ich mag deinen Hut nicht!" mitteilt, dass ihm mein Outfit nicht gefällt. Vielleicht fließt trotz seines Imagewandels die Fashionwelt so sehr durch seine Adern, dass er nicht mehr anders kann. Nach kurzem Erröten verzeihe ich ihm den Kommentar mit einem amüsierten Lächeln und schmeiße Blazer und Barett zu Boden.

Doch darüber hinaus gibt es verschiedene Workshops und tränenreiche emotionale Sessions, in denen ich die Visionen und Hintergrundgeschichten der anderen Frauen kennenlernen darf. Da ist viel mehr Tiefgang, als ich erwartet habe, und von Tag zu Tag wird mir klarer: Miss Germany lebt das, womit geworben wird. Das Unternehmen ist in keiner Weise mehr ein Schönheitswettbewerb, und das Team sucht wirklich nach Frauen, die von ganzem Herzen für ein Thema brennen.

Durch diese Erkenntnis verspüre ich zum ersten Mal ein bisschen Stolz. Ich bin unter den Top 40. Eine von 40 aus 15.000? Und das nicht, weil ich einer Norm entspreche, sondern weil ich ein wichtiges Thema repräsentiere! Doch mit zunehmender Begeisterung wachsen gleichzeitig die Zweifel in mir. Während wir in einer Session in unserer Bühnenpräsenz geschult werden, wird mir deutlich, dass dieser Wettbewerb nichts ist, was einfach so nebenbei läuft. Es ist viel größer, als ich erwartet hatte. Diese experimentelle Bewerbung ist zur Realität geworden, und wenn ich es richtig angehen will, dann wird es mich viel Kraft, Zeit und eine Menge Aufwand kosten.

Ich muss schlucken. In den nächsten Tagen werde ich eine Entscheidung treffen müssen, die weitreichende Konsequenzen haben könnte. Falls ich es tatsächlich noch eine Runde weiter schaffen sollte, müsste ich einen neuen Vertrag unterschreiben. Aber ist das nicht genau das, worauf du hingearbeitet hast? Deshalb hast du doch die Bewerbung abgeschickt, oder? Um auf einer großen Bühne über Jugendarbeit zu sprechen?, erinnere ich mich selbst. Ja, so war es. Aber ist das der Weg für mein Leben? Jeder Tag bei Miss Germany ist ein Tag weniger in meinem Studium zur Religions- und Gemeindepädagogin. Ein Studium, das ich gewählt habe, um nicht nur in Magdeburg eine Gemeinde zu gründen, sondern lebenslang in diesem Beruf arbeiten zu können. Bin ich bereit, das aufzuschieben oder sogar aufzugeben? Ist das hier Teil von Gottes Idee für mein Leben?

Wenige Wochen später schaue ich mich im Spiegel an und beobachte, wie der Friseur völlig verzweifelt versucht, die verschiedenen Blondtöne meiner Haare voneinander zu separieren. Der Fakt, dass ich tatsächlich eine Runde weitergekommen bin und somit im Halbfinale stehe, fühlt sich immer noch surreal an. Als mein Name genannt wurde, hatte ich bereits eine Entscheidung getroffen. Ich will diesem Lebensweg eine Chance geben und schauen, welche Türen sich öffnen oder eben auch schließen. Durch den Prozess des Zweifelns und Hinterfragens weiß ich es jetzt zum ersten Mal ganz genau: Ich will Miss Germany werden. Ich will zeigen, dass junge Menschen Verantwortung übernehmen können. Ich will mich für Jugendarbeit stark machen. Und auch mir selbst beweisen, dass ich dieser Herausforderung und diesem Abenteuer gewachsen bin. Es ist eine Entscheidung für all die jungen Menschen, die nicht genug gehört und gefördert werden, und es ist eine Entscheidung für die dreizehnjährige Kira, die so viele Jahre leise gewesen ist und all die ungerechten Dinge in ihrem Leben viel zu oft wortlos heruntergeschluckt hat.

„Wer hat das denn angerichtet?“, fragt der Friseur verzweifelt, ohne das Entsetzen in seinem Gesicht zu verbergen. Kleinlaut gestehe ich: „Ich färbe sie seit einigen Jahren selbst.“ Er reißt die Augen auf. Sie huschen zwischen den Haaren in seinen Händen und meinem Spiegelbild hin und her. Er holt tief Luft, schüttelt den Kopf. Sagt dann doch nichts und verschwindet mit einem dramatischen Abgang. Die Situation ist so skurril, dass ich mir das Lachen verkneifen muss.

Fünf Stunden später stehe ich mit frisch gefärbten Haaren, gezupften Augenbrauen und einer Menge Macarons im Bauch in einem kleinen Raum voller Brautkleider. Als ich im Spiegel einen weiteren Blick auf meine Frisur erhasche, muss ich über das ganze Gesicht grinsen. Während der heutigen „Self Love Experience“ hat uns das Miss-Germany-Team die Möglichkeit gegeben, unsere Haare in einem renommierten Friseursalon auffrischen oder ganz neu färben und schneiden zu lassen. Mit meiner neuen Frisur fühle ich mich schön und stark.

„Ausziehen, Süße!“, ruft mir eine kleine Frau mit einem Haufen Schleier auf der Schulter entgegen. Ich versuche, die breite milchige Glaswand des halb offenen Raums zuzuziehen, doch sie bewegt sich keinen Zentimeter. Der ältere Herr, der es sich plötzlich am Treppenaufgang auf einem Stuhl gemütlich macht, mustert mich interessiert. Ich habe keine Ahnung, wer er ist. Während ich meine Klamotten ausziehe und dabei immer wieder den Türbereich mustere, versuche ich, mich bestmöglich hinter dem mit Brautkleidern bestückten Kleiderständer zu verstecken. Mit der Hilfe der kleinen Frau zwänge ich mich in ein unverschämt kurzes weißes Kleid und versuche, dabei so gut wie möglich meine Brüste zu bedecken.

„Beeilung“, raunt sie mir scharf zu, während sie die glitzernde Corsage noch enger zieht und mir ein paar weiße Pumps in die Hand drückt, die viel mehr wie die einer Stripperin als die einer Braut aussehen. Ich fühle mich plötzlich unwohl, fremd im eigenen Körper und vor allem eins: nackt. Ich will weder dieses Kleid noch diese Schuhe tragen. Es ist mir unerklärlich, weshalb sich das Miss-Germany-Team trotz Konzeptwandel für solch ein Fotoshooting entschieden hat.

Der fremde Herr an der Tür geleitet mich in einen separaten Raum, in dem eine Menge ältere Männer in Anzügen sitzen. Einige beachten mich nicht, andere starren mich an, während ich versuche, mit vorsichtigen Schritten in den viel zu hohen Plateauschuhen den Weg zu der kleinen Plattform zu gehen, ohne dabei umzuknicken und mir ein Bein zu brechen. „Du stellst dich auf die Plattform, und während die Kamera einige Male um dich herumfährt, präsentierst du das Kleid, das du trägst“, flüstert mir der fremde Mann leise ins Ohr. Ich nicke und er verschwindet. Alle Augen sind auf mich gerichtet, als ich wie eine der altgriechischen Marmorfiguren auf dem Sockel stehe, kaum fähig, mich in den hohen Schuhen zu bewegen. Der Boden ist so glatt, dass ich bei jeder Bewegung beinahe ausrutsche. Ich versuche, der Handykamera, die an einem Stab um mich herumkreist, zu folgen, dabei zu lächeln, das Kleid in Szene zu setzen und weder meine entblößten Beine noch mein Dekolleté zu zeigen. Mir ist schwindelig, als das Handy wieder zum Halten kommt.

„Das war nicht genug“, kommt es aus der Herrenreihe.

„Tanz für uns!“, ruft ein anderer in meine Richtung.

„Und nicht so verkrampft wie eben“, ergänzt ein dritter.

Ich bleibe verkrampft auf dem Podest stehen und versuche in das Handy zu lächeln, das erneut in rasender Geschwindigkeit um mich kreist. Doch tanzen werde ich nicht mehr! Nicht für diese Männer! Ich fühle mich wie Katniss Everdeen aus dem Film „Tribute von Panem“, die vor den Hungerspielen und ihrem Einzug in die Arena beweisen soll, welche Fähigkeiten sie hat. Ich fühle mich wie ein Stück Fleisch auf dem Präsentierteller. Ich fühle mich fremd in meinem eigenen Körper. Zwischen Ekel und der immer weiter aufsteigenden Wut macht sich das Gefühl in mir breit, dass diesen Leuten völlig egal ist, wer ich bin, was mich bewegt oder was ich denke. Das Gefühl von Schönheit und Stärke, das eben noch da war, ist plötzlich verpufft. Sie wollen lediglich, dass ich tanze, um dann anderen Frauen eine anscheinend glückliche Braut in ihrem wundervollen Hochzeitskleid zu präsentieren. Es geht nicht um mich, es geht nur um den Profit. Jetzt hätte ich gerne Pfeil und Bogen, um damit auf den Apfel im Mund des Schweines zielen zu können und zu zeigen, dass ich nicht mit mir spielen lasse – so, wie es Katniss den Spielmachern gezeigt hat. Laut. Wütend. Kraftvoll. Doch ich könnte lediglich meine Schuhe nach ihnen werfen und würde während des Ausziehens vermutlich sogar das Gleichgewicht verlieren und von diesem Podest stürzen.

Läuft es so hinter den Kulissen der Fashionweek ab?, frage ich mich, als ich bedrückt zurück in das provisorische Hochzeitsatelier laufe. Frauen, die sich halb nackt und ohne Sichtschutz in Kleider zwängen, in denen sie sich unwohl fühlen, um dann von Menschen, die sich nicht einmal für sie interessieren, bewertet zu werden? Zum ersten Mal frage ich mich, ob die scheinbare Glamourwelt, die ich als junges Mädchen so oft bei *taff*, *red* oder auf Social Media gesehen habe, gar nicht so glamourös ist, wie sie immer scheint. Die sorgfältig inszenierten Endprodukte, die als perfektes Leben oder Traum verkauft werden, zeigen am Ende nur einen kleinen Teil der Wahrheit – und schon gar nicht, was dabei alles im Hintergrund passiert. Ich bin angewidert.

Erst als ich mit den restlichen Frauen wieder im Bus sitze, der von außen mit unseren überlebensgroßen Gesichtern bedruckt ist, finde ich heraus, dass diese Aktion nicht vom Miss-Germany-Team veranlasst wurde. Lediglich eine Partnerfirma des Friseursalons, bei dem wir zu Gast waren, wollte die 40 Frauen abgreifen, um kostenlos Werbung für ihre Brautmode zu machen. Die Ansprache, dass sich das Miss-Germany-Team ganz klar davon distanziert und es den Frauen selbst überlässt, ob sie sich für dieses Projekt fotografieren lassen, hatte ich wegen des Vorbereitungsgesprächs mit meinem zuständigen Friseur verpasst.

Mit den Gedanken noch immer bei den Erlebnissen des vergangenen Tages fällt es mir schwer, den Worten von Thilda zu folgen. Sie arbeitet bei Meta und ist für die Kommunikation zwischen Instagram und Influencern zuständig. Ich blicke auf die Analyse meines Instagram-Profils und schäme mich erneut für meine geringe Followerzahl. Auf mehreren Seiten präsentieren sich mir Statistiken zu meiner Reichweite, der erreichten Zielgruppe und dazu, wie sich diese nach Alter und Geschlecht untergliedert. Mein Kopf brummt vor lauter Informationen, während ich versuche, das Wichtigste in mein Notizbuch einzutragen.

1. *Zweimal am Tag posten + Storys sind wichtig, ersetzen Postings aber nicht.*
2. *Trending Audios nutzen und bei Storys das Gesprochene zusätzlich aufschreiben, da diese häufig stumm angehört werden.*
3. *Keyfacts zu mir und meinem Content in die Bio schreiben und die eigene Content-Nische entdecken und „bedienen".*

***

Ich pinne mein signiertes Studiofoto neben die lächelnden Gesichter von André Rieu, Sven Hannawald und Hans Klok. Sie alle waren bereits vor mir in der SWR-Landesschau zu Gast. Währenddessen denke ich an Thildas Worte: „Um eure Follower langfristig zu binden, ist die Interaktion und die Anteilnahme an eurem Leben durch das Storyformat elementar." Genau jetzt wäre also einer dieser Momente, in dem ich vor der Handykamera meine Gedanken und Erlebnisse teilen müsste. Gleichzeitig empfinde ich es immer noch als befremdlich, lächelnd in mein Handy zu sprechen. Trotz einiger neuer Follower durch diverse Zeitungsartikel sind immer noch über achtzig Prozent von ihnen Freunde oder entfernte Bekannte. Dabei ist es eigentlich völlig verrückt, hier als „Star des Abends" im SWR Studio zu sein. Ich bin Studentin, keine berühmte Persönlichkeit. Wieso sollte jemand heute Abend meinetwegen die Sendung einschalten? Ich bin eine Kandidatin von vielen, wer weiß da schon, ob ich es am Ende zur Miss Germany schaffe? Nur meine Oma wartet bereits sehnsüchtig vor dem Fernseher und wird meinen Live-Auftritt verfolgen. Eine Zuschauerin habe ich damit sicher. Während ich die Fotowand, den Backstagebereich und das Fernsehstudio abfilme, stelle ich mir vor, ich würde all das nur ihr erzählen.

Auf dem Heimweg mit der S-Bahn swipe ich durch meine Story, stolz darauf, über meinen Schatten gesprungen zu sein. Trotzdem wird die nagende Stimme in mir lauter, die fragt: Ist das, was du da zeigst, wirklich authentisch? Am Ende ist schließlich nur ein Bruchteil des Abends auf Instagram zu sehen. Ich habe hauptsächlich schöne Momente und nicht den Trubel gezeigt.

Niemand sieht, wie ich durch den Regen renne, weil der Bus ausgefallen ist und ich sonst nicht pünktlich zur Show kommen würde. Niemand sieht, wie ich hinterher am Bahnhof in der Kälte in einem kleinen Laden stehe, um mein totes Handy aufzuladen, damit ich den Weg nach Hause finde. Niemand sieht, wie ich voller Angst und mit geballten Fäusten in der S-Bahn sitze, weil sich der junge Mann, der mich unbedingt kennenlernen will, weigert zu gehen. Niemand sieht den Stress, die Aufregung und meine Kopfschmerzen, die mich den Tag über begleiten. Niemand sieht, wie ich versuche, während der Maske für die anstehende Klausur zu lernen. Niemand sieht meine Angst zu versagen und mich während des Auftritts zu blamieren. Sie sehen nur mein freundliches Lächeln und das Foto, das ich neben all die anderen pinne. Sie sehen einen Bruchteil, Sekundenausschnitte eines Abends. Und ich ärgere mich darüber. Eigentlich ärgere ich mich, heute Abend ganz ungewollt Teil dieser inszenierten Welt geworden zu sein.

Die Türen der S-Bahn schließen sich und das laute Piepen hallt durch meinen Kopf. Ich sehne mich nach einer Kopfschmerztablette und absoluter Ruhe. Ein junges Mädchen setzt sich auf die Bank gegenüber. Unsere Blicke treffen sich kurz und wir lächeln beide. Während sie in ihrem Buch liest, beobachte ich sie heimlich. Ihre blonden Locken fallen ihr immer wieder ins Gesicht. Sie strahlt eine angenehme Wärme aus. Während ich sie weiter beobachte, versuche ich, meine Gefühle in Worte zu fassen.

3. Februar 2023 – Was ich fühle

Der Friseur, der meine Haare färbt, ist teuer.
Früher habe ich das selbst gemacht.
Der Regen klatscht gegen die Scheibe der S-Bahn,
alles voller Menschen und ich fühle mich trotzdem einsam.
Die Frau, der ich in die Augen schaue, ist mir fremd.
Mein Spiegelbild.
Mein Gesicht.
Überzogen von einem Filter aus Make-up, Haarspray und aufgeklebten Wimpern.
Wieso versuchen wir, immer perfekter auszusehen?
Warum sehnen wir uns ständig nach noch mehr?
Machen wir das für uns?
Oder unterbewusst für die anderen?
Und warum verkaufen wir diese bearbeitete Version als echtes Leben?
Mein Gesicht ist auf der Titelseite einer Zeitung,
meine Stimme in der Radioshow am Sonntag.
Ich sitze in der Fernsehshow,
lächle freundlich in die Kamera,
aber bin das wirklich ich?

Ist das wirklich alles?
Oder nur eine perfekte Version von mir selbst.
Ein Idealbild, das aufgebaut wird und mit dem Realbild kollidiert.
Inkongruenz.
Dann, wenn man merkt, dass man doch nicht alles werden kann.
Dann, wenn man merkt, dass das Leben nicht so glänzt,
wie es in der Werbung und auf Social Media gezeigt wird.
Doch das Mädchen in der S-Bahn,
das mir gegenübersitzt,
lächelt freundlich.
Sie hat schöne blonde Locken und beobachtet mich.
Als sie geht, sagt sie mir, dass sie mich schön findet.
Macht mir Komplimente für meine Ausstrahlung.
Ganz ohne dass sie meine Followerzahl kennt.
Ganz ohne dass sie weiß, was ich leiste oder eben auch nicht.
Liebe Worte in einer anonymen Welt.

In letzter Zeit überkommt mich häufig das Gefühl, dass die Menschen um mich herum aufhören, mich als Kira zu sehen. Stattdessen fühlt es sich so an, als wäre ich das Potenzial für die nächste Schlagzeile, das glamouröse Hochzeitsbild und den emotionalen TV-Auftritt. Als könnte man die Informationen aus mir wie aus einem nassen Handtuch einfach so auswringen. Auf Knopfdruck sollen Geschichten, Tränen und die tiefsten Geheimnisse offenbart werden. Aber ich bin keine Content-Maschine, die Informationen ausspuckt, wann immer es für notwendig gehalten wird. Etwas, das ich schon Hunderte Male in Boulevardzeitschriften konsumiert habe. Etwas, das ich nie für mein eigenes Leben erwartet hätte.

Ich erinnere mich an die erste Begegnung mit Bruce Darnell. Und ich frage mich, ob das, was er uns von sich zeigt, sein wahres Gesicht ist oder doch eine Kunstfigur. Und ob man irgendwann an den Punkt kommt, an dem man diese Kunstfigur erschaffen muss, um sich zwischen all den Fragen, Interviews und der Kritik nicht selbst zu verlieren. Es ist verrückt, schließlich bin ich nicht ansatzweise an diesem Punkt. Niemand kennt meinen Namen. Ich durfte zuletzt lediglich ein paar kurze Blicke in diese faszinierende Welt werfen.

Und trotzdem spüre ich, dass all diese Erfahrungen hinter den Kulissen etwas in mir verändert haben. Da ist zum einen die Erkenntnis, dass das, was ich täglich in den Medien sehe, überhaupt nicht der Realität entspricht. Dessen war ich mir zwar immer bewusst, aber nie war es so greifbar wie jetzt. Zum anderen hat sich auch mein Blick auf mich selbst verändert. Der Druck, den ich auf mich selbst ausübe, sobald es um Social Media geht, ist immens. Die Anzahl an Followern, die Likes und Views von Beiträgen und Reels beeinflussen, wie ich über mich selbst denke. Sie beeinflussen unterbewusst meinen Wert und bringen mich dazu, mich immer öfter mit anderen zu vergleichen. Es scheint wie ein neuer Maßstab, an dem ich mich automatisch und ungewollt immer häufiger messe. Ich hoffe, dass ich nicht irgendwann vergesse, dass ich mehr bin als die Summe meiner Social-Media-Posts oder die Anzahl meiner Follower. Genauso hoffe ich, dass die Menschen um mich herum versuchen, mich in meiner ganzen Art und Persönlichkeit zu sehen, anstatt nur einen einzelnen Ausschnitt eines inszenierten Interviews oder das nachbearbeitete Foto in einer Zeitschrift im Kopf zu behalten.

Finale

„Oh mein Gott! “, schreit Saskia, eine der Finalistinnen, so laut, dass ich mich beinahe an meinem Karottensalat verschlucke. Tanzend und lachend streckt sie ihr Handy in die Luft und verkündet für alle laut hörbar: „Ratet mal, wer jetzt den blauen Haken auf Instagram besitzt?!“

Mir entwischt ein leicht genervtes Stöhnen. Ich hatte ihn letztens auch beantragt, wurde jedoch abgelehnt. Über mich gibt es zwar genug überregionale Artikel, aber noch keinen internationalen, welcher für die Akkreditierung nötig ist. Saskia ist die Erste und Einzige von uns, und das auch noch so kurz vor dem Finale. Neben Jubel und geteilter Freude liegt zwischen uns Frauen zum ersten Mal eine seltsame Anspannung in der Luft. Nach neun intensiven Tagen im Miss-Germany-Camp, in dem die Teilnehmerinnen das Team noch besser kennenlernen und an verschiedenen Workshops teilnehmen, wird bei jedem Ereignis abgewogen, inwiefern es für den Titel ausschlaggebend sein könnte. Hat Saskia durch diesen Haken jetzt bessere Chancen auf den Sieg?, frage sicherlich nicht nur ich mich.

Nur wenige Stunden später prangt die Frage „Wen würden Sie zur Miss Germany wählen?“ als Headline einer bekannten Boulevardzeitung in meinem Google-Feed. Nach einem kurzen Ringen mit mir selbst siegt die Neugierde über die Vernunft und ich klicke auf den Link – mir durchaus bewusst, dass ich es im Nachhinein bereuen werde. Ich beginne zu scrollen, als mir plötzlich mein Gesicht von dem Fotoshooting in der kleinen kalten Kirche frech entgegenlächelt. Ich verdrehe die Augen. Wie gerne würde ich diese Bilder loswerden. Unter den fehlerhaften Beschreibungen der Kandidatinnen und ihrer Themen entdecke ich ein Umfragetool. 13.840-mal wurde bereits abgestimmt.

Damit kann ich leben, schießt es mir durch den Kopf, als ich meinen Namen auf Platz drei entdecke. Ich hatte schon befürchtet, einen der hinteren Plätze zu belegen. Innerhalb weniger Minuten sind die Instagram- und WhatsApp-Storys unserer Familien und Bekannten voller Aufrufe, für uns abzustimmen. Ein inoffizieller digitaler Wettkampf um die vorderen Plätze dieser Umfrage beginnt.

Gespannt aktualisiere ich alle paar Minuten die Webseite, um zu sehen, ob sich meine Tabellenposition geändert hat. Mein Name bleibt weiterhin unter den Top vier, wechselt einmal sogar auf Platz zwei. Aber eine Kandidatin steht durchgehend an letzter Stelle. Ich habe ein schlechtes Gewissen wegen meiner vorschnellen Freude. An genau so einer Art Wettbewerb wollte ich eigentlich nie teilnehmen. Und in diesem Fall bin ich selbst diejenige, die ihn mit ihrem Verhalten dazu macht. Ich sehne mich nach dem ersten Platz, nach dem blauen Haken, nach der Bestätigung, neben all diesen kompetenten Frauen mit meiner Thematik mithalten zu können.

Ich bin enttäuscht von mir selbst. Hier gibt es kein Gegeneinanderausspielen und schon gar keine kindischen Zickereien. Diese Frauen sind nicht hier, um sich selbst groß zu machen, sondern weil ihnen genau wie mir ein Thema am Herzen liegt. Mit oder ohne Wettbewerb. Eine ist Tennisprofi, die anderen Hebamme, Finanzberaterin, Schornsteinfegerin oder Mutter und Unternehmerin zugleich. Frauen, die für Inhalte stehen und die ich zutiefst bewundere. Denn jede von ihnen hat ihr ganz eigenes, ebenso wichtiges Anliegen wie ich. Wir sind mehr als diese schlecht recherchierten, oberflächlichen Inhalte!

Es ist tückisch. Auf der Suche nach Unterstützung für das, was man voranbringen möchte, findet man sich plötzlich im digitalen Wettkampf eines Magazins wieder und versucht gleichzeitig, ein irrelevantes Social-Media-Abzeichen zu ergattern. Zwei Dinge, die in mir unerwünscht Neid entfacht haben und mir bei Erlangen eine vermeintliche Bestätigung versprechen. Zwei Dinge, die bei genauem Hinschauen nur Schall und Rauch sind.

„Der blaue Haken ist zu einer Art Statussymbol geworden und vermittelt den Eindruck von Kompetenz und Kredibilität", lese ich auf einer von Hunderten von Webseiten, die darüber philosophieren, wie relevant dieser Zusatz ist. Und doch fühle ich es, ja bin ich jedes Mal wie elektrisiert, wenn ein Kommentar oder Like mich plötzlich mit einer dieser ausgezeichneten Personen interagieren lässt. Das ist Adrenalin pur! Als würde man auf einer Wolke schweben und durch diesen digitalen Kontakt vorübergehend selbst zu etwas Besonderem werden. Aber dieser kleine Haken macht weder kompetenter noch relevanter. Er weist stumpf gesagt lediglich auf eine Person hin, die eine gewisse Menge an überregionalen und internationalen Artikeln über sich vorweisen kann. Und ich muss mir in diesem Moment erneut bewusst machen, dass ich genau wie Saskia und all die anderen Leute mit diesem Haken nicht automatisch relevanter, kompetenter oder wertvoller werde. Eigentlich verändert sich durch ihn oder die lächerliche Onlineumfrage, der keine von uns im Ansatz gerecht wird, rein gar nichts. Sie zeigen uns lediglich, dass wir irgendwie doch eine Sehnsucht danach hegen, gesehen zu werden.

Abends stehen wir zehn Frauen zum letzten Mal mit unserem Choreographen Jimmie im Spiegelsaal, und ich schaue Romy, einer der anderen Teilnehmerinnen, tief in die Augen. In den letzten Tagen haben wir hier viel Zeit verbracht. Durch unterschiedliche Aufgaben konnten wir uns selbst und die anderen besser kennenlernen und wurden zusätzlich in unserer Bühnenpräsenz für den morgigen Finalauftritt gestärkt. Heute steht die letzte Herausforderung an. Ich versuche, all den Trubel des Tages hinter mir zu lassen, um mich auf Romy und ihre leuchtend blauen Augen zu konzentrieren. Jeweils zwei von uns Frauen stehen sich schweigend gegenüber. Es herrscht Totenstille. Nur ein Meter trennt Romy und mich voneinander. Anfangs ist es unangenehm, irgendwie seltsam intim, jemandem so nahe zu sein. Aber mit der Zeit wird sie mir immer vertrauter und ich spüre, wie sich mein Körper entspannt. Es ist, als würde plötzlich der ganze Stress der letzten Tage von mir abfallen. Minutenlang stehen wir da, ohne den Blickkontakt zu unterbrechen, regungslos, bis wir beide anfangen zu weinen.

Es ist, als ob ich in ihre Seele schauen könnte und all das sehe, was in den letzten Tagen untergegangen ist oder sonst so oft überspielt wird. Als die Minuten vorbei sind, fallen wir uns beide schluchzend in die Arme.

Kurz darauf sitzen wir alle auf dem Boden des Spiegelsaals, teilen prägende Erlebnisse, weinen miteinander und trösten uns gegenseitig. Plötzlich sehe ich so viel mehr in Romy und den anderen. Ich sehe den Schmerz, den unerfüllten Kinderwunsch, die zerrüttete Familie, die verpasste Sportkarriere, die Ausgrenzung aufgrund von Hautfarbe, Plus-Size oder einer Geschlechtsangleichung. Ich sehe Frauen, die gerade wegen ihrer Lebensgeschichte und zumeist belastenden Erfahrungen ein Thema auf dem Herzen haben, für das sie brennen. Ich sehe keine Konkurrentinnen in ihnen und ich bewerte sie erst recht nicht nach einem blauen Haken oder ihrer Followerzahl. Vielmehr finde ich mich in jeder Einzelnen von ihnen wieder und leide und freue mich mit ihnen. Jetzt kann ich sie besser verstehen, ihre Lebensperspektive einnehmen. Jetzt kann ich sie wirklich sehen. Davor habe ich mich wegen der Aufregung der vergangenen Tage so sehr um mich selbst gedreht, dass ich ihre Geschichten zwar gehört, aber nie wirklich verstanden habe. Heute Abend ist mir bewusst geworden, dass es egal ist, welche von ihnen sich am Ende „Miss Germany 2023“ nennen darf. Denn jede von ihnen hat ein Thema, für das es sich lohnt, laut zu werden.

***

Der Tag der Entscheidung ist gekommen. Ich stehe barfuß auf dem schwarzen Boden der gigantischen Bühne. In den letzten Tagen ist sie mir seltsam vertraut geworden. Stundenlang haben wir hier gemeinsam geprobt, gelacht, getanzt und geweint. Es schmerzt fast ein bisschen, zu wissen, dass diese Reise heute Abend tatsächlich endet, so sehr sind mir die anderen Frauen ans Herz gewachsen. In ein paar Stunden werden sich hier Hunderte geladene Gäste versammeln. Bekannte Persönlichkeiten aus der Wirtschaft und der Medienwelt werden neben der Jury jedes meiner Worte überprüfen und entscheiden, welche von uns zehn Frauen den Titel „Miss Germany 2023“ mit nach Hause nehmen darf.

Ich zucke zusammen. „Mein Name ist Kira, ich will Jugendarbeit in Deutschland großschreiben und gemeinsam mit jungen Menschen neu gestalten“, hallt meine digitale Stimme durch den gigantischen Saal. Währenddessen erscheint auf der riesigen LED-Wand ein Video, das später bei meinem Bühnenauftritt abgespielt werden soll. Ich drehe mich um und schaue in das Gesicht dieser jungen Frau, die so überzeugt von ihrer Mission klingt. Ich muss lächeln, sie sieht stark aus und ihre Augen leuchten, während sie spricht. Ich finde sie wunderschön. Ihre Stimme ist laut und klar, so als wüsste sie ganz genau, wohin sie will. Ich bewundere ihren Mut und ihr Herz für junge Menschen. Aber vor ihr fühle ich mich plötzlich klein. Auf dieser gigantischen Bühne fühle ich mich klein. Und je länger ich hier stehe, umso mehr sehne ich mich nach ein bisschen von all dem für den heutigen Abend. Ich sehne mich nach ein bisschen mehr von ihr in mir. Aber die Mischung aus Aufregung und Druck, die stündlich wächst, macht es mir unmöglich, überhaupt klar zu denken. Sie ist wie eine Blockade in meinem Kopf, die mir den Zugang zu dieser Kira verwehrt.

Während ich zurück in den Backstagebereich gehe, in dem sich die anderen Frauen und das Team aufhalten, flüstere ich leise die Worte vor mich hin, die ich seit dem Einzug in die Top 160 so oft gebetet habe: „Hey Gott, du kennst mein Herz und den richtigen Weg für mein Leben. Ich will all das nicht, wenn du es nicht für richtig hältst. Ich will diesen Abend an dich abgeben. Wenn du denkst, ich soll weiterstudieren, um Pastorin zu werden und Gemeinde zu gründen, wie ich es in Magdeburg bereits gemacht habe, dann nehme ich diesen Weg mit purer Freude an. Und wenn du denkst, dass ich der Herausforderung gewachsen bin und Miss Germany werden soll, weil ich dadurch anderen Menschen Gutes tun kann, dann bin ich auch für diesen Weg bereit. Ich gebe es an dich ab und vertraue dir. Zeig mir den richtigen Weg."

„Willkommen, Ladys", ertönt die inzwischen vertraute Männerstimme mit dem charmanten Akzent. Bruce Darnell betritt den Raum und absolviert mühelos einen perfekten Walk. Wie immer. Er umarmt jede von uns herzlich. Ein Kuss auf die linke Wange, ein Kuss auf die rechte und plötzlich finde ich mich in seiner duftenden Parfümwolke wieder. Während er mich umarmt, flüstert er mir ins Ohr: „Mit dir möchte ich noch ein Gespräch unter vier Augen führen. " Es klingt wie ein sehr freundlicher Befehl. Ich nicke überrascht und bin etwas verwundert. Ob er mir Feedback zu meiner Halbfinalperformance geben möchte? Bis jetzt hatte ich nicht das Gefühl, dass er mich aktiv wahrgenommen hätte, schließlich waren es in der letzten Runde auch noch zwanzig Kandidatinnen. Als die ersten Frauen in die Maske gehen, winkt er mich zu sich. Wir stehen etwas abseits, außer Hörweite der anderen. Sein Gesicht verschwindet fast völlig hinter der großen schwarzen Sonnenbrille, die er trägt. Es ist surreal, dass dieser Mann, den ich seit meiner Kindheit im Fernseher beobachte, nun so dicht vor mir steht. Seine glatte Haut fasziniert mich, er sieht keineswegs aus, als wäre er 66 Jahre alt.

„Kira! Du hast mich im Halbfinale stark beeindruckt!", sagt er mit seinem amerikanischen Akzent, während er die Brille zurechtrückt. „Ich will, dass du Miss Germany wirst! Ich werde dir heute eine sehr hohe Punktzahl geben."

Mein Herz schlägt schneller. Hat er das gerade wirklich gesagt? Ich kann es kaum glauben. Kann er das überhaupt entscheiden? Immerhin gibt es neben ihm noch vier weitere Jurymitglieder. Tausend Gedanken wirbeln durch meinen Kopf, während sich mein schlechtes Gewissen meldet. Ist das fair gegenüber den anderen?

Dann sagt er noch so etwas wie, ich solle das besser für mich behalten, damit es kein Drama gäbe. Ich sehe noch sein Augenzwinkern vor meinem geistigen Auge, während er davonschreitet.

Während die Make-up-Artistin den blauen Lidschatten aufträgt, werden meine Haare von einem weiteren Stylisten großzügig mit Haarspray besprüht, um diese zu einem strengen Zopf zurückzubinden. Dabei hallen die Worte von Bruce in meinem Kopf nach, doch allzu viel Zeit für Gedanken bleibt nicht. Einer der vielen Reporter hält mir sein Mikrofon entgegen und fragt: „Wie sehen Sie Ihre Gewinnchancen für den heutigen Abend?" Das Filmteam eines anderen Senders richtet nun ebenfalls seine Kamera auf mich. Ich fühle mich eingeengt, nicht nur räumlich, sondern auch im Hinblick auf meine Antwort. Ängstlich davor, etwas Falsches zu sagen, was von den Boulevardmedien dann skandalisiert werden würde, sage ich nur: „Ich finde, jede der neun anderen Kandidatinnen hätte den Titel verdient!“, anstatt meine ehrliche Meinung zu teilen.

Denn auch wenn ich es der Presse gegenüber niemals erwähnen würde, habe ich natürlich eine Favoritin. Ich schätze alle Frauen sehr, aber gerade Eva oder Lena wären für mich perfekte Titelträgerinnen. Nur bei mir und meinen Chancen bin und bleibe ich unsicher. Der Hairstylist ermahnt mich: „Nicht nach vorne lehnen, das ruiniert die Frisur!“

Ich versuche, allen Kameras und Fragen um mich herum gerecht zu werden, setze mich dabei wieder gerade hin, vergesse währenddessen jedoch die Make-up-Artistin und bekomme einen Schwall Lidschattenpulver ins Auge. Gestresst kneife ich dieses zusammen, um zu verhindern, dass meine Tränen das ganze Make-up ruinieren, während mich der Reporter fragt: „Miss Germany ist seit 2019 kein Schönheitswettbewerb mehr, wieso werden Sie dennoch geschminkt?“ Ich atme tief durch und versuche, mir meinen Ärger nicht anmerken zu lassen. Was für eine stumpfsinnige und blöde Frage, denke ich mir im ersten Moment und merke dabei, wie mein Energielevel merklich sinkt. „Weil es vor einer Fernsehshow selbstverständlich ist, dass *alle* geschminkt werden. Unabhängig von Miss Germany. Selbst die Tagesschausprecher kommen vor ihrem Auftritt in die Maske.“ Gerade er als Experte müsste doch genau das wissen, denke ich genervt, spreche es jedoch nicht aus. Ich möchte nicht gereizt wirken.

Gleichzeitig erscheint mir seine Frage tendenziös. Als würde sich der Journalist absichtlich schwertun, sich gedanklich vom alten Konzept zu trennen. „Das Make-up lässt einen schlichtweg professioneller und auch natürlicher aussehen. Ich kann Ihnen versichern, die Kamera in Kombination mit dem Licht da oben schluckt wirklich alles! Nachher wird es Ihnen kaum noch auffallen", antwortete ich ihm stattdessen möglichst charmant.

„Frau Geiss, können Sie sich bitte etwas in meine Richtung drehen?", meldet sich jetzt der andere Reporter und schaltet seine Kamera ein. Ich weiß, dass es Teil ihrer Arbeit ist, doch ich wünschte, sie würden einfach verschwinden. Ich wünschte, sie würden aufhören Fragen zu stellen, die kein echtes Interesse zeigen, sondern lediglich an der Oberfläche kratzen. Ich wünschte, wenn sie mich schon zu viert belagern, dass wenigstens einer von ihnen eine Frage mitbringen würde wie: „Wie können wir sicherstellen, dass Ihre Botschaft und die Female-Empowerment-Thematik alle gesellschaftlichen Schichten und Altersgruppen erreichen? Was müsste sich diesbezüglich vielleicht noch ändern?" Oder: „Welche konkreten Initiativen planen Sie im Falle des Siegs?" Aber natürlich passiert das nicht. Also drehe ich mich in seine Richtung, lächle ihn freundlich an und beantworte eine weitere triviale Frage. Schließlich macht auch er nur seinen Job. „Kopf gerade", kommt es nur wenige Sekunden später von hinten. Ach ja, die Frisur muss sitzen.

„Da muss noch was ab!", sagt der eine Stylist zum anderen nur einige Momente später und beäugt meine beiden blonden Haarsträhnen, die mittlerweile zu meinem Markenzeichen geworden sind. Panik bricht in mir aus. In zehn Minuten geht es in den Backstagebereich der Bühne und sie wollen jetzt nochmal an meinen Haaren herumschneiden?

„Auf keinen Fall!", faucht die Make-up-Artistin dazwischen. Sie streiten sich schon seit geraumer Zeit wegen meiner Frisur, irgendwann habe ich aufgehört mich einzumischen und sie einfach machen lassen. Ich versuche sie auszublenden und gehe innerlich meinen Text durch. Die Aufregung ist mittlerweile in meinem ganzen Körper spürbar und es ist, als würde ich regelrecht unter Strom stehen.

Zwei Minuten später sind die beiden Strähnen zehn Zentimeter kürzer und ich bin bereit, hinter die Bühne zu gehen. Für einen kurzen Moment trauere ich meinen Haaren nach, versuche mich aber dann auf das zu konzentrieren, was jetzt wirklich wichtig ist. „Hier, die wirst du brauchen", sagt der Hairstylist, während er mir eine kleine weiße Tablette in die Hand drückt. „Die Frisur wirst du die nächsten acht Stunden tragen müssen, ohne Tablette wird das eine schmerzhafte Angelegenheit, Sweety", fügt er zwinkernd hinzu. Während ich zu den anderen hinter die Bühne husche, sammle ich möglichst viel Spucke in meinem Mund, um die Ibuprofen herunterzuschlucken.

Mein Herz rast, als Frauke und Nele Ludowig auf der Bühne das Saalpublikum sowie die 500.000 Zuschauer im Twitch-Stream begrüßen. Vor Menschen zu sprechen gehört eigentlich zu meinen Stärken, aber heute steigt sogar mir die Aufregung fast zu Kopf. Was mache ich, wenn ich mich vor lauter Nervosität auf der Bühne übergeben muss? Dann werde ich vermutlich ein ewiges Internet-Meme.

Schweigend stehen wir alle in der Dunkelheit hinter der großen Bühne und lauschen dem Publikum. Einzig und allein die Bildschirme des Livestreams und der Technik flackern ab und zu auf. „Machen wir einen Tittenkreis? Das verbindet!“, sagt Eva. Ich muss leise lachen. Hat sie gerade wirklich Tittenkreis gesagt? „Egal, wer von uns heute Abend Miss Germany wird, ich bin dankbar für die Freundschaft mit euch. Jede hätte diesen Titel für sich und ihr Thema mehr als verdient! Ich stehe hinter euch“, sagt Romy leicht melancholisch mit Tränen in den Augen und je einer Brust von Audrey und Sandra in der Hand. Inmitten des Trubels und der Hektik des Finaltages ist es ein seltsamer, aber friedvoller Moment. Ich nicke und lächle sie an. „Ich bin dankbar, euch kennengelernt zu haben!“, ergänze ich.

„Bitte auf eure Positionen“, ruft Jimmy leise in unsere Richtung und unterbricht die geruhsame Stimmung.

Auf der Bühne wird es plötzlich still. Max stellt die diesjährige Jury vor, bestehend aus Bruce Darnell, Ruth Moschner, Monica Meier-Ivancan, Nicolas Puschmann und Jil Andert von Miss Germany. Mein Herz hämmert wild gegen meine Brust und meine Hände zittern leicht. Gleich ist es so weit. Während ich am Bühnenaufgang warte, flüstere ich ein letztes Mal meine Textpassagen vor mich hin. Drei Mal werde ich sprechen. Drei Mal muss ich überzeugen. Hunderte Male habe ich diese Sätze optimiert, auswendig gelernt und aufgesagt. Trotzdem hatte ich während der Generalprobe den totalen Blackout. Nur meinen eigenen Namen hatte ich über die Lippen bekommen. Alles andere war einfach weg. Wie ausgelöscht. Heute wäre das mein Aus.

Ein letzter Atemzug und ein kurzer Blick zu Jimmy, der mir ermutigend zunickt, dann mache ich den ersten Schritt auf die große Bühne. Wie im Halbfinale eröffne ich auch heute Abend wieder die Show. Lächeln. Rücken gerade. Im Takt laufen, erinnere ich mich an die vielen Reminder, die mir Jimmy während der Proben im Spiegelsaal gegeben hat. Das blaue Licht umhüllt mich. Der Gospelchor, der extra engagiert wurde, um das Finale gesanglich zu begleiten, tanzt und singt hinter mir. Ich muss grinsen. Es fühlt sich fast an wie ein Zeichen. So, als würde Gott sagen: „Ich bin hier bei dir, du bist nicht allein." Das gibt mir Kraft. Mit den Augen schweife ich über Hunderte von fremden Gesichtern und suche vergebens nach meiner Familie.

Als ich auf dem großen weißen Ledersessel sitze und die anderen Frauen nach und nach auf die Bühne kommen, muss ich grinsen. Jegliche Aufregung ist verflogen, plötzlich sind da nur noch Vorfreude und Entschlossenheit. Ich fühle mich ein bisschen wie die Kira, die mir heute Morgen auf dem großen Bildschirm noch so weit entfernt und fremd vorgekommen ist. Mit dem Betreten der Bühne hat sich ein Schalter in mir umgelegt und der Wunsch, diesen Titel mit nach Hause zu nehmen, wird von Moment zu Moment präsenter. Ich bin davon überzeugt, dass mein Thema wichtig ist. Ich möchte zeigen, dass junge Menschen eine Stimme haben, Verantwortung übernehmen können und dabei mehr gefördert werden müssen. Ich möchte etwas davon zurückgeben, was mir ermöglicht wurde, und in den Fokus stellen, was mir gefehlt hat: ein gesunder Konsum von Social Media. Während ich mich an meine Jugendzeit zurückerinnere, kämpfe ich mit den Tränen, die sich wegen der Mischung aus Schlafmangel, Stress und emotionaler Achterbahn in mir anbahnen. Ich sehne mich nach dem Feuer in jungen Menschen, das mich damals dazu gebracht hat, in den Jugendkreis zu rennen. Dafür will ich gewinnen.

Der Sound eines Herzens pocht über die Lautsprecher. Hand in Hand stehen wir in einer Reihe auf der Bühne. Es ist dunkel und nur ein paar der Scheinwerfer sind auf uns gerichtet. Jetzt ist es so weit! In unserer Mitte halten Frauke und Nele Ludowig einen Umschlag in der Hand. Ich schließe die Augen. Atme tief durch. Unterbewusst stelle ich mich auf die Enttäuschung ein. Du bist zufrieden mit deinem Leben und dem Studium, erinnere ich mich. Falls ich es nicht werde, freue ich mich von ganzem Herzen für eine der anderen.

Die beiden Moderatorinnen holen Luft und sprechen im Chor: „Miss Germany 2023 ist…“ Pause. Sie öffnen den Umschlag. Beugen sich über das Mikrofon und sagen gemeinsam: „Kira Geiss!“

Feuerfontänen schießen in die Luft. Die anderen Teilnehmerinnen kreischen. Leute stürmen von ihren Plätzen zur Bühne. Ich bin überfordert. Weiß nicht, was ich machen soll. Wohin ich schauen soll. Was ich denken soll.

In der Hocke sitze ich auf der Bühne. Mir ist schwindelig. Lena umarmt mich. Hilft mir auf und läuft mit mir zu Jil, die mir die Schärpe umlegt und den Female-Leader-Award in die Hand drückt. „Du schaffst das“, raunt sie mir lächelnd ins Ohr. Der Chor setzt wieder ein, während ich langsam zur Spitze der Bühne laufe. Die anderen folgen mir. Ein Blitzlichtgewitter bricht aus, alle Fotografen richten ihre Kameras auf mich, Mikrofone werden in meine Richtung gestreckt. Menschen schreien meinen Namen und richten ihr Handy auf mich. Hinter ihnen sehe ich meine Eltern jubelnd und lachend, doch die Security hält sie und all die anderen davon ab, mir zu nahe zu kommen.

Zwei große Herren betreten die Bühne und übergeben mir eine kleine rote Schachtel, auf der in goldenen Buchstaben „Cartier" gedruckt ist. Mit Handschuhen öffnet einer von ihnen den Deckel und präsentiert eine kleine Uhr. Es ist skurril. Innerhalb eines Abends kennen Menschen plötzlich meinen Namen, werden mir teure Geschenke überreicht und diverse Visitenkarten zugesteckt.

Nach zwei Stunden Interviews und der anschließenden Pressekonferenz sinke ich mit geschlossenen Augen in den weichen Samtsessel des Konferenzraumes und versuche zu realisieren, was gerade passiert ist. Ich habe kaum Erinnerungen an die Momente nach der Verkündung. Alles fühlt sich surreal an. Von tiefer Dankbarkeit und Freude bis hin zu Müdigkeit und Überforderung empfinde ich beinahe alles.

„Bist du bereit für den richtigen Trubel?", fragt mich meine neue Managerin Katha. Ihr warmes Lächeln gibt mir Kraft.

Ich nicke, greife nach ihrer ausgestreckten Hand und antworte: „Ich verhungere, vielleicht gibt es noch eine vegane Currywurst?"

Doch bis zum Essensstand schaffen wir es nicht. Als ich die Treppe zur Etage der Afterparty hinuntergehe, wartet bereits eine Traube von Menschen auf mich. All diese Leute sind gekommen, um die neue Miss Germany zu sehen und kennenzulernen. „Die neue Miss Germany", murmle ich vor mich hin, während Katha mich durch die Menschenmenge zieht. Das bin ab heute unerwarteterweise ich. Es ist immer noch schwer zu begreifen. Zwischen schlecht beleuchteten Selfies, kurzen Gesprächen, Umarmungen und feuchten Küssen auf meine Wange flüstert mir eine Frauenstimme zu: „Zum Glück bist es du geworden und nicht diese Transe.“

Fassungslos starre ich in ihre Richtung, kann die Stimme jedoch niemandem zuordnen. Wütend würde ich gerne etwas in die Menge rufen. Wütend würde ich sie gerne zurechtweisen. Aber im Augenwinkel sehe ich die Kamera auf mich gerichtet und lächle innerlich fassungslos und wütend, äußerlich freundlich weiter.

Während alle anderen laut singen, zum Remix des DJs tanzen, das Buffet leeren und fröhlich anstoßen, durchzieht mich eine tiefe Traurigkeit. Ich hätte den anwesenden Leuten und auch den Journalisten gerne gezeigt, was manchmal wirklich hinter den Kulissen passiert. Denn das ist es, was am Ende niemand in einem Artikel schreibt. Die bittersüße Realität, die viel relevanter ist als irgendwelche oberflächlichen Interviews.

Stattdessen lese ich am nächsten Morgen kopfschüttelnd die Headline: „Die neue Miss Germany: Jetzt muss Gott warten.“ Und frage mich: Ist das jetzt Teil meines Lebens? Seltsame Artikel und ein freundliches Gesicht bei unverschämten Aussagen?

Ich fühle mich beobachtet, als ich am nächsten Morgen im Zug sitze und mich durch die Nachrichtenflut aus Gratulationen kämpfe. Erkennt mich jemand? Wird heimlich ein Foto von mir gemacht?, frage ich mich schmunzelnd. All das war während des Frühstücks, des Auscheckens und am Bahnhof bereits mehrfach passiert. Es fühlt sich surreal an. Während ich die Menschen am Bahnsteig mustere, checke ich nebenbei

Instagram. 5.287 Follower. 80.000 Views meines letzten Reels. Ein berauschendes Gefühl, obwohl ich mich dennoch nicht in der Rolle der Influencerin sehe. Oder ist das jetzt mein Job? Es gibt schließlich kein Handbuch, geschweige denn eine Jobbeschreibung für das Leben einer Miss Germany. Es ist wie ein Sprung ins kalte Wasser, ohne zu wissen, was einen unter der Oberfläche erwartet.

Ich schiebe die Aufgabe vorerst beiseite, denn in den ersten Wochen häufen sich TV-Auftritte, Radiointerviews und Öffentlichkeitsarbeit. Fragen zum Wettbewerb und Kooperationsangebote stapeln sich in meinem Postfach. Ich versuche, sie zu beantworten und poste einige davon in meiner Story, um etwas Klarheit zu schaffen.

Miss Germany, was ist das überhaupt?"
Das Unternehmen Miss Germany wurde 1927 gegründet mit dem Ziel, durch einen Wettbewerb die schönste Frau Deutschlands zu küren. Max Klemmer leitet das Unternehmen jetzt in dritter Generation und macht sich dafür stark, dass Frauen nicht instrumentalisiert und auf ihren Körper reduziert werden. Deswegen hat er vor einigen Jahren begonnen, das Unternehmen vom Schönheitswettbewerb zur Female Empowerment Plattform umzubauen. Was ich persönlich einfach LIEBE. Gleichzeitig habe ich großen Respekt vor ihm, weil ich weiß, wie viel er dafür arbeitet und opfert. Kurz gesagt, was früher ein Schönheitswettbewerb war, ist heute eine Plattform für Frauen, die ein Thema auf dem Herzen haben und mit diesem auf Wirtschaft, Politik und Gesellschaft einwirken wollen. Daher gibt es auch keine Krone, Modelaufträge oder Fotoshootings mehr.

„Welche Kriterien muss man erfüllen, um Miss Germany zu werden?"

Eigentlich kann jede Frau in Deutschland, die über 18 ist, Miss Germany werden. Gewicht, Hautfarbe oder Herkunft spielen keine Rolle. Man bewirbt sich nicht mehr mit seinen Körpermaßen, sondern mit einer Thematik und am Ende gewinnt man auch mit dieser. Während der neun Monate bis zum Finale werden die Frauen nach drei Kriterien bewertet: Professionalität, Motivationsfähigkeit und Zuverlässigkeit. Das Miss-Germany-Team arbeitet zwei Jahre super close mit der Miss Germany zusammen und muss sich in diesen Bereichen natürlich auf die Frau verlassen können, die sie, mit allem, was sie tut, repräsentiert.

„Mit welchem Ziel/ Thema hast du dich beworben?"

Mein Ziel ist die Förderung der jungen Generation und der richtige Umgang mit den sozialen Medien. Mit dieser Thematik arbeite ich in unterschiedlichen Bereichen. Ich komme selbst aus der Jugendarbeit, durfte bei der Gründung einer Jugendgemeinde involviert sein und habe angefangen in diesen Bereichen zu studieren. Ich persönlich sehe immer wieder ein großes Defizit in der Integration und Förderung von jungen Menschen und gleichermaßen in der Kommunikation zwischen den Generationen. Deshalb beschäftige ich mich viel mit dem Arbeitsmarkt, gebe Workshops zur digitalen Kompetenz, bin bei Jugendfestivals unterwegs und halte Keynotes zu diesen Bereichen. Ich bin der Meinung, dass junge Menschen Verantwortung übernehmen können, dass Menschen, egal welcher Herkunft, gefördert werden sollten und dass wir dringend lernen müssen, Social Media Plattformen gesund zu nutzen.

„Wieso ist die Staffel so wenig in den Medien beziehungsweise im TV präsent?“
Die Plattformen, die Miss Germany am meisten benutzt, sind Instagram und Twitch. Die Thematik ist ein bisschen komplizierter... Sobald man Rechte an einen TV-Sender abgibt, hat dieser in gewisser Hinsicht auch die Rechte, sich die Sachen umzubauen oder passend zu machen. Miss Germany soll aber keine Reality-TV-Serie werden, die inszenierte Zickenkriege und Drama beinhaltet, was die meisten Menschen bei solchen Formaten am liebsten sehen wollen. Deswegen kein TV.

„Wie fühlt es sich an, Miss Germany zu sein?“
Ziemlich verrückt, ein bisschen seltsam, aber vor allem auch ganz schön schön. Es ist ein Privileg, für die nächsten zwei Jahre ein Team hinter mir stehen zu haben, das meine Thematik mit nach vorne treibt und mich an den richtigen Stellen platzieren. Gleichzeitig ist es seltsam, plötzlich eine Managerin an der Seite zu haben, die Zugriff auf meinen Kalender hat und ab jetzt mein Leben koordiniert. Ich freue mich so sehr auf alles, was kommt und über die Verantwortung, die mir übertragen wird, kann aber alles noch gar nicht in Worte fassen, weil ich immer noch so überwältigt bin.

Ich erfahre viel positive Resonanz auf meinen Miss-Germany-Titel und den veränderten Wettbewerb. Doch es gibt auch kritische Stimmen. Eine dieser Stimmen bin ich selbst. Denn so dankbar ich für die neu gewonnene Plattform und die damit einhergehenden Möglichkeiten auch bin, so sehr sich mein Leben auch in so vielfältiger Weise positiv verändert hat, will ich zwischen all dem nicht meinen prüfenden und reflektierenden Blick verlieren.

Während der Bewerbungsphase war ich eine Zeitlang skeptisch, ob sich der Wettbewerb wirklich verändert hat oder ob es sich hierbei nur um eine neue Marketingstrategie handelt. Erfreulicherweise hat das Unternehmen Wort gehalten.

Weitaus herausfordernder ist es allerdings, dieses neue Konzept wirklich in den Köpfen der Menschen zu verankern und nachhaltig umzusetzen. Und genau hier sehe ich ein großes Problem. In nahezu jedem Interview seit dem Finale war ich vorranging damit beschäftigt, zu erklären, dass ich keine Schönheitskönigin bin. Wirklich übel nehmen kann ich es niemandem, schließlich waren die altmodischen Vorstellungen von Misswahlen anfangs auch bei mir tief verankert. Wie kann man auch vier Jahre Konzeptwandel gegen neunzig Jahre Schönheitswettbewerb aufwiegen! Doch wie gelungen ist eine Auszeichnung für gesellschaftliches Engagement, wenn das Konzept überhaupt noch nicht in der Gesellschaft angekommen ist und man weiterhin lediglich als Schönheitskönigin ohne Botschaft wahrgenommen wird? Die Gefahr, die hier entsteht, ist ein Umkehrschluss, der Fakten verdreht. Jedes Mal, wenn mein Gesicht inklusive Titel auf dem Cover eines Magazins oder in einem Artikel landet, wird das Bild von normschönen Körpern in den Köpfen vieler Menschen befeuert. Denn wer nicht weiß, wofür ich stehe, sieht in mir nur meinen Körper und die Werte, die das Unternehmen in den letzten Jahrzehnten vertreten hat. Werte, für die ich nicht mit meinem Namen stehen will.

Und selbst wenn der Konzeptwandel im Laufe der Zeit immer mehr akzeptiert wird, gibt es noch andere berechtigte

Fragen. Beispielsweise, inwiefern es überhaupt gelingen kann, gesellschaftsrelevante Visionen durch einen Castingwettbewerb mit Jury auszuzeichnen. Eine komische Vorstellung, dass eine Handvoll Promis verschiedene Themen abwägen, um dann am Ende eine Siegerin zu küren. Wie genau entscheidet man überhaupt, ob nun Jugendarbeit, finanzielle Emanzipation oder Geburtshilfe am relevantesten ist? Und noch dazu mangelt es an Fachkundigkeit, denn man kann weder einem Thema noch der Frau, die dieses repräsentiert, gerecht werden, wenn die Menschen, die den Wettbewerb veranstalten, genauso wie die, die die Siegerin wählen, kaum etwas von deren Anliegen verstehen. Es würde schließlich genauso wenig Sinn ergeben, wenn eine Kunstlehrerin den Literaturpreis vergeben oder in der Jury für den Grammy sitzen würde.

Am Ende wird dann wohl doch eher eine Person als ein Thema gewählt. In der Instagram-Anzeige von Miss Germany beschreibt sich das Unternehmen als Female-Empowerment-Plattform, nicht als gesellschaftliche Veränderungsplattform. Auch wenn das durch den Wettbewerb und dessen Aufmachung den Anschein haben könnte. Aber selbst hier hapert es an manchen Stellen. Das Unternehmen schreibt auf seiner Webseite: „Wir suchen Frauen, die Verantwortung übernehmen und als Vorbild fungieren und damit eine weltoffene und moderne Gesellschaft prägen." Kann eine einzelne Frau wirklich eine ganze Gesellschaft prägen? Rosa Parks, Marie Curie, vielleicht auch Angela Merkel. Aber ich? Am Ende ist es dann nämlich doch nur ein Titel, der zwar selten vergeben wird und spannend klingt, aber keineswegs für meine Kompetenz bürgt. Und dennoch sehe ich in all dem ein großes Potenzial, sonst hätte ich schließlich nicht an diesem Wettbewerb teilgenommen. Gegen das Ziel, eine Plattform zu schaffen, die versucht, engagierte Frauen sichtbarer zu machen und ihnen Zugang zu sonst verschlossenen Räumen zu ermöglichen, ist nichts einzuwenden. Es ist vielmehr lobenswert. Dennoch braucht es noch viel Reflexion, Veränderung und Wachstum, um diese Idee zu etwas Tragfähigem auszubauen. Und ich werde dabei womöglich auch eine gewisse Rolle spielen. Nein! Ich will es. Ich liebe, was Max und sein Team aus dem alten Wettbewerb gemacht haben. Auch wenn es an manchen Stellen noch Verbesserungspotenzial gibt. Ich liebe es, dass Frauen endlich eine Plattform für Inhalte bekommen und nicht auf ihren Körper reduziert werden. Ich will versuchen, hierbei eine Rolle zu spielen!

Hier stehe ich nun und habe diesen Titel verliehen bekommen, weil eine Handvoll Menschen in mir und meinem Herzensthema Potenzial gesehen haben. Das macht mich dankbar. Und nachdenklich. Kann ich dieses Potenzial nutzen? Kann ich wirklich einen Unterschied bewirken? Kann ich eine gesellschaftliche Veränderung ins Rollen bringen? Aber die größte dieser Fragen ist und bleibt: Kann ich diesen privilegierten Zugang zum Guten gebrauchen? Wir werden sehen. Aber eines ist sicher: Ich werde es von ganzem Herzen versuchen!

TEIL 3

Die Wahrheit
tut weh,
aber die Wahrheit
macht auch frei.

Social Media Teil 1: Influencerin wider Willen

„Ich liebe reiche weiße Schnepfen, die mir etwas von Moral erzählen." Dieser Kommentar springt mir wenige Tage nach dem Miss-Germany-Finale ins Gesicht. Kritik ist unvermeidlich, das ist klar. Aber diese hier scheint mir wenig konstruktiv. Eher beleidigend und hasserfüllt. Der beste Start für meine wohl unvermeidbare Karriere als Influencerin. Allein bei diesem Wort muss ich einmal tief durchatmen. *Influencerin.* Ein Beruf, der in meiner Generation populär und für viele erstrebenswert scheint. Ein Beruf, mit dem ich eher fremdle und den ich eigentlich nicht für mein Leben vorgesehen hatte. Denn ich bin mir nicht einmal sicher, ob ich das Influencing, welches heute gang und gäbe ist, gutheiße. Meiner Meinung nach werden die Worte und Taten von Einzelnen zu schnell zu einer Art Leitfaden für Tausende. Mich überrascht, wie häufig die sozialen Medien als primäre Bildungsquelle genutzt und die dargebotenen Inhalte ungeprüft für wahr gehalten werden. Doch ich muss zugeben, dass ich dafür ebenso anfällig bin.

Hinzu kommen allerlei Trends, die über Wochen polarisieren und Millionen von Menschen erreichen. Tausende Frauen essen wegen eines viralen Videos, dessen Inhalt lediglich auf einer Vermutung basiert und nicht nachgewiesen werden kann, täglich löffelweise Blütenpollen, was anscheinend ein Brustwachstum erzeugen soll. Ein paar Monate später kursiert das Gerücht, Menstruationsblut wäre *das* Wundermittel gegen Akne. Das Argument der Influencerin ist hier, dass das Blut voll mit Nährstoffen wie etwa Sodium und Calcium sein soll und sich zusammen mit den enthaltenen Stammzellen positiv auf die Haut auswirkt. Nur kurze Zeit später beginnen sich Videos von jungen Mädchen mit einer Periodenblut-Maske im Gesicht in meinem Feed zu überschlagen.

Aber nicht nur Frauen lassen sich für solch fragwürdige Trends begeistern. Das Männermodel Luca Marchesi hat auf TikTok mehr als 1,3 Millionen Follower, und dort ist er auch als „CEO of Jawline" bekannt. Berühmt geworden ist er durch genau das: seine ausgeprägte Kieferkontur. In seinen Videos teilt er sein Kiefertraining, verschiedene Kautechniken und das Silikon-Tool, durch das sein markantes Gesicht seine Form gewonnen haben soll. Nach seinen ersten viralen Reels begannen viele, ihn nachzuahmen, ungeachtet der Warnungen verschiedener Ärzte.

Besonders den „legging legs"-Trend, bei dem Frauen ihren „thigh gap" zur Schau stellen, nehme ich in zweierlei Hinsicht als problematisch wahr: Einerseits wird damit suggeriert, nur mit einer gewissen Körperform dürfe man sich auf eine bestimmte Art kleiden, und besonders junge Mädchen werden dadurch verunsichert und womöglich sogar in eine Essstörung getrieben. Andererseits stimmt es mich traurig, eben jene Warnungen über den Trend zu lesen, schließlich weisen sie auf ein tieferes, viel grundsätzlicheres Problem hin. Denn wenn schon einige Bilder und Videos dazu führen, dass junge Menschen sich und ihren Körper infrage stellen, dann deutet das meiner Meinung nach hauptsächlich auf die breite gesellschaftliche Wunde eines fehlenden gesunden Selbstwertes hin.

Mittlerweile würde ich mich in diesem Punkt als etwas gefestigter betrachten. Mein Glaube und echte Freundschaften haben bei mir eine grundlegende Veränderung bewirkt – hin zu echter Selbstakzeptanz. Trotzdem erweist sich diese in manchen Momenten noch als fragil. Denn ich erwische mich selbst dabei, wie ich meine Beine in enger Hose im Spiegel betrachte und mich frage, ob sie dem Ideal entsprechen, das mir von diesen Trends suggeriert wird. Ob sie schlank genug sind. Ob ich schön genug bin. Doch nicht nur das. Je öfter ich diese Trends sehe, sie gepostet und nachgeahmt werden, desto mehr beißen sie sich in meinem Kopf fest. Manchmal ekele ich mich sogar, wenn mir bewusst wird, welch immensen Einfluss die digitale Welt auf mein Leben und Wohlbefinden haben kann.

Man sollte meinen, dass man ab einem gewissen Alter und mit der häufig dazugehörenden Reife den Inhalt 30-sekündiger Videos einordnen kann. Doch ich erinnere mich noch an die Hochphase der „Girl Math"- und „Delusion"-Videos. Erwachsene Menschen mit hohen Schulden sprachen fröhlich und voller Überzeugung darüber, diese einfach wegzumanifestieren. Ein Konsum über das eigene Budget hinaus wurde verherrlicht, was Menschen weltweit dazu ermutigte, ihre finanzielle Situation zu ignorieren. Aussagen wie die folgenden kursierten überall im Netz:

„Das neue Shirt konnte ich mit meinem übrig gebliebenen Bargeld bezahlen. Geht also nicht vom Konto ab, somit war es ja quasi umsonst."

„Meine Handtasche hat 1.000 Euro gekostet, da ich sie aber bereits seit 5 Jahren besitze, senkt das ja gewissermaßen den Preis. Wenn ich davon ausgehe, dass ich sie noch weitere fünfzehn Jahre benutzen werde, zahle ich dafür jedes Jahr lediglich 50 Euro. Bei so einem Schnäppchen kann ich mir problemlos eine zweite kaufen."

Die Realität ist, dass diese Trends großen Schaden anrichten können. Emotional, körperlich und auch finanziell. Sie ermutigen Menschen zu ungesunden Verhaltensweisen oder suggerieren ihnen ein bestimmtes Körperbild. Ich finde es erschreckend, welche Macht die digitalen Medien und deren Inhalte mittlerweile über mein und das Leben so vieler anderer Menschen haben. Vielleicht ist das Erschreckendste daran, dass wir es einfach zulassen. Oder aber wir haben es mit der Zeit schlichtweg verlernt, Influencer, Trends und Social-Media-Inhalte auf ihren rechtmäßigen Platz zu verweisen.

Mich in diese Welt einzureihen und auf den Zug dieses oftmals stumpfen, schnelllebigen Contents aufzuspringen, fühlt sich seltsam und falsch an. Aber vielleicht ist es auch nur eine Sache der Gewohnheit und des richtigen Umgangs. Denn für mich ist grundsätzlich noch so einiges an diesem neuen Leben befremdlich. Seitdem ich den Titel „Miss Germany" trage, kommentieren wildfremde Menschen mein Aussehen, mein Verhalten, raten mir, zu- oder abzunehmen, umarmen mich, ohne mich um Erlaubnis zu fragen, oder küssen mich einfach so auf die Wange. Sie überhäufen mich mit Komplimenten oder schicken mir über Social Media Hassnachrichten wie „Kill dich einfach“, „Schon mal überlegt, mit dem Föhn in die Badewanne zu steigen?“, „Ich würde dir gerne eine 9 mm an den Kopf halten“, „Lösch dich, du Hure“ oder „Du hättest nie geboren werden sollen“. Das Spektrum ist groß und der Kontrast noch viel größer. Vom Heiratsantrag über Komplimente, Angebote, mir Bücher, Möbel oder Klamotten zu kaufen, bis hin zu derben Beleidigungen ist alles dabei.

„Schon wieder so eine Möchtegern-Influencerin, die von Mama und Papa alles in den Arsch geschoben bekommen hat und nicht arbeiten gehen möchte.“ Ich drücke wortlos auf „löschen“ und verdrehe die Augen. Nach Hunderten Kommentaren von Menschen, die der Meinung sind, dass ich weder schön genug bin, um einen Schönheitswettbewerb zu gewinnen, noch kompetent genug, um im neuen Konzept dieses ehemaligen Schönheitswettbewerbs anzutreten, fehlt mir die Kraft zur Diskussion.

„Wieso liest du all das, Kira?“, fragt mich eine gute Freundin während eines Telefonats. Gerade habe ich ihr verzweifelt davon erzählt, dass ich nachts nicht schlafen kann, weil ich so großen Druck verspüre, jetzt bei Social Media wachsen zu müssen, und wie sehr mir die Hasskommentare zu schaffen machen.

„Das hier ist vermutlich erst der Anfang von dem, was noch auf dich zukommt. Also überlege dir gut, wer das Recht hat, in dein Leben zu sprechen.“

Ich nicke langsam und denke insgeheim: Leichter gesagt als getan. Ihre Aussage erinnert mich an ein Video von Conan O’Brien. Der Talkshow-Moderator und Komiker sprach davon, dass er zu Beginn seiner Karriere eine Abmachung mit sich selbst getroffen hatte. Da er die schlechten Beiträge über sich nicht lesen wollte, würde er auch die Guten nicht lesen. Jeder kann schließlich alles schreiben und denken. Warum sollte man das lesen wollen?

Eine Abmachung, die auch ich mit mir getroffen habe. Menschen, die mich kaum kennen, können alles Mögliche schreiben. Wieso sollte *ich* diese Kommentare lesen?

Tagebucheintrag, 8. März 2023 – Stuttgart

In mir kommt immer wieder das Gefühl auf, dass ich jetzt, wo ich als Person des öffentlichen Lebens gelte, dazu verpflichtet bin, mein Leben transparent zu machen. Ob bei Social Media, in Interviews oder bei TV-Auftritten. Menschen fordern es manchmal sogar regelrecht ein. Ich glaube, ich muss mir hier eigene Grenzen setzen. Auch für die Zukunft. Vor allem für die Zukunft. Wenn ich mich dann vielleicht an all die Menschen, die Aufmerksamkeit und das Arbeiten in den Medien gewöhnt habe.

Liste an Dingen, die ich nicht in der Öffentlichkeit teilen möchte:

1. *meine Familie*
2. *Freundschaften und Beziehungen*
3. *politische Themen, zu denen ich keine feste Meinung habe, beispielsweise Abtreibung*
4. *meinen Wohnort*
5. *meine private Handynummer und E-Mail-Adresse (an Journalisten und Kooperationspartner)*
6. *wann, ob und wie viel Sport ich mache*

Mein neues Team hat es mir zur Aufgabe gemacht, innerhalb einer Woche nach dem Gewinn des Finales meine Followerzahl in den sozialen Medien zu verdoppeln. Um dieses Ziel zu erreichen, schreibe ich zwischen Presseterminen, Fernsehauftritten und ersten Kooperationstreffen einen Content-Plan. Ich schaue mir an, was andere erfolgreiche Leute posten, und versuche, es ihnen gleichzutun. Aber die erhofften Erfolge bleiben aus und ich fühle mich heillos überfordert. Weiß nicht, wo ich anfangen und aufhören soll, wie mein perfekter Content aussieht. Poste Reels, um sie nur zwei Stunden später wieder zu löschen. Habe hohe Ansprüche an den Inhalt und die grafische Gestaltung meiner Videos, erfülle jedoch nichts davon und stagniere. Daraufhin mache ich monatelang einfach nichts. Schließlich ist meine Arbeit in Unternehmen, der Politik, mit jungen Menschen oder sogar in der Kirche nicht von Social Media abhängig und floriert seit Wochen. Das Resultat der Flaute: Meine Followerzahl sinkt und ich bin noch frustrierter.

Als ich nach meinem langfristigen medialen Verschwinden von meinem Management für ein Gespräch nach Hamburg gebeten werde, graut es mir davor. Ich kann mir bereits vorstellen, welches Thema im Mittelpunkt des Treffens stehen wird. Und ich soll recht behalten. Während ich auf der Samtcouch im Restaurant eines Luxushotels sitze und mir eine der gedünsteten Zucchinischeiben um die Gabel wickle, waschen mir der Geschäftsführer von Miss Germany und meine Managerin gehörig den Kopf. Fast schon perfide, eine solch ästhetische Location für dieses deprimierende Gespräch zu wählen.

„Kira, du bist das Gesicht eines Unternehmens, das du nur mit einer gewissen Social-Media-Reichweite adäquat repräsentieren kannst!", mahnt die eine.

Ich nicke und schneide meine Burrata auf, deren flüssiger Kern auf meinem Teller zerläuft.

„In den nächsten Wochen muss sich etwas ändern! Bekommst du das auf die Reihe?", fragt der andere.

Ich nicke erneut und antworte lächelnd: „Ich werde es versuchen." Und das meine ich von Herzen. Und dennoch, was hätte ich auch anderes sagen können? Sicherlich nicht: „Ich hatte nie vor, Influencerin zu werden, und bin mit meiner Rolle maßlos überfordert. Viele Follower bedeuten viel Verantwortung. Meiner Meinung nach gibt es bereits zu viele Influencer, die sich dessen nicht bewusst sind. Ich weiß weder, welchen Content ich produzieren soll, noch wie man viele Follower generiert und schon gar nicht, ob ich die Verantwortung übernehmen will, die auf mich zukommen wird."

Ich wusste, dass zu meinem Aufgabenbereich als Miss Germany auch die Social-Media-Welt gehören würde. Aber ich hätte nie gedacht, dass es mich so herausfordern und unter Druck setzen würde. Man wird schließlich nicht über Nacht zur geborenen Influencerin. Vor allem dann nicht, wenn die Erwartungshaltung hoch ist, jedoch kaum Anleitung stattfindet. An manchen Tagen fühle ich mich neben meiner Verzweiflung und dem Performance-Druck sogar etwas alleingelassen.

„Erfolgreiche Influencer sind so erfolgreich, weil sie es oft nicht als erstes Ziel hatten, erfolgreich zu werden", wende ich mich wenig später während der Rückfahrt in einem verzweifelten Telefonat an einen Freund.

„Kira…“, versucht er mich zu unterbrechen, doch ich lasse ihn nicht und füge schnell hinzu: „Ich habe das Gefühl, unauthentisch zu sein. Ich möchte richtigen, echten und gewinnbringenden Content machen. Aber wie vermittelt man da Inhalt, wo alles so schnelllebig ist? Ausschnitte aus meinen Vorträgen kommen immer gut an, aber sobald ich in die Handykamera spreche, beginne ich zu zweifeln. Vielleicht bin ich einfach nicht für Social Media gemacht. Vielleicht ist das meine Achillesferse“, versuche ich, meine emotionale Achterbahn zu rechtfertigen.

„Kira, du stehst dir selbst im Weg! Reiß dich zusammen und mach deinen Job!“ Ich muss schlucken, als seine Worte aus dem Handylautsprecher scheppern. Ich weiß, dass er recht hat. Denn seit einem Erlebnis vor ein paar Wochen ist mir bewusst, dass *ich* allein das Problem bin.

Während einer Rooftop-Party kam ich mit mehreren Influencern und deren Managern ins Gespräch. „Hast du die 250k Follower schon geknackt?“, fragte mich einer von ihnen. Seltsam, wie schnell diese Zahl in manchen Situationen meinen Wert definiert, wobei es sich hierbei doch um Menschen handelt. Menschen, die ich ungern als eine Art Währung betrachten möchte.

„Ich stehe noch in den Startlöchern“, antwortete ich, in dem Versuch, einer entblößenden Situation aus dem Weg zu gehen.

Stundenlang lag ich in der darauffolgenden Nacht wach, während mir meine eigenen Worte „Ich stehe noch in den Startlöchern“ immer wieder im Kopf hämmerten. „Ja, Kira, du stehst noch in den Startlöchern, aber aus dem simplen Grund, weil *du* dich dafür entschieden hast“, sagte ich zu mir selbst. Ich hatte zu schnell aufgegeben. Hatte mich nach den ersten Versuchen zu schnell damit abgefunden, dass es nicht funktionieren würde. Ich hatte nach Ausreden gesucht, um mich meinem anfänglichen Scheitern nicht stellen zu müssen. Habe meinem Team die Schuld für mein Aufgeben in die Schuhe geschoben. Und daher stand ich wenig überraschend noch immer in den Startlöchern.

Lange Zeit habe ich die Arbeit und das Leben von Influencern kritisch beäugt, ja, in manchen Momenten sogar belächelt. Mittlerweile kann ich allerdings besser nachvollziehen, wie hart dieser Job sein kann, wie viel investiert werden muss, um Resultate zu sehen, und dass es mehr braucht als nur stumpfes Posten von Beiträgen und Reels. Auch wenn es anfangs nicht so scheint, braucht es Marketing und Kontinuität sowie Zeit, Planung und Struktur. Heute habe ich einen gewissen Respekt vor der Leistung vieler Content Creator, da ich jetzt nachvollziehen kann, wie intensiv sie für diese Reichweite gearbeitet haben.

Trotzdem finde ich auch weiterhin vieles an der Arbeit von Influencern fragwürdig. Und ja, ich finde es auch weiterhin befremdlich, das Handy vor mein Gesicht zu halten, in die Kamera zu sprechen und mein Leben zu dokumentieren, aber manchmal muss man auch in kleinen Dingen über sich hinauswachsen.

Als ich kurze Zeit nach dem Telefongespräch die erste Absage für eine Kooperation aufgrund meiner zu geringen Reichweite bekomme, weiß ich, dass ich etwas ändern muss. Ab jetzt reiße ich mich zusammen und mache meinen Job. Ein paar Tage später nehme ich meine erste Social-Media-Kooperation an. Ein Alltagsprodukt. Nichts, was ich mir selbst kaufen würde. Dennoch etwas, wofür ich Verwendung finde. Eines, das ich über mehrere Monate in meiner Instagram-Story bewerben soll.

Nach Ablauf der Kooperationszeit werden mir zehn Prozent des Gewinns ausgezahlt. Als ich den überwiesenen Betrag auf meinem Bankkonto sehe, muss ich laut lachen. Eine einzige Person hat über meinen Rabattcode eingekauft. Vier Euro und zehn Cent sind dabei an mich gegangen. Ich muss grinsen. Ich bin die geborene Influencerin.

Grenzen und Grenzüberschreitungen

Die Aufzugstür öffnet sich mit einem leisen „Pling“, und eine Flut an lauter Musik, der Geruch von gebratenem Fleisch und das dumpfe Surren unzähliger Gespräche empfangen mich. Auf dem Weg zur Bar drücke ich mich an einer Gruppe älterer Herren mit Zigarren vorbei. Ich spüre ihre starrenden Blicke in meinem Rücken, als ich mich von ihnen entferne. Zwischen dem gedimmten Licht und dem wummernden Bass halte ich kurz inne und genieße den warmen Sommerwind, der durch die offenen Balkontüren zieht. Das ist vielleicht mein letzter ruhiger Moment für heute Abend. Ich bin zu einem mehrtägigen Event eines wichtigen Kunden eingeladen und geselle mich zu meiner Managerin, um gemeinsam mit ihr das „get together“ dieser Veranstaltung zu verbringen. Neben uns sitzen Politiker, ehemalige Profisportler und Fußballtrainer, die mit Moscow Mule und Gin Tonic anstoßen.

„Darf ich der schönen Frau einen Cocktail ausgeben?“, fragt einer von ihnen charmant. „Danke, ich trinke nicht“, antworte ich freundlich und füge hinzu: „Aber zu einem Orangensaft würde ich nicht Nein sagen.“

Die Stunden vergehen wie im Flug. Die Musik wird lauter, die Luft stickiger und die Promille steigen stetig. Und während immer weiter getrunken, gegessen, geredet und getanzt wird, sind ihre Hände überall. Auf meinem Knie und Oberschenkel, während ich an der Bar sitze. Sich in meine Taille grabend, während sich einer von ihnen unangenehm nah an mir vorbeidrückt. An der untersten Stelle meines Rückens, als um ein gemeinsames Foto gebeten wird. Selbst während ich über das neue Konzept von Miss Germany spreche und von dem Inhaber Max Klemmer erzähle, der keine „Fleischbeschau" mehr veranstalten möchte, legt mein Gesprächspartner mitfühlend seine Hand auf meinen Rücken und fährt mit dieser von meiner Wirbelsäule aus an meinem BH entlang, langsam aber sicher in Richtung meiner Brüste. Er stoppt erst kurz bevor er sie berührt und lässt seine Hand weiterhin lächelnd genau dort liegen. Ich beginne zu schwitzen. Hat das niemand gesehen? Will es niemand sehen? Ist es ihnen egal? Meine Managerin Katha ist in ein anderes Gespräch vertieft und sieht meine hilfesuchenden Blicke nicht. Ich versuche meine Panik zu überspielen, winde mich aus der seltsamen Berührung und ziehe sachte, aber entschieden meine Hand zurück, die schon viel zu lange von seiner anderen festgehalten wurde. Situationen, die, neben überschwänglichen Komplimenten zu meinem Äußeren sowie schlechten anzüglichen Witzen, im Minutentakt stattfinden.

Am darauffolgenden Abend sitzen wir zufälligerweise wieder am selben Tisch wie die Herren, mit denen wir schon am Abend zuvor den Großteil unserer Zeit verbracht haben. Ein riesiger Kronleuchter schmückt den Saal und am Tisch wartet bereits das Thunfischtartar als Teil des folgenden 5-Gänge-Menüs auf mich. Es wird leise, als der Veranstalter die Bühne betritt.

„Guten Abend, Herrschaften!", sagt er mit einem breiten Grinsen ins Mikrofon und hebt sein Sektglas in die Luft. Achtzig Prozent der Anwesenden sind Männer. „Ich hoffe, Sie hatten einen fantastischen Tag. Zum krönenden Abschluss habe ich etwas ganz Besonderes für Sie arrangiert!"

Während als zweiter Gang Rinderfilet mit Pastinakenpüree und gedünstetem Brokkoli serviert wird, färbt sich das Licht im Raum plötzlich rot. Erwartungsvoll starre ich auf die Bühne. Im blendenden Scheinwerferlicht erscheint eine leicht bekleidete Tänzerin in funkelnder Glitzerunterwäsche. Als sie zu tanzen beginnt, kann ich meinen Augen kaum trauen. Eine Bourlesquetänzerin ist der krönende Abschluss? Ihr eleganter, sinnlicher und scheinbar müheloser Tanz an der Stange zieht die Blicke der Zuschauer an wie das Licht die Motten. Ihr Rücken biegt sich immer wieder, während sie mit ihren Händen sinnlich über ihre Haut fährt.

Als frenetischer Jubel ausbricht und anerkennende Pfiffe durch den Raum schallen, spüre ich den puren Ekel in mir aufkommen. Ich starre erst genervt zu Katha und anschließend an die Decke, um die roten, tanzenden Scheinwerfer zu beobachten und dieses unangebrachte Spektakel nicht länger mit ansehen zu müssen.

Bleib professionell, Kira!, ermahne ich mich im Stillen, doch alles in mir sträubt sich dagegen. Diese Show erscheint mir wie eine groteske Inszenierung menschlicher Begierde, eine verzerrte Darstellung von Intimität, die während des Essens präsentiert wird: „Guten Appetit, hier ist Ihre Nachspeise, eine fast nackte Frau auf der Bühne." Der Appetit ist mir allerdings vergangen.

Anstatt noch länger verärgert an die Decke zu starren, drücke ich mich mit meinem ganzen Gewicht auf den Stuhl, schiebe ihn mit meinen Beinen vom Tisch weg und lasse die Stuhlbeine laut kratzend über den Boden schleifen. Ein kindisches Verhalten. Aber ich will, dass sie mich hören. Ich will, dass sie mich sehen. Langsam drehe ich mich angewidert und kopfschüttelnd von der Bühne weg, unfähig, dem Spektakel länger zuzusehen. Ich will, dass alle wissen, dass ich es nicht gutheiße. Ich ärgere mich über mein kindisches Verhalten, aber mehr noch über das Event. Wegschauen ist heute Abend meine Form des Protestes. Vielleicht sogar die einzige Form, die mir möglich ist.

Der Applaus und die Pfiffe erreichen ihren Höhepunkt, als die Tänzerin sich in einer letzten provokanten Pose an der Stange rekelt. Selbst als sie die Bühne längst verlassen hat und die richtige Nachspeise serviert wird, tuschelt und lacht die Menge weiter. Alte und junge Männer, Personen des öffentlichen Lebens, Ehemänner mit Frauen und Kindern und Verantwortung, die stehend und jubelnd eine junge Frau angaffen und ihr zurufen. Ich fühle mich wie im falschen Film.

Als der Abend sich endlich dem Ende neigt, brennen meine Füße nach den unzähligen Stunden in meinen schwarzen Pumps. Bevor es ein letztes Mal in die Rooftop-Bar geht, will ich meinen Hosenanzug loswerden und in etwas Gemütlicheres schlüpfen. Ein flaches Paar Schuhe steht ganz oben auf der Liste. Barfuß laufe ich über den Teppichboden des Hotelflurs, dicht gefolgt von einem der Männer, mit denen wir die letzten beiden Abende verbracht haben. Ich höre seinen Scherzen halbherzig zu, während wir gemeinsam den leeren Flur entlanglaufen. Er ist charmant. Vielleicht ein bisschen zu charmant. Zufälligerweise liegt mein Zimmer direkt neben seinem. Ich öffne die Tür. Drehe mich zu ihm um. Doch anstatt mir meine Sachen zu geben, versteckt er sie hinter seinem Rücken. Er hatte darauf bestanden, sie für mich zu tragen.

„Willst du sie etwa behalten?“, versuche ich es charmant und ziehe eine Augenbraue nach oben. Innerlich rast mein Herz. Ich habe Angst. Er ist angetrunken und ich kann ihn und sein stetiges leichtes Lächeln überhaupt nicht einschätzen. Er starrt mich an.

„Natürlich nicht“, sagt er mit ruhiger Stimme und lächelt noch breiter. Er ist nicht nur charmant, er ist auch freundlich. Im Augenwinkel hatte ich gesehen, wie er meine leise Protestaktion während des Abendessens amüsiert beobachtet hat. Doch er ist trotz dieser leisen Kritik freundlich geblieben. Er war auch die letzten Tage freundlich, doch meist nur eine Handbreit davon entfernt, mir zu nah zu kommen. Nichts, wofür man ihn hätte anschwärzen können. Immer charmant und nett. Ich greife beherzt nach meinen Klamotten und gehe einen Schritt zurück. Lächle ihn an. Behalte aber jede seiner Bewegungen im Blick.

„Wir sehen uns oben, ich muss mich nur eben frisch machen“, versuche ich das Gespräch zu beenden.

Ein langsames Nicken. Er starrt mich immer noch lächelnd an. Völlig gelassen antwortet er: „Ich brauche auch noch einen Moment, um unter die Dusche zu hüpfen. Das könnten wir auch gemeinsam machen und du seifst mir dabei den Rücken ein."

Er sagt es, als wäre es etwas Normales, etwas Selbstverständliches. Teil eines alltäglichen Gesprächs. Sein Name ist nicht unbekannt, und ich frage mich, was manch einer sagen würde, wenn er wüsste, was hier gerade passiert. Zudem könnte er aufgrund des Altersunterschieds problemlos mein Vater sein.

Ich überspiele meine Unsicherheit mit einem Lachen und antworte schnell: „Wir sehen uns gleich", während ich weiterhin lächelnd die Zimmertür schließe.

Minutenlang bleibe ich im dunklen Hotelzimmer stehen. Mein Herz rast. Was, wenn er mich in mein Zimmer gestoßen hätte? Ich hätte mich nicht wehren können. Ich wäre zu schwach gewesen. Dann hättest du versucht, dich im Bad einzuschließen, versuche ich mich selbst zu besänftigen. Innerlich hatte ich mich schon auf alles vorbereitet. Unvorstellbar, was gewesen wäre, wenn ich etwas getrunken hätte! Einer der Gründe, warum ich seit der Wahl zur Miss Germany keinen Alkohol in der Öffentlichkeit konsumiere. Eine selbst gesetzte Grenze, um die Kontrolle zu behalten und in solchen Momenten einen klaren Kopf zu haben.

„Das hätte nicht passieren dürfen", murmele ich immer wieder, während ich langsam auf den Boden rutsche und den Hinterkopf an die Wand lehne. Nur ein einziges Mal hat mich meine Managerin nicht zum Zimmer begleitet. Aber dieses eine Mal hat gereicht. Ich kämpfe mit den Tränen und würde das Zimmer am liebsten nie wieder verlassen. So habe ich mir die Glamourwelt nicht vorgestellt. Wie oft finden solche

Momente, solche Anspielungen, solche Grenzüberschreitungen hinter den Kulissen wohl statt? Und wie oft wird kein Wort darüber verloren? Auf Instagram poste ich später einen Tagesrückblick. Er zeigt Videos des Essens, meines Outfits und mein lachendes Gesicht. Was hätte ich auch anderes posten sollen? Wie ich weinend in meinem Hotelzimmer sitze?

Wann fängt eigentlich ein sexueller Übergriff an?, denke ich, während ich vorsichtig meine Zimmertür öffne, um zu prüfen, ob er im Gang auf mich wartet. Reichen starrende Blicke? Sind Worte schon genug? Oder braucht es erst eine Berührung? Was, wenn es „nur" die Taille ist? Nur eine kurze Berührung an den Rippen? Eine zu lange Umarmung? Oder ein Streicheln über den unteren Rücken? Muss es erst der Intimbereich sein?

Als ich mich umgezogen habe, renne ich an seiner offenen Zimmertür vorbei, höre dabei ein seltsames, schmerzhaftes Stöhnen und zwinge mich, nicht zurückzuschauen. Einfach weiterrennen!, ermahne ich mich und bleibe erst stehen, als ich die Rooftop-Bar betrete und meine Managerin entdecke.

Laut Strafgesetzbuch kann ein sexueller Übergriff schon mit anzüglichen Bemerkungen beginnen. Das begreife ich rein kognitiv. Aber meine Erlebnisse und Erfahrungen haben sich emotional in mir festgesetzt. Und diese Angst und die Machtlosigkeit können in mir durch keinen Gesetzestext der Welt behoben werden.

***

Wenn ich die Geschehnisse aus meiner Jugendzeit bis heute Revue passieren lasse, dann merke ich, wie sie mich verändert haben. Von der kalten Hand meines besten Freundes über den viel älteren Hausmeister bis zu jenen aufdringlichen Momenten auf dem Event. Sie haben mich sensibler und auch empfindlicher werden lassen. Früher wäre mir eine Berührung wie die innige Umarmung eines Veranstalters vielleicht gar nicht negativ aufgefallen. Heute ist das anders. Manchmal tut es mir fast schon leid, denn ich weiß, dass ich damit einigen Menschen unrecht tue. Vor allem Männern. Ich möchte sie eigentlich nicht vorverurteilen, aber ich merke, dass es mir schwerfällt. Und gleichzeitig schätze ich meine neue Sensibilität. Bei unterschiedlichsten Events fiel mir dadurch auf, wie unbewusst unangenehme Situationen entstehen, wenn Nähe und Distanz falsch eingeschätzt werden. Zu lange Umarmungen oder meine Hand, die nach der Begrüßung das ganze Gespräch über gehalten wird. Kommentare wie „Keine Angst, ich komm dir schon nicht zu nah. Nicht dass du noch denkst, ich will dich vergewaltigen." Oder das Bestehen darauf, mir den Koffer bis in das Hotelzimmer zu tragen. Momente, in denen ich nicht einschätzen kann, ob diese Männer naiv handeln und nicht wissen, was sie dadurch in mir auslösen, oder ob dies schon kleine bewusste Übergriffe sind. Aber all diese Situationen und auch die Begebenheit auf dem Event haben mir gezeigt, dass ich klare Grenzen setzen muss, damit es gar nicht erst zu solchen Situationen kommen kann. Glücklicherweise bin ich dem nicht allein ausgeliefert. Ich habe mein Management-Team im Rücken, mit dem ich gemeinsam diese Grenzen setze und stetig an neuen arbeite.

Bei großen Events werde ich optimalerweise von mindestens einer Person aus dem Management begleitet, damit unangenehme Situationen bestmöglich vermieden werden und durch ein kurzes Handzeichen interveniert werden kann. Zudem werden die Veranstalter im Vorfeld darüber informiert, dass ich weder umarmt noch auf mein Hotelzimmer gebracht werden möchte. Falls ich doch allein unterwegs sein sollte, suche ich bei Großveranstaltungen im Voraus vertrauensvolle Menschen, die ich bereits kenne und die mich nach dem Event zum Hotel bringen können. Durch all das versuche ich, natürliche Grenzen zu ziehen und mich zu schützen, indem ich die Chancen auf eine Wiederholung derartiger Vorfälle minimiere. Diese Maßnahmen helfen mir, mich weniger ausgeliefert zu fühlen. Dennoch bleibt die Angst, dieses beklemmende Gefühl der Machtlosigkeit. Ein Gefühl, dass ich von ganzem Herzen verabscheue.

Bei einer Podiumsdiskussion an einer Universität diskutiere ich über Schönheit. Neben mir auf der Bühne sitzt eine dozierende Philosophin. Wir tauschen Gedanken aus und stellen uns anschließend den Fragen des Publikums.

Im Nachhinein gehen mir viele Gedanken durch den Kopf. Eine junge Frau hatte in der offenen Runde die von mir geschilderten Übergriffe angesprochen und gefragt, wie ich mich nun davor schützen würde. In meiner Antwort verwies ich auf grundsätzliche gesellschaftliche Problemen und auch – wie in meinem Fall – auf die verbesserte Kommunikation vor Events. Doch das stellte sie offensichtlich nicht zufrieden, denn sie hakte mit den Worten nach: „Und dann nimmst du das alles einfach wortlos hin?“

Ein Schlag ins Gesicht, ich fühlte mich ertappt. Die Frage erinnerte mich erneut an meine Erlebnisse von vor einigen Jahren. Bis heute habe ich nicht vergessen, dass ich es damals wirklich versucht habe. Ich wollte darüber sprechen! In mir war irgendwann eine solche Sehnsucht nach Gerechtigkeit, dass ich mich trotz meiner Angst vor Ablehnung anderen Menschen anvertraute. Immer und immer wieder auf verschiedene Art und Weise habe ich versucht, darüber zu sprechen. Ich wollte es nicht wortlos hinnehmen. Aber es hat einfach niemand wirklich hingehört, geschweige denn es ernst genommen. Es wurde weggelächelt oder meine Aussage schlichtweg geleugnet. Damit hat sich nicht nur nach den Übergriffen meines besten Freundes nichts geändert, sondern auch meine verschiedenen Bemühungen um die Erlebnisse mit dem Hausmeister verbesserten die Lage nicht. Ich blieb zurück. Allein und voller Angst.

Heute erwische ich mich manchmal dabei, dass ich in grenzwertigen Situationen oder bei kleinen Übergriffen dazu tendiere, es wortlos hinzunehmen, einfach weiterzulächeln. Vielleicht weil ich es müde bin, mich bei einer Großzahl an Events damit auseinandersetzen zu müssen. Vielleicht aber auch deshalb, weil mir aufgrund meiner Erfahrungen eine leise Stimme zuflüstert, dass es doch sowieso nichts bringen wird. Ein fataler Gedanke, der mich fast schon anekelt, der gleichzeitig aber auch bewirkt, dass ich mich dazu zwinge, für mich selbst einzustehen und es *nicht* wortlos hinzunehmen.

In der Öffentlichkeit habe ich mich zu diesem Thema allerdings noch nicht geäußert. Es ist kein einfaches und vor allem bei mir auch noch ein emotional vorbelastetes. Diesbezüglich eine neutrale und rationale Aussage zu treffen, fällt mir deshalb schwer. Meine folgenden Worte sind also weder eine gesellschaftliche Analyse noch ein Lösungsvorschlag, sondern der Versuch, *meine* ganz persönlichen Gefühle und Gedanken aufgrund dessen, was ich gesehen und erlebt habe, zum Ausdruck zu bringen.

Manchmal scheint es, als würden sich Menschen allein vor dem Begriff „sexueller Übergriff" fürchten. Als wäre er eine schmutzige, klebrige Masse, die alles, womit sie in Berührung kommt, mit nicht auswaschbaren Flecken verunreinigt. Es kommt mir so vor, als würde man das Thema genau aus diesem Grund in vielen Bereichen noch immer lediglich mit den Fingerspitzen berühren oder Vorfälle unter den Tisch kehren und totschweigen. Es braucht viel Mut, einen sexuellen Übergriff anzusprechen. Egal, wie groß oder klein er ist. Ein Prozess, in dem man sich selbst unglaublich verletzlich macht. Weshalb es manchmal fast einfacher scheint, den Vorfall zu akzeptieren und für sich zu behalten.

Ich weiß, wovon ich spreche. Das Schlimmste, was in diesem Öffnungsprozess passieren kann, ist, nicht ernst genommen zu werden. Ein Gefühl, mit dem ich bis heute immer wieder konfrontiert bin und mit dem ich besonders als junges Mädchen nicht umzugehen wusste. Ein Gefühl, das dazu führen kann, lieber zu schweigen, als die Wahrheit auszusprechen. Nicht ernst genommen zu werden oder Sätze zu hören wie „Ach, das ist doch nicht so schlimm", „Sei nicht so empfindlich", „Bist du dir sicher, dass *du* keine Signale gesendet hast?" oder „Das hat er sicher nicht so gemeint. Das hast du bloß reininterpretiert", fühlt sich an wie ein Schlag ins Gesicht.

Beides bringt Menschen dazu, schweigend zu leiden, vor lauter Angst, abgelehnt zu werden. Abgelehnt für eine Sache, die ihnen angetan wurde. Alles, was bei mir damals übrig blieb, war eine Mischung aus Wut, Unverständnis und Hoffnungslosigkeit. Nichts, was ich in so einem Fall irgendjemandem wünschen würde.

Ich erinnere mich daran, dass Joko und Klaas einmal ihre Sendezeit von ProSieben nutzten, um über Vergewaltigung und sexuelle Übergriffe zu sprechen. Ich saß in meinem Zimmer und weinte. Es war das erste Mal, dass ich mich ansatzweise verstanden fühlte. Me too, habe ich damals gedacht.

Aber mittlerweile ist aus „me too" eher ein „Nicht auch noch die!" geworden. Ein ausgelutschtes Thema, das nur noch die Art von Frauen ansprechen, die sich nach Aufmerksamkeit sehnen. So kommt es mir zumindest manchmal vor, wenn ich sehe, wie Menschen mittlerweile mit Kopfschütteln und Augenverdrehen bei einer aufgedeckten Übergriffsgeschichte reagieren. Nur dass „me too" kein Fashion- oder TikTok-Trend ist, der nach einigen Wochen oder Monaten wieder abflacht. Es ist kein Thema, das durch einen einmaligen Medienhype geklärt und verändert wird. Es ist nichts, was jemals ausgelutscht sein könnte. Und nein, es wird nicht weniger schlimm, wenn einem Tausende von Menschen im Internet gut zusprechen oder für einen Stellung beziehen. Aber es setzt ein Zeichen. Es öffnet Räume, damit sich betroffene Menschen überhaupt erst trauen, offen mit dem umzugehen, was sie erleben mussten. Egal, wie groß oder klein der Übergriff gewesen ist. Ein junges Mädchen traut sich doch viel eher, das übergriffige Verhalten eines älteren Mitschülers zu melden, wenn es weiß, dass es auf positive Resonanz stoßen und nicht dafür ausgeschlossen oder anders behandelt wird. Doch solange ein sexueller Übergriff weiterhin wie eine Krankheit, wie diese schmutzige, klebrige Masse behandelt wird, ist es nicht verwunderlich, dass Geschichten erst nach Jahren oder niemals ans Licht kommen.

Was mir damals gefehlt hat, war Solidarität. Ich hätte all das vielleicht viel früher und gesünder verarbeiten können, hätte sich meine beste Freundin Celine in dieser Zeit hinter mich gestellt. Hätte meine Hausleitung während der Ausbildung nicht nach Ausreden gesucht und die Vorfälle kleingeredet. Hätten mich meine Kollegen nicht ignoriert und ausgeschlossen. Wären meine Eltern vielleicht etwas beharrlicher gewesen, als nach dem ersten Gespräch keine Ergebnisse erzielt wurden.

Gleichermaßen weiß ich, trotz der innerlichen Kampfhaltung, in die ich bei dieser Thematik häufig verfalle, dass zu der positiven Entwicklung bezüglich dieses Themas auch immer eine Gegenentwicklung gehört. Glücklicherweise hat sich in der Wahrnehmung und Bewertung von sexuellen Übergriffen mittlerweile einiges getan – gerade auch durch eine stärkere Medienpräsenz. Das ist ein großer Fortschritt, der dazu führt, dass immer mehr Täter zur Rechenschaft gezogen werden. Aber es ist fatal, dass diese neu gewonnene verbale Macht auch schamlos ausgenutzt wird, primär von Frauen. Das macht es immer schwieriger, ein echtes Erlebnis und erfundene „Fakten“, die Mittel zum Zweck sind, auseinanderzuhalten. Und die, die am Ende die Konsequenzen für all das tragen müssen, sind die Betroffenen. Denn es ist nicht verwunderlich, dass Menschen zwischen so vielen Lügen in solchen Fällen eine Skepsis entwickeln, die leider auch mir zum Hindernis wurde. Am Ende ist es also nicht nur der Mann, der sich in den meisten Fällen an der Frau vergreift, sondern auch die Frau, die durch einen erfundenen Vorfall für eine andere die Wahrscheinlichkeit schmälert, ernst genommen zu werden.

In mir hat sich in den letzten Jahren so viel Wut und Frust angesammelt, dass ich manchmal überhaupt nicht weiß, wohin mit all dem. Weswegen es auch in Zukunft herausfordernd für mich bleiben wird, über dieses Thema zu sprechen. Aber wortlos hinnehmen werde ich es nicht. Deshalb schreibe ich. Ein großer Teil dieses Buches behandelt einige meiner Erlebnisse. Es kostet mich Kraft, aber vielleicht ermutigt meine Geschichte andere Betroffene dazu, ebenfalls über ihre Geschichte zu sprechen. Um sich einem Übergriff zu stellen, muss man am Ende kein Buch schreiben. Als erster Schritt kann es schon helfen, sich nur einer Person anzuvertrauen, die wirklich empathisch zuhört. So wie ich mich damals Johannes anvertraut habe, unserem Jugendkreisleiter. Denn wortlos etwas hinzunehmen, würde bedeuten, die Angst gewinnen zu lassen. Das habe *ich* nicht vor. Und ich hoffe, du auch nicht.

***

Monate später bin ich auf dem Berliner Straßenstrich. „Das sind zwei von ihnen“, erzählt mir Emily, die junge Leiterin des Frauenhilfsprojektes *Alabaster Jar*, mit dem ich ab sofort zusammenarbeiten werde. Sie kennt fast alle hier mit Namen. Mein Herz schmerzt, als ich in die Richtung schaue, in die sie gezeigt hat. Zwei junge Frauen, fast noch Mädchen, stehen vor dem Eingang eines Geschäftes. Junge Frauen, die wahrscheinlich noch keine achtzehn sind. Junge Frauen, bei denen ich vermutet hätte, dass sie lediglich auf ihre Freunde warten, um dann mit Weinschorle und Sushi für den Filmabend nach Hause zu fahren.

„Bist du dir sicher?“, flüstere ich in Emilys Richtung. Sie nickt mit einem traurigen Lächeln. Als ich später in dem kleinen, nach Punsch duftenden Café sitze, das in wenigen Stunden die Türen als Zufluchtsort für genau diese Frauen öffnen wird, brauche ich einen Moment für mich. Die Realität des Rotlichtmilieus ist härter, als ich sie mir vorgestellt hatte. Hier habe ich keine Frauen angetroffen, die leichtfertig ihre Sexualität zur Schau stellen, wie es beinahe verharmlosend in so manchem Film dargestellt wird. Hier sind Frauen, die oft kein Wort Deutsch sprechen, geschweige denn verstehen können. Frauen, die von Zuhältern in weißen Vans, die immer und immer wieder um Block fahren, beobachtet werden. Frauen, die mit leeren Augen und teilweise vollgepumpt mit Alkohol und Drogen vor uns standen und in Tränen ausbrachen.

Emily hat mir im Vorfeld erzählt, dass die meisten von ihnen als minderjährige Mädchen aus ärmlichen Familienverhältnissen nach Deutschland gebracht wurden. Hier werden sie dann oft unwissend in die Prostitution gelockt.

„Viele von ihnen wohnen sogar in den Räumen, in denen sie auch ihre Kunden empfangen. Bei manchen entpuppt sich der anfängliche Freund irgendwann als Zuhälter.“ Unvorstellbar, wie machtlos sie sich fühlen müssen. Einmal im Milieu, ist der Ausstieg schwer. Das Team von *Alabaster Jar* versucht ihnen dennoch dabei zu helfen. Beispielsweise begleiten sie die Frauen zu Arztterminen oder fungieren als Ansprechpartnerinnen. Während ein paar der Mitarbeiterinnen im entsprechenden Stadtteil unterwegs sind, um die Frauen auf einen Tee in das Café einzuladen, stehe ich hinter einem kleinen Tisch auf dem Gehweg und verteile „Hope-Boxen". Jede der Frauen hat die Möglichkeit, sich eine der kleinen Kisten mit Bekleidung, Hygieneartikeln, Süßigkeiten und Make-up abzuholen. Bei Bedarf bekommen sie Kondome dazu und bei Interesse auch eine Bibel in ihrer Muttersprache. Während ich die Päckchen übergebe, mache ich jeder einzelnen ein kleines Kompliment. „Du siehst toll aus." – „Ich liebe deine Haare." – „Du bist wertvoll." Ihre Augen strahlen und mein Herz weint. Immer wieder muss ich mich umdrehen, um mein Gesicht und die tränennassen Augen in der Dunkelheit zu verbergen.

Als ich später im Taxi zu meinem Hotel sitze, merke ich, wie emotional aufgewühlt ich bin, und versuche, den Abend zu reflektieren. Besonders erschreckend war es für mich, als Emily erzählte, dass neun von zehn Frauen die Arbeit gerne verlassen würden, wenn sie die Möglichkeit dazu hätten.

„Wie sehr den Frauen die Hände gebunden sind, kann man sich gar nicht vorstellen. Die meisten Leute denken, dass sie einfach von heute auf morgen aussteigen könnten, doch selbst wenn ihnen mit unserer Hilfe der Ausstieg gelingt, stehen sie häufig drei Wochen später wieder an derselben Stelle, und das nicht, weil *sie* sich dazu entschieden haben."

Eine Realität, die mir bis heute nicht in diesem Ausmaß bewusst war.

Nur wenige Straßenzüge weiter erkenne ich einige der Gebäude wieder. Erst vor zwei Wochen bin ich hier in glitzernder

Abendrobe neben verschiedenen Politikern und Promis über den roten Teppich gegangen und habe mit einem Cranberry-Thymian-Cocktail angestoßen. Zwei Welten, die nur wenige Minuten voneinander entfernt sind und die doch so viel voneinander trennt. Ich muss erneut schlucken. Der heutige Abend und die damit einhergehenden Erkenntnisse sind viel für mich gewesen. Aber ich will nicht nur auf roten Teppichen stehen, bei Events über Female Empowerment sprechen oder anderen bei ihren „Wie wir nachhaltige Veränderung leben"-Vorträgen zuhören. Ich will da sein, wo man Frauen aktiv sehen und stärken kann. Situationen, in denen man nicht nur über nachhaltige Veränderungen spricht, sondern auch genau das lebt. Ich will beides. Beide Welten und nicht nur eine Realität.

In meinem Leben habe ich bisher einige Situationen erlebt, in denen ich mich hilflos gefühlt habe. Während des sexuellen Übergriffs im Zimmer meines besten Freundes. Durch die jahrelangen sexuellen Anspielungen und Handlungen des Hausmeisters. Durch unangebrachte Kommentare, Berührungen und abstoßende Angebote auf Events. Selbst durch manch gut gemeinte und dennoch zu intime Berührung bei einer Begrüßung oder Verabschiedung empfinde ich manchmal so. Aufgrund dieser Vorkommnisse berate ich auch weiterhin mit meinem Team darüber, wie es gelingen kann, mich besser zu schützen. Aber ich möchte dabei nicht all jene aus den Augen verlieren, die sich nicht nur manchmal in schutzlosen Situationen befinden, sondern permanent darin gefangen sind. Deshalb ist es mir ein wichtiges Anliegen, Projekte wie *Alabastar Jar* zu unterstützen.

Wer ist die Schönste im Land?

Es ist 2013.
Ich stehe nach dem Schwimmunterricht in der Umkleide.
Die Mädchen neben mir vergleichen den Umfang ihrer Oberschenkel.
Meine sind dicker als ihre.
Seitdem fallen mir meine dicken Oberschenkel auf.
Ich schäme mich und bedecke sie ab sofort beim Sitzen mit einem Kissen.
Es ist 2016.
Ich brauche ein Dirndl für das Schulpraktikum im Hotel.
Die Bluse ist zu groß.
Meine Freundin lacht über meine kleinen Brüste.
Seitdem fallen mir meine zu kleinen Brüste auf.
Ich schäme mich und greife zur Sockenschublade.
Es ist 2019.
Ich sitze in kurzer Hose mit Freunden am Lagerfeuer.
Einige Jungs nennen meine Waden Elefantenbeine.
Seitdem fallen mir meine stämmigen Waden auf.

Ich schäme mich und verlasse das Haus nur noch in weiten, langen Hosen.
Kommentare, die mich treffen.
Komplimente, die ausbleiben.
Worte, die noch Jahre später nachhallen.
Immer mit der Frage:
Bin ich schön genug?

Als ich die Augen öffne, weiß ich nicht, wo ich bin. Ich taste nach meinem laut piepsenden Handy und erkenne erst nach mehrmaligem Blinzeln das Hotelzimmer. Was ist heute für ein Tag? Freitag? Bin ich in Hamburg? Ich reibe mir den Schlaf aus den Augen und starre auf das Display. 8:12 Uhr. Ich fühle mich wie vom Lastwagen überfahren. Die Nacht war eindeutig zu kurz. Heute ist Tag sieben meiner Reise. Sieben Tage, sieben Städte, sieben Hotels. Wenig später klingelt mein Wecker erneut. Das denke ich zumindest, bis ich eine unbekannte Nummer auf dem Display entdecke. Haben wir schon neun Uhr?

„Guten Morgen, Frau Geiss. Maximilian Sepp von der ZEIT am Telefon. Passt es Ihnen gerade?"

Ich bejahe, während ich noch im Schlafanzug auf dem Hotelbett sitze. Seit Tagen freue ich mich auf dieses Interview, denn ich habe die Hoffnung, hinterher einen gehaltvolleren Artikel als in den Klatschzeitschriften vorzufinden.

„Glauben Sie, Gott hat Ihnen geholfen, Miss Germany zu werden?"

Ich muss schmunzeln. Eine ganz schön große Frage für den Gesprächseinstieg, und dann auch noch so früh am Morgen.

„Wer weiß", antworte ich achselzuckend. „Vielleicht ist es Teil seiner Idee für mein Leben. Ich habe nie gebetet, Miss Germany zu werden. Dafür aber seit der Bewerbung, dass er meinen Weg so führen soll, wie es für mein Leben richtig ist. Simpel gesagt: Ich habe versucht, die Kontrolle abzugeben. Wenn Gott will, dass ich das Studium beende, dann soll es so sein. Und wenn er meint, dass die Reise als Miss Germany das Richtige für mein Leben ist, war und bin ich auch bereit, andere Dinge aufzugeben und mich dieser Herausforderung zu stellen. Im Endeffekt sind wir intellektuelle Wesen, die selbst Entscheidungen treffen können, und so habe ich mich dazu entschieden, an diesem Wettbewerb teilzunehmen. Was aus solchen Entscheidungen entsteht, möchte ich aber ganz bewusst in Gottes Hände legen – auch wenn es für manche vielleicht befremdlich klingen mag. In mir ist deshalb definitiv die Hoffnung, dass er all das zusammengeführt und meine Entscheidung begleitet hat."

Meine Gedanken schweifen ab und wandern zurück zu den Momenten im finalen Camp, in denen ich mit mir gerungen habe. Schon seit geraumer Zeit stehe ich auf Bühnen von unterschiedlicher Größe, aber dort auf dieser Bühne fühlte es sich an wie ein Kampf. Mein Ziel mit der Kandidatur war es nie, im Mittelpunkt zu stehen, und auch nicht, dass möglichst viele Menschen meinen Namen kennen. Ich wollte und will für ein Thema einstehen, für das mein Herz brennt. Über junge Menschen sprechen, die mehr gehört und gefördert werden sollten, so wie ich es erlebt habe. Aus dem ganz simplen Grund, dass ich weiß, was sich dadurch in einem Leben verändern kann. Mit oder ohne Kirche.

Die große Bühne war lediglich Mittel zum Zweck. Je öfter ich aber auf ihr stand, in dem maßgeschneiderten Kleid, mit dem Make-up und den frisierten Haaren, und je öfter ich meinen Text probte, desto mehr hatte ich das Gefühl, selbst in den Mittelpunkt zu rücken. Als würde die Bühne eine kleine egozentrische Seite in mir hervorlocken, die dieses Herzensthema in den Hintergrund drängte. Das machte mir Angst. Einige Male bin ich eine Runde weitergekommen, musste beweisen, wie relevant die Thematik ist, und dabei habe ich immer gebetet, dass nicht ich, sondern eben mein Anliegen im Mittelpunkt stehen soll. Dadurch begann ich schließlich zu glauben, dass hinter dieser Reise wirklich eine Art göttliche Führung stecken könnte. Aber die egozentrischen Gedanken in mir brachten mich zum Zweifeln. Denn das Letzte, was ich wollte, war es, für *mich* auf dieser Bühne zu stehen. Als ich erfuhr, dass uns Frauen im Finale ein Gospelchor begleiten würde, fühlte es sich an wie ein kleines Zeichen. Eines, das mir inneren Frieden schenkte. So, als ob Gott sagen würde: „Es ist okay, ich kann auch mit dir auf großen Bühnen stehen."

„Mit oder ohne Gott, Sie sind es trotzdem geworden. Heißt das denn jetzt, Sie sind die Schönste im Land?", werde ich von der nächsten Frage des ZEIT-Journalisten in die Gegenwart auf meinem Hotelbett zurückgeholt. Es ist das erste Mal, dass mich jemand danach fragt und nicht einfach behauptet, dass ich eine Schönheitskönigin sei.

„Nein, auf keinen Fall. Das wäre das Letzte, was ich wollte. Was als schön empfunden wird, sollte nicht von einer Jury entschieden werden. Menschliche Schönheit ist höchst subjektiv, nichts, was gegeneinander aufgewogen oder anderen gar als Idealbild aufgezwungen werden sollte. Ich finde es fast schon perfide, was wir aus der Schönheit der Menschen gemacht haben. Wer bin ich, jemandem zu sagen, dass er schön genug ist oder eben nicht? Selbst im Fall von Patrick Dempsey und Ashley Graham, die vom *People Magazin* und der *Maxim* als ‚sexiest man and woman alive' benannt wurden, wird sich jemand finden lassen, der sie nicht attraktiv findet. An diesem Wettbewerb teilzunehmen, war für mich nur aufgrund des Konzeptwandels vertretbar. Die Krone wurde abgeschafft und die Körpermaße durch Inhalte ersetzt. Ich möchte mit meinem Namen und meinem Körper kein ungesundes Selbstbild in den Köpfen junger Menschen fördern und freue mich deshalb umso mehr, jetzt Teil von etwas sein zu dürfen, dass sich gegen diese Ideale ausspricht und Frauen mit allen Konfektionsgrößen und Hautfarben zeigt", antworte ich ihm.

Häufig erlebe ich, dass Menschen das alte Konzept in mich hineinprojizieren und versuchen, etwas aus mir zu machen, was ich nicht bin. „Aber Sie sind doch schlank und ein hübsches Gesicht haben Sie auch", wird argumentiert, wenn ich versuche, auf die Neuerungen aufmerksam zu machen. Ja, ich bin relativ schlank, habe lange Haare und mit den richtigen Tricks können selbst meine Beine lang aussehen. Ja, manch einer könnte behaupten, ich gehe in Richtung normschön. Für mich sind Schönheit und Attraktivität aber mehr als nur rein körperliche Aspekte. Ich finde Menschen schön, die eine positive Einstellung und einen optimistischen Blick auf das Leben haben. Menschen, die empathisch und humorvoll sind.

Menschen, die Leidenschaft in sich tragen und liebevoll mit ihren Mitmenschen umgehen. Diese Eigenschaften, diese Wärme, diese Ausstrahlung sind es, die einen Menschen für mich wirklich schön machen. Ich glaube, Gott liebt Ästhetik. Wenn wir davon ausgehen, dass er tatsächlich die Erde geschaffen hat, sollte spätestens beim nächsten Sonnenuntergang nichts mehr dagegensprechen. Aber ich bin mir sicher, dass die Art, wie wir heute mit Schönheit umgehen, diese Schönheit nicht würdigt, sondern sie vielmehr zerstört. Denn sobald man Menschen nur auf ihr Aussehen, die Herkunft oder das Alter reduziert, schwächt man meiner Meinung nach vor allem zweierlei: ihre Botschaft und ihre Persönlichkeit.

Es gibt Tage, an denen ich wütend bin, weil ich aussehe, wie ich aussehe. Wütend, weil mir Menschen aufgrund meiner Optik die Kompetenz absprechen. Während ich erzähle, werde ich unterbrochen, nur um mir durch die Blume mitzuteilen, dass ich keinen Inhalt brauche, weil ich doch schön bin. Eine so oberflächliche Bewertung von mir, von Menschen grundsätzlich, dass es fast schon weh tut! Niemand sollte aufgrund seines Aussehens, Alters, Geschlechts oder seiner Herkunft hinsichtlich seiner Kompetenz oder Attraktivität bewertet und eingeschränkt werden. Ich bin mehr als das, und bin es leid, mich dafür zu rechtfertigen.

„Finden Sie sich selbst schön?“, fragt mich der ZEIT-Journalist als Nächstes.

„Natürlich“, antworte ich prompt, pausiere dann aber kurz. Die Frage fordert mich heraus. „Aber ich mache meinen Wert und meine Schönheit schon lange nicht mehr von meinem Gewicht abhängig. Es gab vor einigen Jahren eine Zeit in meinem Leben, in der ich deutlich mehr gewogen habe. Nie war da das Gefühl von Schönheit, wenn ich in den Spiegel geschaut habe. Durch viel Sport und eine Ernährungsumstellung habe ich einiges an Gewicht verloren. Doch das Gefühl beim Blick in den Spiegel hat sich dadurch nicht verändert. Nur weil ich schlank geworden bin, habe ich mich nicht wie erhofft automatisch schön gefühlt. Über die Jahre ist mir bewusst geworden, dass Schönheit nichts ist, was einem von außen aufgezwungen werden kann. Schönheit ist für mich mehr ein inneres Gefühl und die Art, wie wir uns selbst sehen – und genau das auf eine gewisse Weise auch ausstrahlen. Am Ende glaube ich, dass Gott jeden Menschen ganz bewusst gewollt und auch schön geschaffen hat."

Doch ich lasse den Journalisten nicht an allen meinen Gedanken teilhaben. Mein Körper und Schönheit im Allgemeinen sind sensible Themen in meinem Leben und werden es vermutlich auch weiterhin bleiben. Mein Aussehen anzunehmen und wertzuschätzen, war ein langer Prozess. Kein einfacher. Und ist es häufig auch heute noch nicht. Immer wieder verfalle ich in ungesunde Verhaltensmuster. Oft sehe ich mich im Spiegel an und habe kein freundliches Wort für mich übrig.

Erst neulich bin ich während eines Termins fast in Panik verfallen. Während der Mitarbeiterbesprechung eines Jugendevents gab es einen vor lauter Öl nur so triefenden Käse-Nudel-Auflauf. Alles, woran ich bei jeder Gabel denken konnte, war die Menge an Fett, Kohlenhydraten und Kalorien, die auf meinem Teller zerflossen. Gedanken wie „Das kannst du dir nicht leisten", „Du hattest heute schon drei Mahlzeiten" oder „Morgen musst du dafür reduzieren" schossen mir einer nach dem anderen durch den Kopf. Gedanken, die alles andere als richtig und gesund sind. Viel schlimmer war aber die anschließende Panik, als der Leiter des Abends offenbarte, dass es einen Joghurt-ess-Wettbewerb geben würde. Im ersten Moment schien es so, als müsste ich daran teilnehmen. Vor lauter Angst, noch mehr Kalorien zu mir nehmen zu müssen, fing mein Herz an zu rasen. Innerlich legte ich mir bereits eine passende Ausrede zurecht.

Solche Momente sind in den letzten Jahren weniger geworden und holen mich dennoch immer wieder ein. Ich will kein Vorbild für Schönheit sein, wenn es keine gesunde Art der Schönheit und Körperwahrnehmung ist, die ich vorlebe.

Es fällt mir schwer, solche Geschichten mit anderen zu teilen, doch genau aus diesem Grund sträubt sich alles in mir gegen den Gedanken von Schönheitswettbewerben. Es gibt Tage, an denen ich Angst habe. Angst vor Essen. Vor Sport. Vor Social Media. Vor Kalorienangaben und Fitnessinfluencerinnen. Angst davor, wieder in den Strudel zu geraten, in dem ich vor ein paar Jahren gefangen war. Ich wünsche niemandem diesen Kampf mit sich selbst. Und nichts von dem, was ich sage oder lebe, soll dieses Gefühl bei anderen auslösen. Aber diese Verletzlichkeit in Bezug auf meinen Körper und meinen Selbstwert in den Medien preiszugeben, war mir bis jetzt noch zu riskant. Schließlich würde ich damit die Kontrolle darüber verlieren, wie und was darüber berichtet wird. Kaum jemand in meinem Umfeld weiß von meiner Essstörung, die mich seit Jahren begleitet. Zunehmend meine ich, es verheimlichen zu müssen, um mich selbst zu schützen. Gerade weil es so ein sensibles Thema ist, will ich nicht, dass davon am Ende alles überschattet wird, was ich zu sagen habe. Jetzt und in Zukunft.

***

Sein Händedruck ist stark. Er riecht nach Rauch. Ein dünner Schal ist um seinen Hals gewickelt und eine seiner Haarsträhnen hängt ihm ins Gesicht. Er ist vielleicht Mitte fünfzig, trägt einen Dreitagebart und lächelt freundlich bei unserer Begrüßung. Sein Gesicht vermittelt den Eindruck, dass er schon viel gesehen hat. Maurice Weiss. „Kaffee?", fragt er und nickt in Richtung meines Lieblingscafés auf der anderen Straßenseite. Ich nicke.

Nach unserem ersten Emailkontakt war ich verwundert gewesen. Die Frage nach meinem Lieblingsort oder -restaurant hatte mich irritiert. Eine untypische Anfrage. In letzter Zeit hatte ich einige Fotografen getroffen, die innerhalb einer halben Stunde und ohne viel zu reden ein paar Fotos von mir geschossen und im Anschluss zügig zum nächsten Termin aufgebrochen waren.

„Ich nehme mir gerne Zeit, um die Menschen kennenzulernen, die vor meiner Kamera stehen. Jeder kann heutzutage fotografieren, zumindest haben viele die technischen Voraussetzungen dafür. Aber ich will wissen, wer du wirklich bist", erklärt er mir, während wir das Café betreten. Es ist laut und voll. Keine Chance, hier einen Sitzplatz zu bekommen, denke ich mir. Doch die Bedienung an der Theke winkt mich zu sich. „Herzlichen Glückwunsch zum Sieg", sagt sie augenzwinkernd. „Ich habe erst vor Kurzem einen Artikel über dich gelesen."

Überrascht lächle ich sie an und halte schnell meinen Zeigefinger vor den Mund. „Das bleibt unser kleines Geheimnis okay?“, frage ich sie leise lachend, in der Hoffnung, dass niemand unserer Konversation zugehört hat. Das hier ist mein Ort. Hier möchte ich lieber unerkannt bleiben. Schließlich bin ich häufig in diesem Café, sowohl zum konzentrierten Arbeiten als auch, um Pause zu machen und mich zu erholen.

Kurze Zeit später sitzen wir mit Kuchen und Chai Latte in einer gemütlichen Ecke des kleinen Cafés. Doch das Gefühl, diesen Tisch aufgrund meines Titels bekommen zu haben, lässt mich nicht los. „Titel öffnen Türen“, hatte mir jemand kurz nach dem Finale gesagt. Aber diese Türen bescheren mir bislang eher ein schlechtes Gewissen, als dass ich sie wirklich genießen kann.

Maurice hat wenig Interesse an dem Miss-Germany-Kosmos und will lieber etwas über die Jugendgemeindegründung in Magdeburg und meine Lebensgeschichte erfahren. Stundenlang reden wir. Über seinen Besuch in Russland und das Treffen mit Wladimir Putin. Über den Mauerfall, den er mit der Kamera dokumentiert hat, und seine Roadtrips nach Libyen und Ägypten. Wir diskutieren über soziale Energie, welche Macht Menschen übereinander haben sollten und wie relevant die junge Generation für die Zukunft ist. Einige Chai Latte später stehen wir gemeinsam im Magdeburger Dom.

„Kein Posen, kein Lachen, keine Inszenierung. All das lenkt nur von dir ab“, sagt er mir, als ich zwischen den großen Marmorsäulen stehe und er seine Kamera auf mich richtet. Häufig habe ich das Gefühl, von anderen auf ein Treppchen gestellt oder seltsam glorifiziert zu werden. Aber heute habe ich das

Gefühl, Kira zu sein. Echt zu sein. Und kann nach all dem Trubel der letzten Wochen zum ersten Mal aufatmen. Ich fühle mich wirklich gesehen. Und ich sehne mich nach mehr davon.

Es war eine kurze Begegnung mit einem inspirierenden Menschen. Eine Zusammenarbeit, die mich auch heute noch zum Lächeln bringt. So, wie mich Maurice Weiss, der mich für den ZEIT-Artikel fotografiert hat, gesehen hat, so will ich die Menschen um mich herum sehen. Nicht das, was sie leisten, wen sie kennen, was sie besitzen oder welchen Titel sie tragen. Sondern das, was sie bewegt, was sie sehen und wer sie im Herzen sind. Was bringt es mir zu wissen, dass eine Diplom-Architektin, ein Doktor, eine Miss Germany, die Tochter eines großen Schauspielers oder der Leiter einer großen Firma vor mir steht, wenn ich den Menschen dahinter nicht kenne? Wenn nicht sein oder ihr Herz, sondern nur der Titel Raum bekommt?

Maurice hat wohl von all den Journalisten und Fotografen, mit denen ich in den vergangenen Monaten zusammenarbeiten durfte, am tiefsten in mein Herz geschaut. Weil er echt war und mich auch echt sehen wollte.

***

Ein paar Wochen später ziert der Satz „Ich habe nie gebetet, Miss Germany zu werden“ in großen schwarzen Druckbuchstaben die neueste Ausgabe der ZEIT in der Kategorie „Christ und Welt“. Ich fühle mich stolz, aber auch etwas unsicher. Manchmal fällt es mir schwer, mit meinem Glauben in der Öffentlichkeit zu stehen. Er ist so sehr in meiner Geschichte und meiner Person verankert, dass ich ihn gar nicht weglassen kann. Schließlich hat er mich zu der gemacht, die ich heute bin. Aber gleichzeitig bietet er auch einiges an Angriffsfläche. In den letzten Monaten hat es mehrere Unternehmen gegeben, die aufgrund meines Glaubens eine Kooperation haben platzen lassen. Regelmäßig werde ich mit Stigmatisierung, teilweise sogar mit Abneigung und Belächeltwerden konfrontiert. Aber das nehme ich gerne in Kauf. Denn ich bin froh, dass viele Menschen über meinen Glauben Bescheid wissen, weil dadurch immer wieder eine spannende Gesprächsgrundlage entsteht.

Ende 2023 wird der Artikel über mich mit dem christlichen Medienpreis „Goldener Kompass“ ausgezeichnet. Ein Freund lässt mir ein Video der Preisverleihung zukommen, in dem auf der Bühne über mich gesprochen wird.

„Ich habe sie vor zwei, drei Wochen persönlich kennengelernt, und sie ist wirklich so, wie sie im Interview rüberkommt. Nicht gestellt, sondern locker, herzlich und freundlich. Die ist so ein Typ“, sagt der Moderator.

Ein Lachen entwischt mir, während ich das Video anschaue. Ist es so überraschend, dass ein Mensch natürlich ist und keine Show abzieht? Ich freue mich für den jungen Journalisten mit den bohrenden Fragen und dem großen Interesse an meiner Sicht der Dinge. Ich empfinde jedoch auch Maurice Weiss als Gewinner des Projektes, der mich einfach nur als Mensch, als Kira und nicht als Kunstfigur gesehen hat.

Die Luxuslüge

Bist du schon mal in einen fremden Traum eingetaucht?
So tief, dass er sich irgendwann angefühlt hat wie dein eigener?
Stell dir vor, du öffnest eine Tür,
trittst ein in eine neue Welt,
beginnst genau zu beobachten.
Jedes kleinste Detail nimmst du wahr.
Und je länger du schaust,
umso mehr wird dir bewusst,
dass das, was du siehst,
alles ist, wovon du jemals geträumt hast.
Die Blaubeer-Pancakes vor dir,
von einem Privatkoch zubereitet.
Das Magazincover neben dir
ziert dein eigenes Gesicht.
Der Chronograf an dir
schmückt extravagant dein Handgelenk.
Die Designerschuhe unter dir
umschließen fein deine Füße.
Plötzlich wird es dunkel,

Scheinwerfer blenden dich,
Applaus folgt deinem Namen
und es regnet Blitzlicht.
Mitten auf dem roten Teppich.
Sekunden später erneut ein Szenenwechsel.
In der linken Hand ein Cocktailglas,
in der rechten ein Teller mit kleiner Käseauswahl.
Du kneifst die Augen zusammen,
erst nach einigen Sekunden entzifferst du die Schrift:
„VIP Bereich“,
um dich herum alles, was Rang und Namen hat.
Schon mal bei einer Backstage-Party gewesen?
Eine bekannte Boyband hat dich zu ihrem Konzert eingeladen.
Du beginnst zu tanzen,
doch Stück für Stück
rutscht dir die rosarote Brille von der Nase.
Dein Glück verschwindet jedes Mal ein bisschen mehr,
sobald die Szene wechselt.
Es ist nicht von Bestand.
Du bist im falschen Traum,
das alles ist nicht, wovon du immer geträumt hast,
das alles ist nicht, was dich glücklich macht.
Du hast dich in diesem fremden Traum verloren.

„Schön, Sie bei uns begrüßen zu dürfen, Frau Geiss.“ Ein Page öffnet die Tür meines Taxis und hilft mir beim Aussteigen. Währenddessen erbarmt sich ein weiterer Herr in eleganter Kleidung meines monströsen Koffers und verschwindet damit in einem Seiteneingang.

Vor fünf Jahren bin ich im Rahmen meiner Abschlussfahrt zum ersten Mal in Berlin gewesen und habe in diesem Zuge einen Vortrag über die Luxushotels der Stadt gehalten. Träumend hatte ich mich damals durch die Webseiten der Fünf-Sterne-Hotels wie *Adlon*, *Regent* und *Steigenberger* geklickt und die Suiten begutachtet.

Morgen bin ich als Speakerin zu einem großen Event eingeladen und darf gemeinsam mit bekannten Persönlichkeiten wie Richard David Precht und Klaus Hurrelmann über die Zukunft der jungen Generation sprechen. Dafür bin ich die nächsten zwei Tage in genau einem *dieser* Luxushotels untergebracht. Ein Jugendtraum, von dem ich niemals gedacht hätte, dass er in Erfüllung gehen würde.

Das Geräusch meiner Absätze auf dem Marmorboden hallt durch die opulente Eingangshalle. Große Säulen schmücken den Saal und unter pompösen Kronleuchtern befinden sich Sitzecken mit feinen Samtmöbeln. Dieser Moment ist herrlich und zugleich sonderbar, als würde ich in eine andere Welt eintauchen. Ich bin früher oft von dem Gedanken fasziniert gewesen, teure Klamotten zu tragen, in edlen Restaurants zu sitzen und viel Zeit in prunkvollen Hotels zu verbringen, umgeben von schönen Dingen.

Und seit der Wahl zur Miss Germany verwirklicht sich all das peu à peu. Ich laufe über rote Teppiche, treffe berühmte Persönlichkeiten und werde in Sterne-Restaurants eingeladen. Aber hier, in der Realität, fühlt sich all das überraschend skurril, manchmal sogar fast schon fremd an. Ich bin nicht Teil dieser Welt, wie ich es mir immer vorgestellt habe. Vielmehr schwimme ich an der Oberfläche und tauche nur manchmal für einige Atemzüge unter. Es ist, als wäre ich ein Fremdkörper, der auf der Wasseroberfläche treibt. Ich bin zwar dabei, aber kein Teil davon. Von außen mag es souverän aussehen, wie ich mich durch die Hotellobby bewege, doch innerlich fühle ich mich wie eine Nichtschwimmerin, die sich zu weit vom Ufer entfernt hat. Schließlich weiß niemand, dass ich vieles von dem, was ich an teurer Mode trage, geschenkt bekommen oder auf Secondhand-Plattformen erworben habe.

In der Lobby ist es außergewöhnlich still. Angestellte huschen mit schnellen, diskreten Schritten umher. Ich kann keine anderen Hotelgäste sehen. Meine Absätze kommen mir dadurch unangenehm laut vor. Mit geschäftigem Blick versuche ich, die Rezeption zu finden. Ich bin überwältigt und zugleich überfordert.

Es ist verwunderlich. Die Rezeptionistin kennt mich, wie bereits der Page, mit Namen. Obwohl beide kein einziges Wort mit mir gewechselt haben. „Schön, Sie zu sehen, Frau Geiss. Hatten Sie eine gute Anreise?“, säuselt sie mir zu. Ich nicke. Wir führen Small Talk. Ich muss 200 Euro Kaution für eventuell anfallende Kosten hinterlegen und frage mich, was in den nächsten Tagen so kostspielig werden könnte. Während sie mich zum Aufzug bringt, frage ich kleinlaut: „Wie komme ich denn wieder an meinen Koffer?“ Ich muss schlucken. Die Maske fällt. Aber die Rezeptionistin antwortet nur freundlich: „Er wartet in Ihrem Zimmer auf Sie“, und lässt mich allein in dem vergoldeten Aufzug stehen, der die Größe eines Einzimmerapartments hat.

Als ich mein Zimmer betrete, fühle ich mich wie eine Imitation von Blair Waldorf aus *Gossip Girl*. Neben edlen Schokopralinen wartet ein handschriftlicher Gruß des Hotelbesitzers auf mich. Ich atme tief durch, vergewissere mich kurz, dass die Fenster geschlossen sind, nehme Anlauf und springe kreischend auf das große Bett, tanze wie ein Kleinkind im Zimmer herum, öffne alle Schränke und Türen und genieße den Luxus. Während mein Körper kribbelt, entwischt mir ein kleiner Freudenschrei. Das hier ist, wovon ich immer geträumt habe! Oder? Hier, ganz allein, nur ich und meine gigantische Suite.

Als ich mir am nächsten Abend über den Zimmerservice etwas zu essen bestellen will, wird mir klar, weshalb ich die 200 Euro hinterlegen musste. Die Gerichte auf der Speisekarte kosten bis zu 60 Euro. Ich entscheide mich für das Günstigste, was die Karte zu bieten hat. Bereits wenige Minuten später klopft es an meiner Tür und eine gigantische Schüssel Trüffelpommes wird auf einem kleinen silbernen Wagen in mein Zimmer geschoben.

Während ich auf dem Bett sitze und meine achtzehn Euro teure Portion Pommes frites genieße, frage ich mich: Was bleibt am Ende eigentlich von all dem übrig? Ein flüchtiger Gedanke, der mit einem Schlag vieles infrage stellt, was ich hier in diesem Zimmer und auch in der vergangenen Zeit gesehen und erlebt habe. Seitdem ich Miss Germany bin, komme ich mit Luxus immer öfter in Kontakt. Als mir diese Frage in der Hotelsuite durch den Kopf schießt, dämmert mir, dass ich durch Reichtum, Erfolg und Karriere, gute Kontakte, große Events und Luxushotels am Ende doch nicht das erreichen kann, wonach ich mich im Herzen wirklich sehne. Nämlich, glücklich zu sein.

***

Als ich mich am nächsten Morgen auf den Weg zum Event mache, öffnet mir der Page erneut die Taxitür. Durch die Geste kommt in mir abermals das Gefühl auf, in dieser Welt fremd zu sein. Vor ein paar Monaten bin ich zum ersten Mal Taxi gefahren und wusste damals peinlicherweise noch nicht, dass es unüblich ist, auf dem Beifahrersitz Platz zu nehmen. Mir ist durchaus bewusst, dass es in solchen Hotels gängig ist, dass Angestellte hektisch um das Auto herumlaufen, um die Tür vor dem Gast zu erreichen – für mich ist es dennoch skurril. Doch mit der Zeit gewöhnt man sich sicherlich an all das.

Um ehrlich zu sein, habe ich mich auch schon an manche kleinen Dinge gewöhnt. Doch nur, weil ich viele dieser Vorzüge genieße und von ihnen profitiere, will ich sie niemals als selbstverständlich erachten. Denn eigentlich empfinde ich es als gesund, lediglich auf diesem Meer des Luxus zu treiben, anstatt völlig darin zu versinken. Es ist nichts Schlechtes daran, viel Geld für gutes und leckeres Essen auszugeben. Es ist auch nichts Schlechtes daran, Designerkleidung zu tragen oder in Luxushotels zu übernachten. Und es ist schon gar nichts Schlechtes daran, Personen des öffentlichen Lebens inspirierend zu finden. Wenn mir in Zukunft solche Möglichkeiten geschenkt werden, werde ich sie herzlich umarmen und annehmen. Nur tragfähig für mein Leben sind sie nicht. Das habe ich schnell festgestellt. Und deshalb missfällt mir der Gedanke, dass diese Dinge mich glücklich machen könnten. Ich möchte diesem vergänglichen Zeug nicht hinterherjagen, nur weil uns das inszenierte Leben bekannter Gesichter als erstrebenswert verkauft wird. Nur weil man viel hat, insbesondere an Luxusgütern, heißt das nicht, dass man wirklich glücklich ist.

Als Jugendliche bin ich jedoch genau diesem Trugschluss hinterhergejagt. Und selbst kurz vor der Zeit bei Miss Germany habe ich noch hin und wieder gedacht, dass all die schön klingenden Dinge der Weg zu einem glücklichen Leben wären. Zumindest schien es oft so bei den Leuten, die ich im Fernsehen, auf Social Media und in der Werbung sah. Ich dachte, dass Menschen, die so viel besitzen, automatisch glücklicher sind. Ich dachte, dass Menschen, die in gehobenen Kreisen verkehren und in teuren Restaurants essen, automatisch glücklicher sind. Ich dachte, dass Menschen, die auf Sofas im Fernsehen sitzen, in edlen Hotels schlafen und ihr Leben auf Social Media teilen, automatisch glücklicher sind. Das Resultat war, dass ich dieses Leben, mit der Erwartung, dadurch glücklicher zu sein, als junges Mädchen zu meinem Traum gemacht habe.

Doch Jahre später muss ich das jüngere Ich in mir, das immer noch hin und wieder genau davon träumt, enttäuschen. So sehr ich das Leben auch genieße, das ich heute führe, und so nah es auch an diesen Traum herankommen mag, es macht mich nicht automatisch glücklich.

***

Ich erinnere mich gerne an die Familienurlaube meiner Kindheit zurück. Über Jahre hinweg fuhren wir immer wieder auf denselben Campingplatz in Italien. Dass sich der Ort nicht änderte, störte mich damals wenig. Vielmehr war mir unsere Wohnsituation ein Dorn im Auge. Jahr für Jahr schliefen wir zu sechst in einem Bungalow. Jahr für Jahr träumte ich von einem schicken Zimmer im Hotelresort des Campingplatzes direkt neben der Poolanlage. Liebend gern hätte ich das Frühstück an dem kleinen Klapptisch gegen ein großes Buffet getauscht. Zu gern wäre ich den ganzen Sand losgeworden, der sich jedes Mal innerhalb kürzester Zeit überall im Bungalow verteilte, und hätte ihn gegen das täglich frisch bezogene Hotelbett getauscht. Ich wollte nicht immer die lauten Gespräche der Nachbarn mithören oder mir ein Zimmer mit meinen Geschwistern teilen. Ich wollte ein großes Zimmer mit eigenem Bad und XXL-Bett ganz für mich allein haben.

Manchmal lag ich fast schon wütend auf meiner Liege am Pool, während ich mir vorstellte, wie ich im weichen Bademantel und mit frischen Früchten in der Hand den kühlen Hotelflur entlangschlenderte. Ich war wütend, weil mir meine Eltern den perfekten Traumurlaub verwehrten. Ich war wütend, weil wir uns nicht mehr leisten konnten. Ich war neidisch, wenn meine Freundinnen nach den Sommerferien immer von ihren tollen Hotelaufenthalten erzählten oder bei *Germany's Next Topmodel* schon wieder eine neue Model-Villa gezeigt wurde. Ich war neidisch auf all die anderen Mädchen in meinem Alter, die auf Instagram und Snapchat ästhetische Urlaubsfotos und die großen Hotelanlagen posteten. Ich konnte da nicht mithalten, sondern schämte mich für den kleinen Bungalow und postete lediglich den Sonnenuntergang.

Ich wünschte, ich könnte der jüngeren Kira sagen, dass sie aufhören soll, den Träumen anderer Menschen hinterherzujagen. Zu gerne würde ich ihr erklären, dass das Glücklichsein durch diese Dinge von kurzer Dauer ist. Meinem vierzehnjährigen Ich würde ich heute anhand der Frauen, die sie bewundert hat, erklären: „Das schönste Model der Welt, ob es am Ende Kendall Jenner, Bella Hadid oder doch Irina Shayk ist, wird mit 75 Jahren nicht mehr dem gängigen Schönheitsideal entsprechen. Und auch die meistumworbene Schauspielerin wie Marilyn Monroe hält dem Druck nicht stand oder verliert wie Kelly Rutherford ihr gesamtes Vermögen. Schönheit ist vergänglich. Reichtum ist vergänglich. Erfolg ist vergänglich. Sportlichkeit ist vergänglich. Mach dich nicht davon abhängig."

Heute weiß ich, dass dieser Familienurlaub so wertvoll war, weil es dabei um die gemeinsame Zeit mit der Familie ging. Nicht um ein teures Hotel, ein üppiges Frühstücksbuffet oder ästhetische Urlaubsfotos. Über die Jahre hat sich durch zu viel Medienkonsum das Idealbild eines perfekten und glücklichen Lebens in mein Herz eingeschlichen. Eines, das mich mit der eigentlich schönen Situation hat unglücklich werden lassen. Ich wollte noch mehr. Ich wollte es noch schöner. Noch luxuriöser. Ich wollte mehr, weil mir überall um mich herum kommuniziert wurde, dass es dann besser wird, dass ich dann glücklicher bin. Was mich zurück zur Ursprungsfrage bringt: Wann hat man denn wirklich alles, wovon man jemals geträumt hat?

Meine Oma wohnte bis zu ihrem Tod in einer kleinen Dachgeschosswohnung. Ich erinnere mich gerne an ihr gemütliches Wohnzimmer, das gleichzeitig als Küchen- und Essbereich fungierte. Was sie glücklich machte, waren ihre Tagebücher und Erinnerungen an früher. Jedes Mal, wenn ich ein Wochenende bei ihr verbrachte, lagen wir stundenlang zwischen Decken, Kissen und Fellen auf ihrem Teppichboden. Und während sie mir alte Geschichten vorlas und dabei hin und wieder Freudentränen vergoss, lauschte ich gespannt ihren Worten. Bis heute bewege ich manche von ihnen noch in meinem Herzen. Sie hatte nicht viel. Aber in meiner Gegenwart strahlte sie immer Glück und Zufriedenheit aus.

Mit meinem Erfahrungsgut der letzten Jahre kann ich zusammengefasst sagen: Menschen, die viel besitzen, können glücklich sein. Menschen, die wenig besitzen, können glücklich sein. Menschen, die viel besitzen, können unglücklich sein. Menschen, die wenig besitzen, können unglücklich sein. Glück oder das Gefühl von Zufriedenheit sollten nicht an Besitz gekoppelt sein. Das führt am Ende häufig in einen Teufelskreis.

Heute bin ich der Meinung, dass Glücklichsein mit einer ehrlichen Selbstprüfung und der Fähigkeit zusammenhängt, die eigenen Träume und Wünsche von äußeren Einflüssen zu trennen. Es geht darum, zu erkennen, was einen wirklich glücklich macht und wobei es sich nur um oberflächliche Wünsche handelt, die durch die Gesellschaft oder die Medien geprägt wurden. Es geht darum, eine Entscheidung zu treffen, mit dem Leben, mit dem Urlaub oder der Beziehung zufrieden zu sein. Das bedeutet nicht, keine Ansprüche haben zu dürfen oder nicht über sich hinauswachsen zu wollen. Für mich bedeutet es vielmehr, zu wissen, wann eine Grenze erreicht ist, und das zu schätzen, was ich bereits habe. Ich bin glücklich und zufrieden mit meinem Leben. Aber dieses Glück ist nicht von einem teuren Hotel, den Nummern von bekannten

Persönlichkeiten in meinem Telefon oder Designerklamotten abhängig. Denn dieses Glück ist vergänglich.

***

Als ich nach zwei Nächten Aufenthalt auschecke und vor dem Hotel erneut auf mein Taxi warte, stehen plötzlich Bill und Tom Kaulitz neben mir. Mein Herz schlägt schneller. Ich überlege, ob ich sie ansprechen soll, um ein Selfie mit ihnen zu machen, entscheide mich dann aber dagegen. Wieso sollte ich? Warum bekomme ich Herzrasen, wenn ich sie sehe? Schließlich habe ich noch kein einziges ihrer Lieder gehört, folge ihnen nicht auf Instagram und lese mir auch keine Artikel über sie durch. Wir unterscheiden uns nicht in unserem Wert. Und dennoch steigt mein Puls an, als ich sie sehe, und mein Körper schüttet massenhaft Adrenalin aus. Ein Kribbeln in meiner Magengegend. Irgendwie prickelnd und kitzelnd, ich fühle mich hibbelig und energiegeladen. Es ist fast vergleichbar mit dem Gefühl des Verliebtseins. Alles aus dem simplen Grund, dass sie berühmt sind.

Ist es nicht skurril, dass man gegenüber Promis so empfindet? Diese Frage beschäftigt mich auch noch Monate später. Ähnliche Situationen kenne ich aus eigener Erfahrung. Nach der TV-Aufzeichnung einer Talkshow springt ein Fan zu mir ins Hotelshuttle und klettert über den Sitz, um Foto und Autogramm zu ergattern. Nach einer anderen Aufzeichnung hat sich vor dem Eingang eine kleine Traube an Menschen gebildet, die über eine Stunde warten, um Selfies mit mir zu machen. Bei einem Interview mit dem Journalisten einer

Kreiszeitung müssen wir die Videoaufnahme neu beginnen, weil seine Hand vor Aufregung so zittert. Menschen sprechen mich auf der Straße oder im Zug an und haben ein scheinbar brennendes Interesse daran, wie mein Alltag aussieht, was ich denke, fühle oder erlebe. Monatlich erreichen mich unzählige Briefe mit Autogrammanfragen, primär von älteren Männern. Und von Zeit zu Zeit werden mir sogar stapelweise Bilder in DIN-A4-Größe mit meinem Gesicht zugesendet. „Ich würde mir das Foto mit Ihrem Autogramm gerne einrahmen und aufhängen", schreibt einer der Absender. Ein anderer bittet um zwölf Autogrammkarten und legt eine selbst gebastelte Postkarte bei, auf der in geschwungener Handschrift neben einem ausgeschnittenen Bild meines Kopfes steht: *„Hübscher Stern aus Wilhelmsdorf. Kira Geiss hat alles, was eine erfolgreiche Powerfrau braucht: Du bist bildschön, intelligent, charmant und ehrgeizig. Eine tolle Newcomerin, bezaubernd wie eine Prinzessin! Du hast eine strahlende Zukunft in deiner Karriere. Kira Geiss ist die Schönste der Schönen, wie romantisch."* Erschreckend ist hier, dass er meinen Heimatort Wilhelmsdorf nennt, der in den Medien eher unbekannt ist. Bis jetzt.

Ich erinnere mich auch an einen Twitter-Kommentar, den mir eine Freundin kurz nach meiner Wahl zur Miss Germany weitergeleitet hat: *„Kira Geiss ist wie eine multiple Persönlichkeit. Sie kommt aus Stuttgart, Ravensburg, Magdeburg, Unterweissach und Wilhelmsdorf gleichzeitig."* Damals ist mir beim Lesen ein lautes Lachen entwischt. Denn der Kommentar war nicht unbegründet. Jede Zeitung der Orte, an denen ich bislang gewohnt habe, behaarte strikt darauf, meinen Geburtsort zu kennen, ohne es nachweisen zu können. Nicht nur einmal wurde ich in einem Artikel fälschlicherweise als „gebürtige Magdeburgerin“ bezeichnet.

Doch Wilhelmsdorf wurde bis auf diesen einen Kommentar meines Wissens kein weiteres Mal erwähnt. Entweder kommt der Verfasser des Briefes also aus der Nähe meiner Heimat oder er hat sehr gründlich recherchiert.

Doch hin und wieder ist auch das Gegenteil der Fall: Menschen meinen, mich zu kennen, und werden dadurch zu Anti-Fans meiner Person und Arbeit. Nach gehaltenen Vorträgen oder einem Auftritt kommen dann im Nachhinein nicht selten vereinzelte Personen zu mir, um sich für ihre Vorurteile zu entschuldigen. Sie sind positiv überrascht, dass ich anders bin, als sie es sich vorgestellt haben, und in manchen Bereichen Kompetenz und Engagement vorweisen kann.

Für solche Auftritte stehe ich auf vielen Bühnen. Auf großen und kleinen, vor 24 und vor 12.000 Leuten. Ich stehe auf diesen Bühnen allein oder teile sie mit anderen, ich halte auf ihnen Vorträge, gebe Interviews oder moderiere Events. Ich liebe es, auf der Bühne zu stehen. Aber auf großen Bühnen zu stehen kann auch ziemlich einsam sein. Je größer die Bühne, umso einsamer wird es.

Manche Menschen verändern sich, wenn sie zu oft dort oben stehen. Manche scheinen sich zwischen all dem Ruhm fast selbst zu verlieren. Ich würde behaupten, einige solcher Menschen kennengelernt zu haben, und manchmal habe ich Angst, mich dort oben zwischen den Scheinwerfern auch zu verlieren. Diese Bühnen sind mit Vorsicht zu genießen.

Eine der großen Bühnen durfte ich mit Willi Weitzel teilen. Einem Mann, der mir fremd und gleichzeitig doch so vertraut ist. Er hat meine Kindheit vor allem durch die TV-Serie *Willi wills wissen* geprägt und bereichert. Damals wie heute begeistern mich seine Wissbegierde, sein fröhliches Wesen und seine Art, Dinge zu hinterfragen. Aber genau deshalb hatte ich Angst vor unserer ersten Begegnung. Denn wer kennt es nicht, das bekannte Sprichwort „Treffe niemals deinen Kindheitshelden, du wirst nur enttäuscht werden"?

„Hallo, Willi", sagt die piepsige Stimme meines achtjährigen Ichs aus mir, als er plötzlich vor mir steht. „Ich bin Kira", ergänze ich schüchtern lächelnd.

„Hallo, Kira, brauchst du eine Umarmung?", antwortet er freundlich lachend.

„Treffe niemals deinen Kindheitshelden" traf bei Willi keineswegs zu. Wir verbrachten den Abend gemeinsam auf der Bühne und nahmen im Anschluss eine Podcastfolge auf. Zwischen all dem führten wir ehrliche, tiefgehende und amüsante Gespräche. Willi inspiriert mich mit seiner Menschlichkeit. Seit Jahren steht er vor der Kamera, reist um die ganze Welt und trifft unzählige Menschen. Und dennoch ist er nahbar, freundlich und fürsorglich gegenüber den Menschen um sich herum. Mir schien es so, als habe er sich nicht in dieser Welt verloren. Nein, im Gegenteil: Willi ist trotz all dem Trubel, der Kameras und großen Bühnen normal geblieben. Er erzählte mir von seiner Frau und seinen Kindern, von der letzten Reise, die ihn bewegt und zu Tränen gerührt hat, und auch von der Aufregung, die sich vor unserem Auftritt in ihm anstaute.

Da gibt es keine Fassade, keine Kunstfigur, keine aufgesetzten Gespräche oder halbherziges Interesse, womit ich sonst so oft konfrontiert bin. Willi ist Mensch geblieben. Ein Mensch, der die Bühne und die Kamera respektiert und ihrer nicht überdrüssig wird. Ein Mensch, der anderen auch nach Jahren in der Öffentlichkeit freundlich und aufgeschlossen begegnet.

***

„Was bleibt von Ihnen übrig, wenn Sie nicht Miss Germany, Jugendbeauftragte oder auf Reisen sind?", fragt mich ein Reporter während eines Interviews einige Monate später.

„Dann bin ich Kira", antworte ich lächelnd.

„Und wer ist Kira, wenn alles andere wegfällt?"

Eine gute Frage. Eine, die mich schon viele Jahre beschäftigt. Wer bin ich? Bin ich so, wie ich bin, gut genug? Schön genug? Intelligent genug? Was muss ich tun und haben, um mehr zu dem zu werden, was andere als gut empfinden? Und wie verliere ich mich zwischen all dem nicht?

„Dann bin ich eine junge Frau, die die Sonne und die Gemeinschaft mit anderen genießt. Eine junge Frau, die sich über kleine Dinge mächtig freuen kann und von der Schönheit der Natur fasziniert ist. Eine, die das Abenteuer sucht, gerne mit ihren Händen arbeitet und diese am liebsten voller Acrylfarbe hat. Eine, die von den Lebensgeschichten alter Menschen inspiriert wird und sich bei ihnen hin und wieder selbst zu Kaffee und Kuchen einlädt. Eine, die gerne lacht, zu lauter Musik durch die Wohnung tanzt und von ganzem Herzen Jesus und junge Menschen liebt."

Ich könnte ihm noch mehr erzählen, verstumme aber nach einigen Sätzen und schmunzle über meine euphorische Lebensbeschreibung. Wie gerne würde ich der jungen Kira all das exakt so erzählen. Wie gerne würde ich ihr sagen, dass sie nicht glücklicher wird, je mehr sie besitzt oder wenn sie Leute trifft, die sie als Mädchen bewundert hat. Denn die Sehnsucht nach mehr von all dem bewirkt häufig vielmehr das Gefühl der Unzufriedenheit anstatt des Glücks. Am liebsten würde ich ihr erzählen, dass das größte Glück genau das Gefühl ist, das sie verspürt hat, als sie zum christlichen Jugendkreis gerannt ist. Dieses Feuer, das nicht aus ihr selbst gekommen ist.

Ich hatte damals durch meinen Auszug von zu Hause fast nichts besessen und noch viel weniger irgendetwas zu verlieren. Aber es hat gereicht. Dieses Feuer hat mich so erfüllt, dass sogar die schwierige Ausbildungssituation erträglich wurde.

Dieses Glück wünsche ich jedem und auch mir für mein restliches Leben. Unabhängig davon, was ich besitze, wer mich kennt, wie viele Follower ich habe oder in welchen Hotels ich schlafe. Ich wünsche mir ein Glück, das unabhängig von vergänglichen Dingen ist.

Unerwünschte Nebenwirkungen

„Sorry, wir haben keine Hotdogs mehr“, sagt die Ikea-Kassiererin, als ich ihr die drei kleinen Gutscheine entgegenstrecke. „Ich kann euch nur noch Softeis anbieten“, ergänzt sie, während sie mir mitleidig ins enttäuschte Gesicht schaut.

Als ich mich fragend zu meinen Freunden umdrehe, entdecke ich in der Reihe hinter uns einen jungen Mann mit schwarzen Haaren. Er mustert meinen Körper auffällig intensiv, starrt mich regelrecht an, als würde er mich von oben bis unten abscannen. Ein mulmiges Gefühl kommt in mir hoch. Er macht einen schüchternen, unsicheren Eindruck und trägt ein Star-Wars-Oberteil. Als ich ihn direkt anschaue, weicht er meinem Blick aus und betrachtet interessiert die verschiedenen Kekspackungen. Ich fühle mich unwohl.

Heute ist kein guter Tag. Ich stecke mitten in einem Umzug, bin schon mit Kopfschmerzen aufgewacht und musste vorhin eine halbe Flasche Tonicwater trinken, um während der Wohnungsübergabe meiner Freunde nicht in Ohnmacht zu fallen. Und als Kirsche auf der Sahnetorte kommt jetzt noch hinzu, dass es weitere dreißig Minuten dauert, bis mein Schrank aus dem Lager geliefert werden kann. Normalerweise gehe ich nie unordentlich aus dem Haus, und schon gar nicht in Jogginghose. In dieser einen Sache muss ich Karl Lagerfeld recht geben. Aber heute Morgen hat mir einfach die Kraft gefehlt. Meine Haare sind ungewaschen, unter meinem Pullover trage ich immer noch das T-Shirt, in dem ich heute Nacht geschlafen habe, und meine Jogginghose verschwindet in den Tiefen meiner pinken Stricksocken. Eigentlich also kein Wunder, dass ich angestarrt werde. Doch nur einen kurzen Augenblick später höre ich ein Räuspern und die Frage: „Bist du nicht *die* Miss Germany?"

Während ich mich umdrehe, ergänzt der junge Mann, der sich in der Schlange bis zu mir nach vorne gedrängelt hat: „Ich habe neulich einen Artikel über dich gelesen."

Jetzt wird mir klar, weshalb er mich beobachtet hat. Nicht, weil ich völlig fertig aussehe oder weil mein Outfit nach Fundgrube aussieht. Nein, er weiß, wer ich bin. Aber das ist das Letzte, was ich heute will: erkannt werden.

Seit ich vor einigen Monaten zur Miss Germany gewählt worden bin, werde ich immer öfter auf der Straße erkannt. Manche starren offensichtlich, andere zücken ihr Handy, fotografieren mich, bitten um ein Autogramm oder beginnen zu tuscheln, während sie mich beobachten. Einmal bleibt ein Mädchen mit seinem Fahrrad sogar mitten auf der Straße stehen und ruft laut: „Mama, schau mal, da ist die Miss Germany!"

Aber heute will ich nicht erkannt werden. Heute habe ich keine Lust auf Fotos und will mit überhaupt niemandem reden außer mit dem IKEA-Mitarbeiter, der mir meinen Schrank liefert. Heute will ich nur noch den Umzug über die Bühne bringen und mich zurück in mein Bett kuscheln, um mir den restlichen Abend so viele Folgen von *Gossip Girl* anzuschauen wie möglich.

„Ja, die bin ich tatsächlich", antwortete ich ihm mit einem leicht gezwungenen Lächeln, um es so freundlich und schnell wie möglich hinter mich zu bringen. Normalerweise freue ich mich über die kleinen Begegnungen und Gespräche mit all den lieben Menschen. Nur eben nicht heute. Und tendenziell eher nicht mit ihm. Denn das mulmige Gefühl in mir ist immer noch da. Es wird stärker.

Er beginnt, euphorisch auf der Stelle zu hüpfen. „Oh mein Gott, ich treffe einen Promi", murmelt er vor sich hin und rückt immer weiter in meine Richtung. Es ist, als hätte ihn der Blitz getroffen. Ich mache einen großen Schritt zurück, als uns nicht einmal mehr ein halber Meter trennt.

„Wie sich das anfühlt, ich kann es gar nicht beschreiben!", ergänzt er mit einem erwartungsvollen Blick, als müsste ich mich mit ihm freuen. Er macht mir Angst. Ich kann ihn nicht einschätzen. Hilfe suchend schaue ich mich um. Die anderen sprechen mit der Kassiererin über das Softeis, gegen das ich mich entschieden habe. Jetzt könnte ich jemanden gebrauchen, der mich aus diesem unangenehmen Gespräch befreit. Immer wieder mustert er meinen Körper, holt Luft, um etwas zu sagen, tut es dann aber doch nicht.

Nach einigen unangenehmen Momenten, in denen er seltsam herumdruckst und immer wieder versucht, mir näher zu kommen, beschließe ich, die Situation zu beenden. „Schönen Tag dir noch", sage ich mit einem verkrampften Lächeln und drehe ihm den Rücken zu, in der Hoffnung, dass er verschwindet.

Doch zwei Minuten später steht er wieder neben mir und fragt: „Machen wir noch ein Bild?“ Eigentlich ist mir nicht nach einem Foto. Selbst dann nicht, wenn ich ihn sympathisch finden würde. Mein Kopf dröhnt. Ich will nur noch weg von hier. Ich würde gerne ablehnen, fühle mich aber verpflichtet und nicke widerwillig.

„Können wir das Foto mit deinem Handy machen? Ich habe ein neues, aber das ist noch in der Produktion und mein altes habe ich nicht dabei.“

Fassungslos starre ich ihn an. Will er ein Foto mit meinem Handy machen, um dadurch meine E-Mail-Adresse oder Handynummer zu ergattern? Seine Bitte fühlt sich wie ein Eingriff in meine Privatsphäre an. Hör auf, so paranoid zu sein, sage ich im Stillen zu mir und unterdrücke meinen Unmut.

Als er einen Arm um meine Taille legt, zieht sich alles in mir zusammen. „Muss man Sie kennen?“, fragt mich währenddessen ein älterer Herr mit einem kleinen Mädchen auf dem Arm. „Nicht, dass hier ein Promi neben mir steht und ich es verpasse“, ergänzt er lachend.

Ich schüttle den Kopf. „Nein, niemand muss mich kennen.“

Während ich leicht verkrampft in die Kamera des Handys von einem meiner Freunde lächle, erinnere ich mich an ein Erlebnis kurz nach meinem sechzehnten Geburtstag.

In den Sommerferien war ich zu Verwandten gereist, die am Stadtrand von Berlin lebten. Nur für einen super angesagten Secondhand-Laden hatte ich an einem meiner Ferientage die neunzigminütige Fahrt zur Stadtmitte auf mich genommen. „Rechts auf Bergmannstraße abbiegen, um Ihr Ziel zu erreichen“, waren die letzten Worte meines Navis, dann stand ich vor dem großen Seconhand-Tempel.

Beim Betreten des Ladens, auf den ich mich seit Wochen gefreut hatte, stand sie plötzlich vor mir, nur wenige Meter entfernt: Julia Wulf, eine ehemalige Teilnehmerin von *Germany's Next Topmodel*, der ich seit einigen Jahren auf Instagram folgte und deren Content ich leidenschaftlich gerne konsumierte. Ich konnte meinen eigenen Augen kaum trauen. Plötzlich war diese junge Frau, die ich für ihre Schönheit bewunderte, kein kleines Gesicht mehr auf meinem Bildschirm. Sie war Teil meiner Realität. Meines echten Lebens. Wie angewurzelt blieb ich im Türrahmen stehen, bis mich die Kassiererin skeptisch musterte.

Anstatt meinen Shoppingtrip fortzusetzen, schlich ich einige Minuten um Julia herum, um sicherzugehen, dass sie es auch wirklich war. Erst als wir direkten Augenkontakt hatten, traute ich mich, sie anzusprechen. Sie war freundlich, bot mir an, ein Foto zu machen, und erzählte mir von einem bevorstehenden Fotoshooting, für das sie noch ein Outfit suchte. Nach einer kurzen Umarmung verschwand sie zur Kasse.

Minutenlang starrte ich stolz auf das leicht verschwommene Bild von uns beiden auf meinem Display, während mein Herz immer noch vor Aufregung raste. Es war, als würde ich auf Wolke Sieben schweben. Als wäre mein Körper vollgepumpt mit Glückshormonen, die es verhinderten, dass ich klar denken konnte.

Ohne nur eine einzige Klamotte angeschaut, anprobiert, geschweige denn gekauft zu haben, stürmte ich aus dem Laden, für den ich extra nach Berlin gefahren war, um meine

Mutter anzurufen, meinen Freundinnen Audios zu senden und das Bild auf Instagram zu posten.

Einige Wochen später erzählte Julia in einer ihrer Instagram-Storys, wie sie damit umgeht, wenn ihr Fans begegnen. „Mittlerweile habe ich mir eine Gesprächsstruktur angeeignet“, säuselte sie in die Kamera. „Nach einer kurzen Begrüßung erzähle ich eigentlich immer von meinem nächsten Termin, frage im Anschluss, ob die Person ein Foto möchte, und verabschiede mich nach einer kurzen Umarmung wieder. Das verhindert unangenehme Situationen.“

Heute kann ich dieses Verhalten mehr als nachvollziehen, doch damals machte sich eine tiefe Enttäuschung in mir breit. Das Gefühl, etwas Besonderes zu sein und eine exklusive Erfahrung gemacht zu haben, verpuffte innerhalb von Sekunden. Ich war eine von vielen. Sie hatte mir das erzählt, was sie auch jedem anderen erzählte. Die Wochen davor hatte ich mich durch unsere Begegnung besonderes gefühlt, so als ob ihre Berühmtheit auf mich abgefärbt wäre. Aber durch diese ernüchternde Erkenntnis verblasste das Gefühl wieder. Ich war nicht wertvoller oder bewundernswerter geworden. Ich hatte lediglich die Möglichkeit verpasst, Klamotten im Secondhand-Laden meiner Träume zu kaufen.

***

Verführerischer Kaffeeduft liegt in der Luft, während ich mich in den Vortrag für die kommende Woche vertiefe. Die Geräuschkulisse aus klapperndem Geschirr, gedämpften Gesprächen und der zischenden Kaffeemaschine ist mir so vertraut, dass es sich fast schon ein bisschen wie zu Hause anfühlt. Hier feiere ich Geburtstagsbrunches, führe tiefe Gespräche mit meinen Mädels oder arbeite, wenn ich mich zu Hause nicht mehr konzentrieren kann.

Als ich aufschaue, verpufft dieses wohlige Gefühl innerhalb von Sekunden. Mein Herz erstarrt, als ich *ihm* direkt in die dunklen Augen schaue. Er hat an meinem Tisch Platz genommen. Ein leichtes Lächeln umspielt seine Lippen, als er mich fixiert. Mir kriecht ein unangenehmer Schauer über den Rücken, ich erinnere mich an unser erstes Treffen.

„Hallo, erinnerst du dich an mich?“, fragt er. Wie könnte ich mich nicht an ihn erinnern? Ich erinnere mich an alles. An seinen Namen, an jedes seiner Worte, selbst an seine Klamotten. Vor allem aber erinnere ich mich an das Gefühl, das er in mir ausgelöst hat: Angst. Ich versuche, die Fassung zu wahren, während mein Herz schneller schlägt.

„Bist du nicht der junge Mann von IKEA?“, frage ich, schaue wieder auf meinen Laptop und versuche, so desinteressiert wie möglich zu wirken. Vielleicht merkt er dann, dass ich nicht will, dass diese Konversation stattfindet. „Wie war noch mal dein Name? Lukas?“, ergänze ich absichtlich falsch, um ihm nicht das Gefühl zu vermitteln, er habe letztes Mal Eindruck bei mir hinterlassen.

„Was machst du in deiner Freizeit?“

„Ich habe nicht besonders viel Freizeit.“

„Bist du oft hier?“

„Manchmal.“

„Wie fühlt es sich an, so berühmt zu sein?“

Ich antworte ihm nicht.

„Ich folge dir auf Instagram, willst du mir auch folgen?"

Kopfschütteln. „Ich folge nur Leuten, die ich wirklich kenne."

Ich antworte knapp auf seine Fragen. Schaue immer wieder in Richtung Theke, in der Hoffnung, dass eine der Kellnerinnen rüberkommt. Wieso ruft mich niemand an? Sonst will doch auch ständig jemand irgendwas von mir. Jetzt könnte ich es gebrauchen. In mir macht sich zunehmend eine Mischung aus Angst und Wut breit. Was lässt ihn denken, dass er sich einfach zu mir an den Tisch setzen könnte? Das würde er schließlich auch bei niemand anderem hier tun, der ihm fremd ist. Am liebsten würde ich ihm genau diese Frage stellen. Stattdessen versuche ich, mich so galant wie möglich aus der Situation zu winden. In mir ist eine Blockade, die es verhindert, unfreundlich zu sein. Oder vielleicht ist es auch das Bedürfnis, von allen gemocht werden zu wollen. People pleasing at its best.

Ich trinke in großen Zügen meinen Chai Latte aus, verbrenne mir dabei die Zunge und klappe den gerade erst geöffneten Laptop wieder zu. Er starrt mich weiterhin an, holt wieder Luft, um etwas zu sagen, sagt dann aber doch nichts. Er verhält sich exakt so wie bei unserer Begegnung vor ein paar Wochen.

„Ich muss zum nächsten Termin", lüge ich. „Schönen Tag dir."

Während ich Richtung Kasse gehe, ruft er mir hinterher: „Umarmst du mich noch?"

„Was?!", rutscht es mir raus, während ich weitergehe. Das Letzte, was ich will, ist ihn zu umarmen oder ihm irgendwie nahe zu sein. Ich zwinge mich dazu, mich nicht noch einmal umzudrehen und in seine Richtung zu schauen. Schenk ihm keine Beachtung, Kira. Ignorier seinen Kommentar. Lass ihn nicht sehen, dass du Angst hast, rede ich mir selbst gut zu, während ich bezahle.

Als ich das Café verlasse, ist er verschwunden. Mit schnellen Schritten laufe ich in Richtung Straßenbahn. Acht Minuten, bis die nächste kommt. Ich schaue mich immer wieder um, entdecke ihn jedoch nicht. Ich wähle die Nummer einer Freundin. Es klingelt. Niemand nimmt ab. Ich versuche es bei einer weiteren. Erfolglos. Als ich in die Bahn steige und durchatmen will, sehe ich ihn mit seinem Fahrrad hinter einem Baum stehen. Scheinbar hat er mich die ganze Zeit beobachtet. Die Panik in mir wird wieder größer. Als ich einige Minuten später umsteige, mustere ich alle Bäume, Gebäude und Straßen. Verfolgt er mich? Ich entdecke ihn nirgendwo.

Bilde dir nichts ein, versuche ich mich erneut zu besänftigen. Doch als ich zwei Haltestellen später aus dem Fenster schaue, sehe ich, wie er neben der Straßenbahn entlangfährt. Ich bin überfordert. Ich kann ihn nicht einschätzen. Was will er von mir? Die Gedanken explodieren in meinem Kopf und das Atmen fällt mir schwer. Diese Art von Angst ist mir völlig neu. Was, wenn er mir bis nach Hause folgt? Was, wenn er bereits weiß, wo ich wohne? Hat er vielleicht meine Wohnung in einer meiner Instagram-Storys erkennen können? Meine Hände zittern. Immer wieder verschwindet er, taucht an anderer Stelle erneut auf.

Endlich erreiche ich einen guten Freund und schildere ihm die Situation. „Fahr auf keinen Fall zu dir nach Hause!“, erklingt seine besorgte Stimme im Handy. „Am besten, du kommst zu mir. Ich hole dich an der Bahnstation ab."

Erst als ich hinter verschlossener Tür in seiner Wohnung sitze, atme ich auf. Ich durchforste meine Follower, um das Profil des jungen Mannes zu finden, und entdecke dabei, dass er mir bereits mehrmals geschrieben hat. „Dieses Profil und alle weiteren des Kontos blockieren?", erscheint auf meinem Display. Ich drücke auf „ja" und lösche im Anschluss alle Beiträge und Stories, die auch nur erahnen lassen, wo sich meine Wohnung befindet.

In den nächsten Wochen meide ich schweren Herzens mein Lieblingscafé und versuche, vorsichtiger zu sein. In Zukunft werde ich alle Päckchen zu Freunden oder einer Poststation senden lassen und keinen Content mehr in der Nähe meiner Wohnung produzieren, beschließe ich. An manchen Tagen fühle ich mich deshalb paranoid, doch an anderen, wenn durch den Anblick junger Männer mit schwarzen Haaren erneut Panik in mir ausbricht, weiß ich, dass es die richtige Entscheidung war.

***

Es scheint so, als würde das Gefühl, in einer Beziehung mit mir zu stehen oder etwas über mich zu wissen, manche Menschen denken lassen, sie hätten das Recht, in mein Leben zu sprechen oder mir nahe zu sein. Als hätten sie durch diese *scheinbare* Beziehung zu mir die Erlaubnis, eine eigentlich bestehende Grenze zu überschreiten. Sie stehen tatsächlich in einer Beziehung zu mir. Aber eben in einer parasozialen, einer einseitigen Beziehung. Schließlich sind sie mir unbekannt. Dieses Phänomen erlebe ich sowohl in der digitalen als auch in der realen Welt. In Situationen, in denen ich mich frage, wie viel davon normal ist und wann es übergriffig wird. Wo kann ich Grenzen ziehen? Wo *muss* ich vielleicht auch Grenzen ziehen?

Menschen meinen mich zu kennen, weil sie einen Artikel gelesen oder einen TV-Auftritt gesehen haben und mir seit einiger Zeit auf Social Media folgen. Sie verfügen über Wissen, das aus einem fehlerhaften Wikipedia-Artikel oder realitätsfernen Zeitungsartikeln stammt. Sie sehen ausgewählte Ausschnitte meines Lebens, die nicht im Ansatz wiedergeben, wer ich bin. Wie sollten auch eine 35-minütige Dokumentation oder eine Handvoll Instagram-Stories mein Denken oder meinen Charakter wirklich einfangen können? Wo doch gerade diese Ausschnitte, im Gegensatz zu anderen Momenten meines Lebens, ganz bewusst von mir geteilt und preisgegeben werden. Trotzdem kann auf der Grundlage all dessen eine parasoziale Beziehung entstehen. Normalerweise zeigt sie sich durch die Illusion, in einer Art Beziehung oder Freundschaft mit jemandem zu stehen. Doch die Auswüchse dieser Gedanken, die schnell zu übergriffigen Handlungen führen können, habe ich erst kürzlich im Fall des jungen Mannes erfahren.

So bizarr diese Dinge sein mögen, eine parasoziale Beziehung ist meiner Meinung nach nicht per se schlecht. Und auch wenn Menschen mit *mir* eine solche Beziehung führen, finde ich das weder verwerflich noch bedenkenswert. Ich selbst führe viele davon. Eine zu der Influencerin Bridey Drake. Eine zu der Bloggerin Caro Daur und auch eine zu der Entertainerin

Parshad. Menschen, die mir vertraut sind, an deren Leben ich digital teilnehme, die ich aber noch nie getroffen habe.

Leider können parasoziale Beziehungen meines Erachtens aber auch einige ungesunde Konsequenzen mit sich bringen. Ist es nicht verrückt, dass ich damals meine lang geplante Reise nach Berlin und den liebevoll strukturierten Tagesplan über Bord geworfen habe? Einzig und allein wegen einer Fünf-Minuten-Begegnung mit einer Frau, die ich eigentlich gar nicht kenne? Ist es nicht verrückt, dass sich junge Mädchen manchmal lieber Beziehungsratschläge von einer Influencerin holen, die „Dein Safespace“ in ihrer Bio stehen hat, als von der eigenen Mutter? Gleichermaßen verrückt ist es, wenn im Internet private Bilder, Anfragen, Fantasien oder auch Schicksalsschläge mit eigentlich fremden Personen geteilt werden. Ist es nicht verrückt, dass man sich wertvoller fühlt durch die Begegnung oder Interaktion mit einem Menschen, der sich nicht einmal an einen erinnern würde? Und ist es nicht verrückt, dass ein junger Mann denkt, er hätte das Recht, sich an meinen Cafétisch zu setzen, nur weil er mal einen Artikel über mich gelesen hat?

Eine parasoziale Beziehung wie diese resultiert zumeist daraus, täglich digitalen Content aus dem Leben bestimmter Personen zu konsumieren. Durch Fernsehen, Radio, Zeitung und Social Media wird die Person dann automatisch ein fester Bestandteil des eigenen Lebens. Sie teilt, was sie isst, wo sie Urlaub macht oder sogar wie es in ihrer Beziehung läuft. Aber eben nur Ausschnitte davon! Der oder die Konsumierende erhält dabei niemals ein vollständiges Bild. Eine Tatsache, die mit der Zeit in Vergessenheit geraten kann. Wenn dieser intensive Konsum über einen längeren Zeitraum andauert, ist es nicht verwunderlich, dass das Gehirn im Laufe der Zeit vertraute Gesichter auf dem Bildschirm und im echten Leben nicht mehr auseinanderhalten kann. Und irgendwann entsteht dann wenig überraschend eine einseitige emotionale Bindung, die unter anderem auch Schuld an meiner Schnappatmung und Schockstarre war, als ich Julia Wulf entdeckte. Ich hatte täglich so viel Zeit mit ihrem Content verbracht, dass das Gefühl aufkam, wirklich eine alte Freundin nach langer Zeit wiederzutreffen.

An Tagen mit solchen Erlebnissen liege ich manchmal abends im Bett und frage mich: Wieso richten so viele Leute ihr Leben nach der Meinung fremder Menschen aus? Ich erinnere mich noch gut daran, dass der Megastar Kylie Jenner sich einmal negativ über ein Update von Snapchat geäußert hat und daraufhin Tausende ihrer Fans die Plattform boykottierten und von ihrem Handy verbannten. Die Zahlen von Snapchat gingen so rasant in den Keller wie niemals zuvor. Hatten all diese Leute wirklich ein Problem mit dem Update der App oder sind sie einfach nur blindlings den Aussagen einer berühmten Frau gefolgt?

Und wie oft passiert das im kleineren Ausmaß? Produkte sind aufgrund der Empfehlung einer Influencerin wochenlang ausverkauft. Wie viele Follower haben das Produkt bestellt, weil sie es wirklich brauchen, und wie viele aus dem simplen Grund, dass ihr Idol oder Vorbild es empfohlen hat? Es ist nichts Neues, dass Influencer und andere Personen des öffentlichen Lebens Einfluss auf das Konsumverhalten, die politische Meinung oder auch das Selbstwertgefühl ihrer Follower und

Fans ausüben. Nur eine einzige Story von Taylor Swift motivierte Tausende Menschen dazu, wählen zu gehen. Und auch ein Post der Supermodels Bella und Gigi Hadid zu Themen wie Dehnungsstreifen oder Cellulite könnte das Selbstbild Tausender junger Mädchen positiv beeinflussen. Den Empfehlungen dieser Menschen zu folgen, empfinde ich auch nicht als verwerflich. Nichts anderes mache auch ich mehrmals wöchentlich. Konsumieren und posten. Nur, um hier nicht die Kontrolle zu verlieren, frage ich mich seit geraumer Zeit: Welchen Personen will ich wirklich folgen und sind ihre Inhalte für mein Leben gewinnbringend? Wer hat die Macht, in mein Leben zu sprechen? Ein bestimmter Influencer oder doch lieber die Menschen, die mich wirklich kennen und wissen, was mir guttut?

Anders gefragt: Ist es die Sache wert, sich so intensiv mit dem Leben anderer zu beschäftigen, dass man dabei einen Großteil des eigenen Lebens verpasst?

Der Blick hinter die Kulissen

Von Schulbeginn an bis zum Alter von dreizehn war mein sehnlichster Wunsch, Erzieherin zu werden. Nach einem einwöchigen Praktikum habe ich diesen jedoch schnell wieder verworfen. Mein Eintauchen in den Arbeitsalltag änderte meine Sicht auf diesen Beruf um 180 Grad. Erst als ich mehr über den Beruf wusste und die dazugehörigen Herausforderungen kannte, konnte ich einschätzen, ob dieser zu mir passen würde. Das war nicht der Fall. Also hegte ich naiverweise von da an den heimlichen Wunsch, Model zu werden. Doch auch hier war meine Sicht einseitig. Wieder war ich geprägt von dem, was ich von außen beobachten konnte. Dabei wusste ich, dass ich für diesen Beruf zu klein bin, meine Beine zu dick und die proportionale Aufteilung meines Ober- und Unterkörpers nicht der geforderten Norm entspricht.

Dennoch hielt ich an meinem Traum fest und stellte mir vor, wie ich eines Tages ein Teil der Welt der Reichen und Schönen sein würde: in New York mit Chanel-Jäckchen, Prada-Schuhen und einem Kaffee in der Hand nach einem Taxi rufend, um pünktlich zum Fotoshooting zu kommen. Ich hatte die Szene fast schon bildlich vor Augen. Ich träumte von teuren Kleidern und Schmuck, von schön gedeckten Tischen, großen Veranstaltungen, roten Teppichen und der perfekten Pose auf der Bühne. Stundenlang inhalierte ich Videos sämtlicher *Victoria's Secret Shows*, der *Oscar*-Verleihung inklusive rotem Teppich und jeglicher *Vogue*-YouTube-Formate. In einer anderen Szene stellte ich mir vor, wie ich in meinem selbst designten Kleid mit langer Schleppe über den farbigen Teppichboden schritt und in die Kamera lächelte.

Schon immer habe ich es geliebt, meine Kreativität in Form von Kleidung auszudrücken. Mein Kleiderschrank ist bis heute voll von glitzernden Röcken, außergewöhnlichen Oberteilen in jeder Farbe, Hosen in allen Formen und Mustern und federbesetzten Blazern. Und diese Kreativität wollte ich am liebsten in genau dieser Welt ausleben. In der Welt des Glitzers und Glamours.

Ich kann der kleinen Kira diesen Traum nicht verübeln, würde ihr aber nur zu gern sagen, dass das nicht alles ist, dass sie auch hier nicht das ganze Bild sieht. Ungern erinnere ich mich an das Erlebnis während der Miss-Germany-Zeit zurück, als ich halb nackt in ein viel zu kurzes Hochzeitskleid gepresst wurde. Hätte sie von dieser Geschichte gewusst und was sonst noch hinter der Fassade passiert und welche Herausforderungen sie in der Glitzer- und Glamourwelt erwarten, hätte sie vielleicht von etwas anderem geträumt.

Meine Realität heute, die vor allem vom Blick hinter die Kulissen geprägt ist, würde für mein jüngeres Ich einige Überraschungen bereithalten. So ist es beispielsweise fast normal, Schmerztabletten zu nehmen, um den ganzen Abend auf hohen

Schuhen durchzuhalten oder die Schmerzen einer aufwendigen Frisur zu ertragen, die so stark an der Kopfhaut zieht, dass es fast schon einem Facelifting gleicht. Es ist normal, dass man für den roten Teppich ansteht und dass die Presse einen in Gruppen einsortiert, denen je nach Relevanz unterschiedlich viel Aufmerksamkeit gewidmet wird. Mal ist man der Star des Abends, auf einem anderen Event wird man lediglich durchgewunken. Es ist normal, dass man viele der prunkvollen Kleider nicht besitzt, sondern lediglich leiht. Es ist normal, dass zu Live-Auftritten eine tagelange Vorbereitung am Laptop dazugehört. Es ist normal, dass es im Backstage-Bereich oft sehr hektisch zugeht und dass einen die Tontechniker häufig in halb nacktem Zustand verkabeln. Anfangs war das befremdlich für mich, aber mit der Zeit habe ich mich daran gewöhnt – oder vielmehr gewöhnen *müssen*.

Leider ist es auch normal, dass ich nach einem Interview, trotz größtmöglicher Bemühung um eloquente Formulierungen, sprachlich gerne einmal wie eine Zwölfjährige wiedergegeben werde. Und ein Zitat in Anführungszeichen bedeutet noch lange nicht, dass ich es jemals so gesagt habe. Vielmehr sind es Sätze, die ich während des Gesprächs hätte sagen *können*. Insgesamt ist es für mich ziemlich normal geworden, dass die Qualität eines Artikels nicht von der Qualität des zugehörigen Interviews abhängt. Aus manch einem Gespräch bin ich schon glücklich rausgegangen und war beim Lesen des Artikels enttäuscht, teilweise sogar richtig wütend. Aber es kommt auch vor, dass ich während eines Interviews kein gutes Gefühl habe, müde bin oder einfach unkonzentriert antworte und dann von dem Ergebnis geradezu positiv überrascht bin. Am

Ende stellt dich der Journalist eben so dar, wie er dich darstellen will.

Es ist außerdem normal, dass man viele Ratschläge erhält. Für einige davon bin ich von Herzen dankbar, denn sie haben sich als weise und hilfreich herausgestellt. Mit manch anderen wollte man stattdessen alles, was ich tue, kontrollieren und mich für sein persönliches Wohl von meinen eigentlichen Plänen abbringen. Wiederum andere erhielt ich in Form von teils irritierenden Rückmeldungen. Einmal hatte ich beispielsweise in meiner Story ein Fleischgericht gepostet, und nur kurze Zeit später wurde mir geraten, das in Zukunft zu unterlassen, weil öffentlicher Fleischkonsum schlecht fürs Image sei und zukünftige Kooperationen verhindern könne.

Des Weiteren habe ich von verschiedenen mir nahestehenden Personen Tipps dazu erhalten, welche Themen ich besser nicht ansprechen sollte: keine Meinungsäußerung zu Politik, Religion und gesellschaftlichen Streitfragen. Besser leicht umgänglich bleiben, die Botschaft verdaulich halten, um für jede Zusammenarbeit und die Vermarktung von jedem Produkt infrage zu kommen. Nachvollziehbare Ratschläge, schließlich merke ich selbst, wie ich immer wieder Hunderte Follower verliere, wenn ich mich zu politischen Themen oder zu meinem Glauben äußere.

Aber wäre es nicht fatal, ein Gesicht in den Medien zu sein und keine eigene Stimme zu haben? Das Produkt sollte doch zu mir passen und nicht ich zwanghaft zu dem Produkt. Manchmal fühlt es sich so an, als würde mir zu Gleichförmigkeit geraten. Das überrascht mich, denn gleichzeitig wird Toleranz im öffentlichen Raum so stark betont und eingefordert wie nie zuvor. Eine gute Entwicklung, denn Abweichungen von der Norm gehören nun mal dazu, ob nun in der Politik, der Religion oder bei heiklen gesellschaftlichen Themen. Merkwürdig nur, dass dies vor dem Vorhang proklamiert wird, während hinter dem Vorhang von einer öffentlichen Meinung abgeraten wird. Hier passt etwas für mich nicht zusammen. Aber ich muss ja auch nicht jeden Ratschlag befolgen. Ein paar Events haben mich ja schließlich trotz Fleischkonsums noch angefragt.

Es ist normal, dass man sich viele Events nicht selbst aussuchen kann oder nur als Ersatz einspringt.

Ich sitze im Ruheabteil der Bahn, als plötzlich mein Handy klingelt.

„Katha, was gibt's? Ich kann hier gerade nicht so gut telefonieren", flüstere ich ins Telefon. Katha ist eine meiner beiden Managerinnen und kümmert sich um die Kundenkommunikation und Organisation meiner Reisen.

„Du musst morgen nach Köln, sie wollen dich ganz spontan in der Talkshow."

Ich nicke. „Hast du ein paar mehr Infos für mich?", frage ich nach.

„Leider kaum, das Vorgespräch hast du vor Ort. Die Vorgaben für dein Outfit und die Zugverbindungen lasse ich dir zukommen."

Nichts Neues. Häufig lebe ich von Woche zu Woche und arbeite größtenteils in der Deutschen Bahn. Drei bis vier Termine sind immer schon einige Zeit im Voraus zugesagt und eingeplant, aber welche Auftritte, Interviews und Aufträge spontan dazukommen, bleibt jede Woche aufs Neue spannend.

24 Stunden später sitze ich neben der Schauspielerin Gerburg Jahnke und den Brüdern Reinhold und Hubert Messner in der Maske. Wir reden nicht. Wir kennen uns schließlich nicht. Jeder ist in seiner eigenen Welt mit der eigenen Stylistin.

Mittlerweile habe ich mich nach anfänglichen Schwierigkeiten daran gewöhnt, von fremden Menschen geschminkt zu werden und genau zu kommunizieren, was ich nicht will. Jede Stylistin hat ihren eigenen Stil und dementsprechende Präferenzen. Ich bleibe am liebsten natürlich. Keine Smokey Eyes. Keine umrandeten Lippen. Keine nach oben gegelten Augenbrauen.

Einmal wurde ich vor einem wichtigen Termin geschminkt und habe mich kaum wiedererkannt. Mein Gesicht sah aus wie das der kleinen Marmorpuppe, die auf dem Fenstersims meiner Großmutter sitzt. Kreidebleich mit pinken Wangen. Ein anderes Mal waren meine Augen so dunkel und die Gesichtskontur so stark geschminkt, dass ich als Draculas Tochter hätte durchgehen können. Erlebnisse, die sich nicht wiederholen sollen.

Bevor die Talkshow beginnt, gibt es Abendessen. In anderen Fällen habe ich es schon erlebt, dass jeder Gast dafür allein in einem Raum sitzt. Doch heute sitzen wir alle gemeinsam in einer Art Wohnzimmer. Es gibt Antipasti, Obst und Suppe. Ich kann mir ein Grinsen nicht verkneifen, als ich Reinhold Messner, der weltweit bekannt ist, dabei beobachte, wie er nach einem der herrlich duftenden Brotstückchen greift. In manchen Momenten ist es immer noch surreal, dass ich jetzt Teil dieser Welt bin, auch wenn ich nicht alles an ihr gutheiße.

Während des anschließenden Studiorundgangs bekommen wir unsere Plätze zugewiesen und den späteren Ablauf mitgeteilt. Die mir bekannte Vorfreude, gemischt mit Aufregung, macht sich langsam in mir breit. Ich habe Respekt vor der Bühne, vor der Kamera und auch vor dem heute Abend anwesenden Live-Publikum. Diesen Respekt möchte ich niemals verlieren, denn wer Respekt hat, ist sich auch seiner Verantwortung bewusst.

„Noch zehn Minuten", ruft jemand aus der Dunkelheit, während mir einer der Assistenten kurzerhand mit etwas Panzertape das Kabel des Mikrofons im Nacken befestigt. Erst neulich trug ich bei einer Talkshow einen Jeans-Overall. Der Taschensender war am Verschluss meines BHs befestigt, um ihn so gut wie möglich zu verstecken. Doch während der 90-minütigen Show löste sich das kleine Gerät und rutschte mir immer weiter den Rücken hinunter, bis es sich schließlich in die Haut meiner linken Pobacke brannte. Ich muss kichern, als ich an diese leicht schmerzhafte und doch amüsante Misere zurückdenke. Ich hatte es ausgehalten. Schließlich konnte ich während der Liveshow nicht einfach den Overall öffnen und mir in die Hose greifen.

Ich sehe das Publikum, bevor es mich sieht. Bettina Böttinger stellt mich mit den Worten vor: „Eine irre Zahl: 15.000 Frauen traten an, sie aber wurde Miss Germany 2023. Und dort ging es nicht wie früher um das glatte, schöne Äußere, sondern um Engagement und gesellschaftliche Verantwortung. Ich freue mich sehr! Kira Geiss!" Ich suche mit den Augen nach der Kamera mit dem roten Licht, um den Zuschauern zu Hause zu winken. Es ist schwer zu glauben, nur einen Tag nach der

Anfrage hier zwischen Käseplatten, Rotwein und dem Studiopublikum zu sitzen.

Doch während ich lächelnd die Fragen beantworte, verschweige ich so manchen Aspekt der Geschichte ganz bewusst. In den vergangenen Monaten habe ich gelernt, dass es normal ist, Informationen vor der Presse zurückzuhalten, um Partner, Bekannte und Kollegen zu schützen. Selbst dann, wenn es zu großen Differenzen und Auseinandersetzungen gekommen ist. Eine Hand wäscht die andere, denn am Ende geht es immer ums Image. Und dafür wird manchmal eben auch nur ein Teil der Wahrheit erzählt.

In diesen Momenten habe ich das Gefühl, wie so viele Personen in der Öffentlichkeit, zwei verschiedene Gesichter zu haben: Das eine, das bewusst manche positiven oder negativen Informationen an die Öffentlichkeit trägt, jedoch selten die ganze Geschichte erzählt. Und das andere, das die ganze Wahrheit kennt, aber Teile davon bewusst zurückhält. Mit dem Schritt in die Öffentlichkeit entsteht an manchen Stellen auch ein neues, seltsames Machtverhältnis. Denn Aussagen und Taten wiegen plötzlich mehr, als sie es davor getan hätten. Manches, was ich gehört habe, könnte ganze Karrieren zerstören, und manche Fehler, die mir unterlaufen sind, könnten meine zukünftige Arbeit stark beeinflussen. Am Ende ist es nicht so, als würde ich lügen. Ich erzähle nur schlichtweg nicht die ganze Geschichte, um einen guten Partner oder Kontakt nicht zu verlieren oder eben um mich selbst zu schützen. Und manchmal verschweige ich Ereignisse auch lieber, um den Fokus nicht vom eigentlichen Thema wegzulenken.

Es ist normal, weiterlächeln zu müssen und freundlich zu sein, auch wenn mir gerade nicht danach ist.

Ich sitze in meinem Hotelzimmer. Es ist 23 Uhr und ich telefoniere mit einer Freundin. Der Tinnitus in meinem Ohr wird unerträglich laut und ich trinke in großen Zügen meine Wasserflasche leer, um dem hämmernden Kopfschmerz entgegenzuwirken. Als wir auflegen, breche ich in Tränen aus. Ich bin müde und erschöpft. Hätte ich meinem früheren Ich gesagt, dass es mal einen Punkt geben würde, an dem mir soziale Interaktionen zu viel werden, hätte diese Kira sicherlich laut gelacht und ungläubig den Kopf geschüttelt. Doch die letzten Wochen waren anstrengend. Eigentlich liebe ich es, Zeit mit Menschen zu verbringen. Aber dieses mehrtägige Event bringt mich an meine Grenzen. Sobald ich mein Hotelzimmer verlasse, werde ich beobachtet. Menschen fragen nach Selfies und Autogrammen. Wollen Gespräche führen und finden kein Ende oder versuchen, mich mit aller Kraft für ihr Produkt oder anstehendes Event zu begeistern.

Ich fühle mich leer. Ich bin ständig unter Menschen und dennoch fühle ich mich einsam. Das ist nicht immer so, aber in letzter Zeit oft genug. Ich sehne mich nach Ruhe, nach Stille, nach einem Moment, in dem ich einfach ich selbst sein kann, ohne Erwartungen, ohne Verpflichtungen. Über mehrere Tage hinweg unentwegt im Fokus zu stehen, kostet Kraft. Mehr Kraft, als ich erwartet hätte.

Anfangs musste ich mich erst beweisen, aber seitdem ich mich mit meinen Themen etabliert habe, werde ich mit Aufträgen überschwemmt. Wenige würden es vermuten, doch die Arbeit als Miss Germany bedeutet viel Arbeit, kurze

Nächte und kaum Platz für Privatleben. Nicht nur einmal habe ich nach einem großen Event noch bis vier Uhr morgens vor meinem Laptop gesessen, um mich auf das nächste Event vorzubereiten. Nicht nur einmal hatte ich mehrere Events an einem Tag und musste entgegen meiner Prinzipien auf Inlandsflüge zurückgreifen, um rechtzeitig anzukommen. Hinzu kommt, dass man in einem ständigen Wettstreit steht. Für ein Social-Media-Projekt werden häufig mehrere Influencer angefragt, um sich verschiedene Optionen offenzuhalten. Wer am Ende das beste Angebot und die lukrativsten Follower-Insights liefert, bekommt den Job. Der Druck hört niemals auf. Der rote Teppich ist nur das Endprodukt. Eines, das einem erst dann zusteht, wenn die eigentliche Arbeit erfolgreich verlaufen ist.

Es ist normal, Stunden damit zu verbringen, eine einzige Szene zu perfektionieren.

„In drei, zwei, eins und Action." Die schwarze Klappe knallt vor der Kamera zu. „Klappe, die Zehnte", ertönt es. Mein Zeichen, zu performen.

Ich nehme einen Werbeclip für einen großen Fernsehsender auf. Ein Clip, der 35 Sekunden dauern wird und uns zwei Stunden Drehzeit kostet. Ein großer Scheinwerfer ist auf mich gerichtet. Mehrere Kameras sind aufgestellt oder fahren um mich herum. Vor Wochen habe ich zwischen Artikelabgabe, Live-Event und Interview meinen Text für dieses Projekt abgegeben. Einen Text, den ich jetzt Wort für Wort, genau so, wie er auf dem Papier steht, performen soll.

„Brauchst du einen Prompter?", haben sie vor der ersten Aufnahme gefragt.

Kopfschüttelnd habe ich verneint. „Ich habe den Text im Kopf. Ich will, dass es authentisch ist."

Während ich spreche, steht ein Werbeteam-Mitarbeiter neben mir und spricht mit extremer Mimik und Gestik jedes meiner Worte stumm mit. Er soll mich wohl unterstützen, lenkt mich jedoch vielmehr ab. Ich versuche, alles um mich herum auszublenden und mich nur auf meine Worte und die Kamera zu konzentrieren. Jede Aufnahme wird in die Zentrale geschickt und dort überprüft. Das Feedback kommt und wir drehen erneut. Einer der Mitarbeiter ist ohne Unterlass am Telefon, um die neuen Ansagen direkt übermitteln zu können. Ich merke, wie sich mein Rücken immer mehr verkrampft, je länger ich stehe. Ein Zeichen, das mir mein Körper gibt, sobald er gestresst ist.

„Sie wollen dieses Leuchten in deinen Augen", kommt es von hinten. „Sie wollen unbedingt dieses Leuchten!"

Ich bin kurz perplex. Sie wollen, dass meine Augen leuchten? Sie wollen, dass ich mit den Augen spreche? Was für eine seltsame Aussage. Ich atme tief durch. Schließe die Augen und versuche erneut, alles um mich herum auszublenden. Das Licht. Die vielen Menschen, die mich anstarren. Den großen Monitor, auf den die Aufnahme übertragen wird. Die Stylistin, die meine Frisur erneut mit Haarspray fixiert. Den wild gestikulierenden Herrn. Nur ich und die Kamera. Wir hatten schon vor einigen Aufnahmen den perfekten Shot, der lediglich zwei Sekunden zu kurz war. Wir müssen die vollen 35 Sekunden füllen und brauchen zudem eine gewisse Menge an Material zur Auswahl.

„Perfekt", ertönt es wieder von hinten, nachdem ich verstumme. „Das war perfekt!"

Ich muss grinsen.

„Und jetzt brauchen wir genau das noch weitere drei Mal.“

Es ist normal, dass meine Aussagen reduziert und fast schon instrumentalisiert werden, um Klicks zu generieren.

„Kira Geiss appelliert an die Kirche, christliche Influencer anzustellen“, lautet die neueste Headline. Eine Aussage, die während eines Interviews über meine bisherige Zeit als Miss Germany völlig aus dem Kontext gerissen wurde und nicht abgesprochen war. Keine Seltenheit. Gerade mein Glaube wurde in der Vergangenheit wiederkehrend als Schlagzeilengenerator genutzt. Über ihn zu sprechen, stört mich keineswegs, doch diese Artikel schaffen es leider nur selten, das zu transportieren, was er für mich bedeutet oder überhaupt beinhaltet. Ich wünschte, sie würden sich mehr Mühe geben, um ihn realistischer abzubilden und nicht nur für Klicks nutzen.

Ich bin Christin. Ich habe mich dazu entschieden, Christin zu sein, kurz vor meinem siebzehnten Geburtstag. Zuvor bin ich monatelang mental herumgeirrt, ohne zu wissen, was mich glücklich macht oder was ich überhaupt von meinem Leben möchte. Denn viele der Dinge, die ich bis dahin als sinnstiftend und als belastbare Lebensgrundlage erachtet hatte, stellten sich als nicht tragfähig heraus. Alles, was ich jahrelang anhimmelte, war kurz vor der Trennung meiner Eltern und meinem Neustart wie ein Kartenhaus in sich zusammengefallen und offenbarte die schädlichen Auswirkungen von all dem auf mein Leben. Nach der Erkenntnis, dass mir weder Partys und Alkohol noch das Festklammern an ungesunden Beziehungen das gaben, wonach ich mich wirklich sehnte, blieb in mir nur eine unangenehme Leere zurück. In dieser Situation spürte ich etwas völlig anderes: einen inneren Funken. Eine Mischung aus Wärme, Liebe und Nach-Hause-Kommen. Ich erlebte ihn zuerst auf dieser Jugendfreizeit von der Kirche. Obwohl ich damals noch nichts mit der Bibel anfangen konnte und mir Gebet sowie dieser „Lobpreis“ immer noch befremdlich waren, bekam ich zunehmend den Eindruck, eine Entscheidung treffen zu wollen. Ich merkte: Wenn ich dem Glauben und diesem neuen Leben eine ehrliche Chance geben wollte, durfte ich keine halben Sachen machen. Als ich eines Abends in meinem Bett lag und ins dunkle Nichts starrte, wagte ich etwas. Leise, kaum hörbar, flüsterte ich: „Ich weiß nicht mal, ob es dich wirklich gibt, Gott. Ich weiß nicht, ob du mich hörst oder ob ich hier einfach nur ins Nichts rede. Aber wenn es dich gibt, dann gebe ich dir eine Chance.“

Ich traf in diesem flüchtigen Moment mit meinem Herzen unwissend eine Lebensentscheidung. Einfach, weil es sich richtig anfühlte. Weil ich mehr von dieser Wärme wollte, die ich jedes Mal in dieser Jugendkirche spürte. Weil ich das Gefühl hatte, dadurch endlich die unangenehme Leere und Suche in mir zu beenden. Außerdem, was hatte ich schon zu verlieren? Nichts! So hatte es sich zumindest angefühlt. Was waren da schon ein paar Worte, die ich in die Dunkelheit flüstere? Wenn es diesen Gott nicht gäbe, würde sich dadurch einfach nichts in meinem Leben ändern. Aber ich wollte die Sache mit dem Glauben und Gott ernst nehmen, all das zumindest einmal prüfen und ihn deswegen weiter „suchen“. Weil da plötzlich wieder eine Perspektive war. Es waren riskante Worte, die ich in diesem Zuge vor mich hin flüsterte und die zu einer Entscheidung führten, die mit Sicherheit das größte Wagnis meines Lebens war. Denn heute sehe ich, wie sich dadurch fast alles verändert hat. Manchmal überkommen mich Tränen der Dankbarkeit, wenn mir bewusst wird, dass nichts, was heute ist, ohne diese Entscheidung und diesen Glauben möglich gewesen wäre. Man könnte fast schon behaupten, dass das der Butterfly-Effekt meines Lebens war. Aber so eine Entscheidung ist keine, die man leichtsinnig treffen sollte. Denn es besteht die Gefahr, dass Gott einem wirklich begegnet.

In den folgenden Jahren durfte ich gemeinsam mit meinen beiden Kolleginnen und Freundinnen Hanna und Nike bei der Gründung einer Jugendkirche namens EASTSIDE. in Magdeburg mitwirken. Ein Ort, an dem junge Menschen musikalisch, kreativ und sozial gefördert werden. Ein Ort, an dem man mehr über den Glauben erfahren kann, wenn man möchte. Mein Traum und die Motivation dahinter war der Wunsch, jungen Menschen das zurückzugeben, was ich als Jugendliche bekommen habe. Einen Ort zu schaffen, an den sie kommen können, wenn sie sich verloren fühlen. Ich wollte jungen Menschen zuhören, wenn sie niemanden zum Reden haben. Für sie da sein, wenn alles um sie herum zerbricht. Antworten geben, wenn sie nicht weiterwissen, und ihnen von dem erzählen, was für mich heilsam war. Meiner Meinung nach ist der Glaube nichts, was in einen Menschen hineingepresst werden kann, sondern etwas, das nur aufgrund einer positiven Erfahrung und eigener Entscheidung entsteht. Mein Beitrag dabei war und ist es, gelegentlich zu erzählen, was mein Herz bewegt und was ich erlebe. Und ich liebe es, das zu tun! Am liebsten von zwei Erlebnissen, die sich im Nachhinein wie kleine Wunder anfühlen.

Tagebucheintrag, März 2022

Seit einiger Zeit veranstalte ich in Magdeburg monatlich einen Mädelsbrunch. Ich liebe es einfach, wenn sich die Leute in meinem Wohnzimmer stapeln, gemeinsam gegessen, stundenlang geredet und gelacht wird und dabei neue Freundschaften entstehen. 65 Euro hat mich der letzte Mädelsbrunch gekostet. Keine kleine Summe, aber zwölf Frauen können eben eine ganze Menge Croissants, Avocados und Bagels verdrücken. Da die Gemeinde lediglich 30 Euro davon finanzieren kann, entscheide ich mich dazu, den restlichen Betrag aus eigener Tasche zu bezahlen. Wohlwissend, dass ich selbst nur noch 128 Euro für diesen Monat zur Verfügung habe. Bei einer Gründung wird man eben nicht reich. Vor allem dann nicht, wenn sie im sozialen Kontext stattfindet. Aber ich weiß, dass es dennoch das Richtige ist. Ich will ein dienendes Herz für die Menschen um mich herum haben. Ich will in sie und diese Gemeinschaft investieren und ich bitte dich, dass du mir dabei hilfst!, bete ich in Gedanken. Auch wenn es mir im ersten Moment schwerfällt, bin ich bereit zu investieren, denn für mich ist genau das Kirche: Gemeinschaft mit anderen Menschen. Brunches. Ausflüge. Events. Über den Glauben ins Gespräch kommen. Das Leben genießen. Gemeinsam diskutieren und weiterdenken. Selbst wachsen. Und ich habe Sehnsucht nach mehr davon. Nach Kirche, in der Menschen nicht auf Sitzbänken einschlafen und gelangweilt nach Hause gehen, sondern ein Ort und

Veranstaltungen, bei denen man aufblüht, Lust aufs Leben und Gemeinschaft bekommt.
Kurze Zeit später stehe ich im Bad, mein Handy vibriert. Als ich die PayPal-Benachrichtigung entdecke, überrollt mich eine Mischung aus Stress und Sorge. Ich habe doch gar nichts gekauft, schießt es mir durch den Kopf. Mehr Ausgaben kann ich wirklich nicht stemmen! Doch als ich auf die Nachricht klicke, kann ich meinen Augen kaum glauben. „Laura Freund hat dir 30 Euro überwiesen." Fassungslos starre ich auf den Bildschirm. Es ist exakt der Betrag, der für die Finanzierung des Mädelsbrunches noch fehlt. Sie ist zwar eine meiner besten Freundinnen, aber unser letztes Telefonat ist schon etwas her, weswegen sie unmöglich von meiner finanziellen Situation wissen kann. Ohne wirklich nachzudenken, wähle ich Sekunden später ihre Nummer. „Hallo? Alles okay?" ertönt es aus meinem Lautsprecher.
„Laura, wieso hast du mir das Geld überwiesen?", frage ich sie noch völlig perplex.
„Ich hatte den Eindruck, Gott will, dass ich es dir überweise", antwortet sie wie selbstverständlich.
Mir fehlen die Worte. Warme Tränen laufen über meine Wange und tropfen auf die Badezimmerfliesen. Nur Minuten nach der Entscheidung, das Geld selbst aufzubringen, und meinem kurzen Gebet, das lediglich aus zwei Sätzen bestand, habe ich alles zurückbekommen, was ich bereit war zu geben. Es fällt mir schwer, einen sinnvollen Satz zu formulieren und mit der Situation umzugehen. Ich bedanke mich, druckse herum und lege auf. Minuten später stehe ich immer noch im Bad und starre an die Wand, fassungslos über das, was da gerade passiert ist.

Tagebucheintrag, August 2022

„Müssen wir die Ferienfreizeit absagen, wenn sich in den nächsten drei Tagen niemand mehr anmeldet?“, frage ich bedrückt in die Richtung meiner Kollegin Hanna, die an ihrem Kaffee nippt. Eines meiner letzten Projekte, bevor ich das Studium zur Religions- und Gemeindepädagogin antrete, ist die bevorstehende Jugendfreizeit. Nur wenn wir fünfzehn Anmeldungen haben, findet sie statt. Das hatten wir im Voraus vereinbart. Aktuell sind wir bei dreizehn.

„Nur ein Wunder kann uns aus dem Nichts noch mehr Teens herbeizaubern“, antwortet sie genauso traurig. Denn eine andere Jugendgruppe, mit der wir das Projekt gemeinsam geplant hatten, ist kurzfristig abgesprungen.

„Vielleicht soll es nicht sein. Vielleicht ist es gerade nicht dran“, denke ich laut.

Hanna nickt. Wir trinken schweigend unseren Kaffee. Ich bin frustriert, denn seit Monaten freue ich mich so sehr auf dieses Projekt! Das Programm plane ich seit Wochen und nun soll doch alles ins Wasser fallen?

„Wollen wir beten?“, fragt Hanna nach einigen Minuten Stille. Ich habe keine Lust und nicke dennoch. „Hey Gott, wir möchten Teens fördern und diese Freizeit machen“, beginnt sie.

„Wir wissen, dass du sie ermöglichen kannst, wenn sie stattfinden soll“, ergänze ich widerwillig.

Fünf Minuten nach unserem gemeinsamen Gebet klingelt mein Telefon.

„Hey, bin ich da bei der EASTSIDE?“, erklingt eine Frauenstimme. „Ich würde gerne meine beiden Teens zu eurer Freizeit anmelden.“

Als sie die Worte ausspricht, fällt mir die Kinnlade nach unten. Ich kann kaum glauben, was ich gerade gehört habe.

Diese Dinge gehören zu mir und stärken meinen Glauben. Diese Erlebnisse und Gedanken bewegen mein Herz. All das ist mir unglaublich kostbar! Aber zum einen fühlt es sich befremdlich an, all das herunter gebrochen als Headline eines Artikels zu sehen und zum anderen möchte ich den Menschen in meinem Umfeld durch dieses eine polarisierende Thema nicht das Gefühl vermitteln, sie zwanghaft von meinem Glauben überzeugen zu wollen.

***

Es ist normal, dass ich zum Schönheitsideal für andere werde und mein Körper dadurch unentwegt kommentiert und beobachtet wird.

„Du siehst auf Fotos immer so toll aus. Ich wünschte, ich wäre so schön wie du." Bei den Worten des jungen Mädchens, das sich neben mich gesetzt hat, zerreißt es mir fast mein Herz. Sie zeigt mir eines der Bilder von mir, das während einer Videoaufnahme entstanden ist. Ich kenne ihre Gedanken nur zu gut. Ich selbst habe schon zu oft die Bilder fremder Menschen angeschaut, mit der Sehnsucht im Herzen, so wie sie auszusehen oder einzelne Körperteile, wie meine Beine, mit ihren zu tauschen. Nur mit dem fehlenden Hintergrundwissen, was für dieses Bild und dieses Aussehen alles in Gang gesetzt wurde.

„Ich verrate dir ein Geheimnis", antworte ich lächelnd, in dem Wissen, dass ich die folgenden Informationen im Alter von dreizehn selbst gut hätte vertragen können. „Was du als schön bezeichnest, ist die 90-minütige Arbeit einer Hair- und Make-up-Artistin, die mir ein Full-face-Make-up verpasst und jede meiner Haarsträhnen sorgfältig gelockt hat", beginne ich grinsend und verdrehe die Augen. „Und das ist noch nicht alles! Vor Ort ist immer mindestens eine Person dafür zuständig, die Umgebung perfekt auszuleuchten, damit meine Haut glatt und rein aussieht. Und das krönende Ende ist, dass mithilfe von Photoshop abstehende Haarsträhnen entfernt, die Zähne geweißt und kleine Flecken auf der Haut gelöscht werden. Das Bild, das du hier siehst, ist ein Meisterwerk. Es ist eine eigene Art von Kunst. Aber auf keinen Fall mein echtes Gesicht."

Am liebsten würde ich sie in die Arme schließen und ihr sagen, dass ich, was die Themen Körper und Selbstwert betrifft, das falsche Vorbild bin. Es fällt mir oft schwer, mich selbst anzunehmen, und ich verfalle immer wieder in ungesunde Verhaltensmuster. Wie soll *ich* da einen positiven Einfluss auf jemand anderen haben?

Mein Körper und ich sind nicht immer auf einer Wellenlänge. An manchen Tagen lieben wir uns sehr und an anderen kommen wir überhaupt nicht miteinander klar. „Jeder Körper ist schön", lautet ein Claim der Body-Positivity-Bewegung. Ja, ich finde den Ansatz richtig, dass jeder Körper schön ist. Doch was dabei mitschwingt, ist, dass jeder Körper *immer* schön ist. Und bei diesem Gedanken macht sich in mir jedes Mal ein beklemmendes Gefühl breit. Dehnungsstreifen nennt man jetzt „tiger stripes", Cellulite und Körperbehaarung werden gefeiert. Sicherlich Meilensteine im Prozess der

Wertschätzung von echten Körpern und dem liebevollen Umgang mit sich selbst. Doch was der Gedanke „Ich bin immer schön" in mir verursacht, ist eine Mischung aus Druck und Panik. Ich finde mich nicht immer schön. Ich liebe meinen Körper und auch meine Dehnungsstreifen nicht jeden Tag. Ich will mich nicht immer schön finden müssen. Ich kann mich nicht immer schön finden. Echte Annahme des eigenen Körpers beginnt für mich damit, sich einzugestehen, dass man sich auch mal *nicht* schön findet.

Denn fast wichtiger als Schönheit finde ich Akzeptanz. Meiner Ansicht nach macht genau diese auch schöner. Die Aufforderung, mich immer schön finden zu müssen, empfinde ich als beklemmend und an manchen Tagen sogar angsteinflößend. Denn sie zwingt mich fast schon dazu, mich ständig mit meinem Körper zu beschäftigen. Dieser verändert sich jedoch oft so rasend schnell, dass er zum Lebensmittelpunkt werden muss, um ihn in jeder Phase schön zu finden. Schließlich können innerhalb von wenigen Wochen mehrere Kilos ab- oder auch zugenommen werden. Allein im Zyklus einer Periode verändert sich der Körper einer Frau von Woche zu Woche rasant. Aber genau das will ich doch gar nicht, mich ständig um meinen Körper drehen und ihn in den Mittelpunkt stellen. Stattdessen wünsche ich mir echte Akzeptanz. Was bedeutet, dass ich mich nicht jeden Tag mit meinem Körper beschäftigen muss. Sondern dass ich ihn als wertvoll erachte, unabhängig davon, ob ich mich in diesem Moment nun schön fühle oder auch nicht. Ich sehne mich danach, dass Scham, Frustration und Neid keinen Keil mehr zwischen mich und meinen Körper treiben können. Diese Akzeptanz ist vermutlich nicht von heute auf morgen und auch nicht für immer und ewig erreichbar. Sie braucht ab und zu Erneuerung, das weiß ich. Aber sie ist nicht den Launen meines Zyklus oder dem Wohlwollen der Waage unterworfen.

Tagebucheintrag, 18.09.2023

Manchmal ist es ziemlich laut in meinem Kopf. Manchmal liege ich nachts stundenlang wach und kann vor lauter Eindrücken und Entscheidungen, die noch getroffen werden müssen, nicht schlafen. Jeden Tag treffe ich neue Menschen. Manchmal sind es Hunderte. Ich führe intensive Gespräche, muss performen, mich rechtfertigen und bin schon beim nächsten Termin, bevor ich das, was ich sehe und erlebe, überhaupt verarbeiten kann. Ich liebe meinen bunten Alltag, aber in manchen Nächten hält er mich stundenlang wach. Es ist wie ein bittersüßer Geschmack auf der Zunge. Ja, bittersüß trifft es gut. Ich will mehr davon und muss doch immer wieder die Augen zusammenkneifen, um durchzuhalten. Wie bei Wasabinüssen und sauren Gummibärchen.

Die Realität ist, dass dieses Leben, von dem ich geträumt habe, kein durch und durch fantastisches ist. Es lässt mich mehr sehen und erleben als all die Jahre zuvor, aber es bedeutet auch, dass ich mich ein Stück weit selbst aufgebe. Nicht meinen Charakter, aber durchaus Teile meiner Privatsphäre und meines sozialen Umfelds.

„Ich versuche, mich von dir zu distanzieren. Ich bin neidisch auf das, was du erreicht hast und wie du jetzt lebst."

Oder auch: „Ich habe das Gefühl, da hat sich was zwischen uns verändert. Ich weiß überhaupt nicht mehr, wie ich dir begegnen und worüber ich mit dir reden soll.“ Das waren Aussagen, die nach meinem Sieg bei Miss Germany von manchen Freunden und Bekannten gekommen sind.

Ich kann mich auf den meisten Konferenzen und Events nicht mehr einfach so in die Menge setzen, ohne dass ich beobachtet werde und Menschen zu tuscheln beginnen oder mich ansprechen. Ich muss aufpassen, was ich in der Öffentlichkeit sage, zu welcher Thematik ich mich äußere, mit wem ich zusammenarbeite und wie ich grundsätzlich auftrete. Ich habe eine neue Freiheit gegen meine alte Freiheit eingetauscht. Kein Verlust, nur ein anderes Leben. Eine andere Realität. Eine bittersüße Realität. Aber dieser Blick hinter die Kulissen hat einiges von dem entromantisiert, was sich die junge Kira vorgestellt hat.

Was ich als Kind nicht über meinen damaligen Traumberuf der Erzieherin wusste, wusste ich als Jugendliche auch nicht über meinen Traum, Model zu werden und ein Teil der Glamourwelt zu sein. Es hätte mir vielleicht gutgetan, wenn es so etwas wie ein Praktikum gegeben hätte, einen Perspektivwechsel auf Probe in die Welt der Kameras, des Marketings und des öffentlichen Lebens.

Ich liebe diesen Job heute sehr, doch es ist nicht alles so rosig, wie es manchmal erscheint. Und wie in jedem anderen Beruf auch muss man eben verschieden große Kompromisse eingehen.

Mit all den „Es ist normal“-Beispielen im Hinterkopf wäre mein Rat an die jüngere Kira, die meine aktuelle Lebensphase vermutlich als „oberkrass“ oder „fresh“ betiteln würde: Es ist nicht alles Gold, was glänzt. Lass dich nicht blenden von dem, was deine eigene Sicht nur verzerrt einfangen kann, denn „perfekt“ gibt es nicht, und das ist auch in Ordnung so.

Social Media Teil 2: Ein Experiment

Ich esse unheimlich gerne Croissants. Im Schnitt alle sieben Tage eins. Als ich meine Follower auf Social Media einmal fragte, wie hoch sie meinen Croissant-Konsum schätzen, gaben 63 Prozent von ihnen fünf Croissants pro Woche an, 34 Prozent drei Croissants und lediglich 3 Prozent ein Croissant.

Als ich feststellte, dass mich Menschen mit Croissants in Verbindung bringen, beschloss ich, ein Experiment zu starten. Jedes Mal, wenn es sich ergab oder ich auf Reisen war, versuchte ich, ein Croissant zu posten. Damit sollte ich auf circa eine Story pro Woche kommen. Die Beschreibung in meiner Instagram-Bio erweiterte ich um den Satz „In meiner Freizeit teste ich Croissants“, und beinahe jedes Mal, wenn ich mit dem Zug verreiste, erwähnte ich mindestens einmal das Wort „Croissant“. Innerhalb von kürzester Zeit begannen viele meiner Follower, Croissants an den Orten zu kaufen, an denen ich „häufig“ eins aß, und schickten mir Bilder davon. Unabsichtlich wurde ich im Laufe der Zeit in meiner anfangs noch kleinen Community zur inoffiziellen Botschafterin einer Bäckereikette, die unter anderem eine große Auswahl an Croissants im Sortiment hat.

Einige meiner Follower waren sogar regelrecht empört, wenn ich in einem Café oder einer Patisserie etwas anderes bestellte als besagtes Gebäck. Nachrichten wie „Schon wieder kein Croissant?“ oder „Hast du vergessen, das Croissant zu fotografieren?“ überschlugen sich regelrecht in meinem Postfach und tun es auch heute noch. Wieder andere begannen sich irgendwann zu wundern, wie ich so schlank bleiben kann, wenn ich doch jeden Tag eins dieser Hörnchen esse.

Das Geheimnis: Der Schein trügt, mein Konsum wird überschätzt. Wer in meinem Story-Highlight nachschaut, entdeckt schnell, dass die Menge an Croissant-Content geringer ist als erwartet. Lediglich die Kontinuität hat eine Unmenge an Menschen glauben lassen, dass ich verrückt nach diesem buttrigen Gebäck bin. Das bin ich auch, nur eben nicht in einem ganz so extremen Ausmaß.

Es fasziniert mich zu sehen, wie schnell die Dinge, die Menschen in den sozialen Medien konsumieren, ein Eigenleben in deren Köpfen entwickeln. Kein einziges Mal habe ich davon gesprochen, dass ich jeden Tag ein Croissant esse. In keiner Woche habe ich mehr als zwei Croissants gepostet und dennoch liegt bei vielen Terminen ein Croissant für mich bereit. Sowohl Freunde als auch Fremde schenken mir Weihnachtskugeln, Bilder oder Kuscheltiere in Croissant-Form. Nichts, worunter ich leide, vielmehr etwas, worüber ich mich freue. Dennoch eine Erkenntnis, die mich zum Staunen bringt.

Ein Croissant ist ein harmloses Beispiel, doch auch hier könnte ich das Vertrauen meiner Follower schamlos ausnutzen. Was wäre, wenn ich ab jetzt kein Croissant mehr kaufen, sondern lediglich ein Bild des Bäckers meines Vertrauens posten würde? Jeder würde durch das Bild annehmen, dass ich am liebsten die Croissants eben jenes Bäckers esse. Wenn ich wollte, könnte ich eine Illusion schaffen. Eine unausgesprochene Lüge, die als Verkaufsstrategie genutzt werden kann. Ich zeige und promote etwas, ohne es wirklich zu nutzen. Keine Seltenheit in der Marketingwelt, die ich bereits in der optischen Darstellung von Produkten im Schaufenster während meiner Ausbildung erlebt habe.

Eine befreundete Fashioninfluencerin erzählte mir beispielsweise erst neulich bei einer Tasse Kaffee, dass sie seit ihrer letzten Kooperation mit einer großen Beautymarke Gewissensbisse plagen würden. Denn mit dem Lippenstift, den sie promoten sollte, wurde sie von der Stylistin nie geschminkt. Das tolle Produkt, das den ganzen Tag standgehalten hatte, stammte eigentlich von einer anderen Marke. Nur sahen das die Konsumenten am Ende nicht.

Ein anderer Freund arbeitete vor einiger Zeit bei einer Eventfirma und war bei der Jubiläumsfeier eines großen Süßigkeitenherstellers vor Ort. Die mehrstöckige Torte, die die letzten Stunden ungekühlt herumstand, wurde lediglich vom Moderator angeschnitten und im Anschluss von der Bühne getragen und dort entsorgt. Eine Torte, die ausschließlich für Fotos und schöne Instagram-Storys herhalten musste.

Ich werde weiterhin Croissants essen und Bilder davon auch auf meinen Social-Media-Plattformen teilen. Doch das kleine Experiment und die Schilderungen meiner Freunde haben mir gezeigt, welche Macht und Verantwortung *ich* als Content Creatorin über und für andere Menschen haben.

Die bittere Realität ist: Nur, weil ich etwas sehe, bedeutet es nicht, dass es der Wahrheit entspricht. Was bei Social Media stattfindet, ist in den verschiedensten Bereichen häufig eine bis ins kleinste Detail konzipierte Illusion, die lediglich einen Teil der Wahrheit zeigt. Egal ob es sich um Essen, Möbel, Autos, Uhren, Urlaub oder den Körper handelt.

Bei all diesen Dingen muss auch ich mich immer wieder zur achtsamen Wahrnehmung ermahnen, da ich hin und wieder dazu tendiere, mein Leben mit dem anderer zu vergleichen. Mit digitalen Leben, die aus einer Inszenierung entstehen.

Selbst die renommierte Musikerin Elif erzählt bei einem gemeinsamen Auftritt sinngemäß davon, dass sie sich täglich den Arsch aufreißen müsse, um ihre Musik unter anderem auch mithilfe von Social Media zu finanzieren. Sehen tut diesen Aufwand natürlich niemand.

Es tut gut, diese Worte aus ihrem Mund zu hören. 258.000 Follower finden sich auf ihrem Profil. Sie postet Bilder von großen Kampagnenshootings, von Magazinen, deren Cover sie ziert, hin und wieder auch von Designermarken und einer ganzen Menge Bühnenauftritten. Nur durch ihr Instagram-Profil entsteht das Bild von ihr in meinem Kopf: schön, reich und erfolgreich. Das absolute Traumleben. Die Realität ist, dass ich die Menschen, denen ich bei Social Media folge, nicht kenne, und dass mein Bild von ihnen nur eine Teilwahrheit ist.

„Löscht das Bild von mir, das ihr in euren Köpfen habt! Es wird mir nicht gerecht!“, würde ich manchmal gern vor Bühnenauftritten und auch auf Social Media von mir geben. „Löscht das Bild von Menschen in euren Köpfen, die ihr nicht wirklich kennt! Ihr belügt euch damit nur selbst", würde ich liebend gern ergänzen, wenn ich gerade schon in Rage bin.

Ich wollte nie diese Kira Geiss sein. Die Kira, die manche Menschen in ihrem Kopf als oberflächlich abstempeln, weil sie einen schlecht recherchierten Artikel über mich gelesen haben. Die Kira, die manche glorifizieren, weil sie nur meine Erfolge sehen und mich dadurch auf ein Treppchen stellen, auf dem ich nicht bin oder überhaupt sein will. Die Kira, die sie als Schönheitskönigin sehen. Die Kira, die als feige beschrieben wird, weil sie sich zu manchen Themen nicht in der Öffentlichkeit äußert. Die Kira, die sie als zu unerfahren und zu naiv sehen. Die Kira, von der sie denken, nur weil sie als Christin in der Öffentlichkeit steht, will sie alle Leute zwanghaft von der Kirche überzeugen. Die Kira, die sich scheinbar immer schön fühlt. Die Kira, die eigentlich kein Interesse an Politik hat und die Plattform lediglich für ihren eigenen Ruhm nutzen will. Die Kira, die keine Lust auf „richtige" Arbeit hat und deswegen Content bei Social Media postet. Hunderte Bilder in fremden Köpfen. Hunderte Vorurteile. Ich wollte nie diese Kira Geiss sein. Die Kira Geiss, die ich eigentlich nicht bin. Eine fremde Frau, die nicht existiert. Und das macht mir nicht erst seit Kurzem Angst.

Tagebucheintrag, 25.01.24

„Manchmal macht mir Social Media Angst. Immer wieder erwische ich mich dabei, wie ich Content nicht mehr für Menschen, sondern lediglich für die Zahlen mache. Immer wieder erlebe ich, wie mir Menschen mit einem völlig falschen Bild im Kopf

begegnen, das sie sich durch die sozialen Medien gebildet haben. Immer wieder erwische ich mich dabei, wie ich unzählige Stunden scrolle, ohne dabei irgendetwas mitzunehmen. Häufig kann ich mich nicht mal mehr an den Inhalt des vorletzten Reels erinnern. Ich weiß, wie ungesunder Konsum aussieht, und auch, wie man ihn in den Griff bekommen kann, schließlich halte ich genau zu diesem Thema immer wieder Workshops in Schulen. Aber manchmal gebe ich mich dem auch einfach hin. Obwohl ich, je länger ich scrolle, eigentlich jedes Mal nur noch mehr das tiefe Bedürfnis nach Inhalt und Mehrwert verspüre. Die Gefahr, jede Situation im Alltag als möglichen Content zu betrachten und sich dabei selbst zu verlieren."

Nach meinem anfänglichen Ringen mit Social Media und dem daraus resultierenden Entschluss, meinen Job auch in der digitalen Welt ernst zu nehmen, habe ich damit begonnen, täglich Content auf diesen Plattformen zu posten. Content, den ich mir selbst auch anschauen würde und den mein jüngeres Ich gebraucht hätte. Content, der Menschen guttut und im Optimalfall sogar gewinnbringend ist. Denn ich bin auch weiterhin nicht bereit, nur für Klicks auf irgendwelche Trends aufzuspringen, die einen ungesunden Rattenschwanz hinter sich herziehen. Am 21. August 2023 ging dann mein erstes Reel viral. 1,4 Millionen Mal wurde es abgespielt. 1155 neue Follower hat es mir eingebracht. 1155 Menschen haben sich dazu entschlossen, auch in Zukunft meinen Content anzuschauen. Seitdem wächst mein Account stetig. Es war berauschend. Endlich hatte ich das Erfolgsgefühl, nach dem ich mich so lange gesehnt habe. Ich platzte fast vor Stolz. Ich hatte es endlich geschafft!

Während ich dieses Buch schreibe, finden sich nach weiteren großen TV- und Bühnenauftritten sowie einigen Reels, die die Millionen geknackt haben, 32.000 Follower auf meinem Profil wieder. Ich bin angekommen. Ich habe meinen Job gemacht. Aber bei dem, wozu ich mich anfangs motivieren musste, muss ich mich heute eher bremsen.

Denn häufig stehe ich vor zwei Herausforderungen. Erstens muss ich mich immer wieder daran erinnern, dass hinter jeder kleinen Zahl auf meinem Handy ein Mensch steckt und ich diesen Fakt niemals aus den Augen verlieren darf. „Es geht um Menschen, nicht um Zahlen!“, sage ich hin und wieder zu mir selbst, wenn ich mich über die Reichweite meiner Story oder des neuesten Reels ärgere. Denn mehr Reichweite bedeutet automatisch auch, dass Kunden bereit sind, mehr zu bezahlen. Aber das soll niemals mein Antrieb werden, sondern auch weiterhin lediglich ein Nebenprodukt bleiben. Denn nur, weil ich mich mittlerweile im Terrain der Social-Media-Welt eingefunden habe, möchte ich meine früheren Ansätze nicht einfach verwerfen. Das Ziel, meinen Job auch im digitalen Kontext richtig zu machen, war schließlich an die Bedingung geknüpft, die Inhalte zu posten, die meinem jüngeren Ich gutgetan hätten und nicht Teil der oberflächlichen Social-Media-Welt sind.

Zweitens: Meine erste bewusste Tätigkeit am Morgen ist häufig, nach dem Handy zu greifen. Zwanzig Minuten durch Instagram zu scrollen, auf Mails zu antworten, mit meinen beiden Managerinnen zu chatten oder zu telefonieren und Textabgaben für Kunden zu erledigen. Im Anschluss klappe ich den Laptop auf und beginne mit der richtigen Arbeit. Alles, ohne mich nur einen einzigen Zentimeter aus meiner

Schlafposition zu bewegen. Warum auch? An den wenigen Tagen, an denen ich zu Hause bin, versuche ich, die Zeit im Home Office so effektiv und gleichzeitig gemütlich wie möglich zu gestalten. Aber genau diese Ortsungebundenheit verleitet mich auch dazu, meine Arbeit immer und überall zu tun. Im Bett. Im Zug. Im Restaurant. In der Umkleidekabine. Beim Familientreffen. Auf dem Klo. Während ich an der Elbe entlangspaziere und natürlich auch, bevor ich schlafen gehe. Ob ich zu Hause bin oder im Hotel macht keinen Unterschied. Die Arbeit im digitalen Raum und die ständige Erreichbarkeit sind normal für mich geworden.

An sich finde ich das nicht primär schlecht. Zu einem Problem wird es erst dann, wenn der Rest meines Alltags darunter leidet. Immer öfter erwische ich mich dabei, wie mich die Arbeit am Laptop und auch in der Onlinewelt völlig einnimmt. Nicht selten steht mein Koffer noch zwei Tage nach einer Reise unausgeräumt an genau der Stelle, an der ich ihn abgestellt habe. Denn wenn ich nach Hause komme, klappe ich meistens als allererstes meinen Laptop auf und arbeite weiter.

Im Schnitt verbringe ich sechs Stunden pro Tag am Handy, das sind dreieinhalb Stunden mehr als der durchschnittliche Deutsche und zwei Stunden mehr als meine Generation, die Gen Z. Die Zeit am Laptop, die sich meist auf weitere vier Stunden und dreißig Minuten beläuft, kommt noch hinzu. Es ist verrückt, wie viel meiner Wachzeit ich an manchen Tagen im digitalen Raum verbringe. Je nach Tag schwanken diese Zahlen jedoch immens. Im Home Office, während einer Vortragsvorbereitung, komme ich mit meinem Laptop schnell auch auf acht Stunden Bildschirmzeit. Doch bei Events und Terminen fällt diese manchmal sogar bei meinem Handy auf unter eine Stunde pro Tag.

„Stop scrolling, start living“ prangte neulich auf meinem Handydisplay, während ich nach neuen Reel-Inspirationen und Trends suchte. Leichter gesagt als getan, wenn doch das Scrollen plötzlich Teil meiner Arbeit und meines Lebens ist. Selbst wenn ich wollte, wäre es schwer für mich, die Zeit im digitalen Raum zu minimieren. Denn wer auf Social Media wachsen will, wird vor allem aufgrund von Kontinuität belohnt. Und genau das war es auch, was mich an den heutigen Punkt der Followerzahl gebracht hat. Wochenlang habe ich jeden Tag, manchmal sogar zweimal täglich, Beiträge und Reels gepostet. Was mir anfangs so schwerfiel, ist inzwischen mein Alltag geworden.

Vielleicht ist genau das die Schattenseite der Arbeit in der digitalen Welt. Denn irgendwann gewöhnt man sich so sehr daran, seinen Alltag, seine Gedanken und selbst das Essen zu dokumentieren und zu teilen, dass man jegliche Verhältnismäßigkeit aus dem Blick verliert. Von Freundinnen, die ebenso als Content Creatorinnen unterwegs sind, höre ich hin und wieder sogar, dass sie die Interaktion mit Followern während einer Social-Media-Pause vermissen. Alles Dinge, die eine intensive Nutzung immer weiter fördern und mich neben der eigentlichen Laptoparbeit noch so viel mehr Zeit kosten.

***

Wenn es eine Sache gibt, auf die meine Eltern besonders viel Wert gelegt haben, dann sind es Selbstständigkeit und Kreativität. Ich bin in einem Haus groß geworden, in dem es keine weißen Wände gab. Die Decke meines Zimmers war beispielsweise orange-grün kariert, der Esstisch leuchtend rot und über dem Sofa im Wohnzimmer waren unzählige riesige bunte Käfer abgebildet. Mit meinem kleinen Bruder habe ich früher gerne auf dem Schrottplatz nach Material für unsere kreativen Bastelprojekte gesucht. Eines Tages fanden wir dort einen MP3-Player, auf dem nur ein einziges Lied abgespeichert war: „Zeit ist Geld, alle wollen mehr, die ganze Welt rennt ihr hinterher. Wer hat an der Uhr gedreht, ist es wirklich schon so spät?", erklang es damals stark rauschend aus den kleinen Lautsprechern. Hunderte Male hörten wir uns dieses Lied von Irie Révoltés an, so oft, dass ich noch heute häufig einen Ohrwurm davon habe.

Zeit ist kostbar. Manchmal wünsche ich mir, ich hätte mehr davon. Gerade an Tagen, an denen es so scheint, als würde Social Media den Großteil von ihr einfach so schlucken. Monatlich schicke ich meine Social-Media-Insights an meine Managerin. Im Fokus steht dabei, wie viele Konten ich mit meinen Beiträgen erreicht habe, wie viele von ihnen interagieren und welche demografischen Merkmale wie Geschlecht, Alter und Nationalität sie mitbringen. All das bestimmt den Preis, den mir Kunden für eine Kooperation zahlen. Es ist durchaus seltsam, meinen digitalen Wert von der Menge anderer Menschen abhängig zu machen und ihn daran zu messen. Ein befremdliches Konstrukt. Ein entmenschlichendes Bewertungssystem der Marketingwelt.

Das große Problem, das hierbei schnell entsteht, ist der immense Druck, die eigene „Bestleistung“ aufrechtzuerhalten. 5,3 Millionen Konten erreiche ich aktuell monatlich. Diese Reichweite beinhaltet mindestens ein, optimalerweise zwei virale Reels. Nur, welche Videos viral gehen, konnte mir damals im Miss-Germany-Camp nicht einmal die Mitarbeiterin von Meta sagen.

„Was viele Menschen bewegt und zusätzlich zur Interaktion anregt, kann man im Voraus schlecht vorhersagen“, war ihre Antwort. Also stehe ich in einem ständigen Wettbewerb mit mir selbst und der Leistung des vergangenen Monats. Ein Wettbewerb, der niemals endet.

Die erste Grenze, die ich mir gesetzt habe, dreht sich um die Zeit, die ich in den Medien verbringe. Um die Kontrolle über diesen Performance-Druck zurückzugewinnen, um dem endlosen Scrollen und der Suche nach neuem Content sowie der Flut von Hasskommentaren zu entkommen, war es die einzige Möglichkeit, Instagram und andere soziale Netzwerke von meinem privaten Handy zu verbannen. Seit dieser Entscheidung greife ich nur noch über mein Arbeitshandy auf diese Plattformen zu, und das auch nur zwischen zwölf und neunzehn Uhr. Eine mir selbst auferlegte Grenze, um morgens gesünder in den Tag zu starten und nicht weiterhin, wie in den Monaten zuvor, als allererstes das Handy in die Hand zu nehmen und zu arbeiten. Eine Grenze, um mich selbst zu schützen. Eine Grenze, um der Kritik Raum zu geben, dieser aber nicht zu erlauben, den ganzen Tag Teil meines Lebens zu sein. „Zeit ist Geld“, hallt das Lied des MP3-Players in mir nach. Aber Zeit ist so viel mehr. Zeit ist Leben. Und dieses Leben möchte ich so wenig wie möglich inmitten von Hass und im digitalen Raum verbringen.

Mit wachsender Reichweite gibt es auch ein wachsendes Interesse anderer Menschen, ihre Produkte, Projekte und auch politischen Meinungen auf meinem Account zu platzieren. Würde ich all die Anfragen annehmen, würde sich meine Plattform innerhalb kürzester Zeit zu einem Werbekanal transformieren.

„Wenn du etwas zu diesem Thema postest, kannst du mit deiner Reichweite einen so großen Unterschied machen!", wurde mir neulich gesagt. Eine Anfrage für ein wertvolles Thema. Eine Anfrage, gegen die ich mich dennoch entschieden habe. Denn der Gedanke, mit einem simplen Post einen Unterschied bewirken zu können, ist ein Trugschluss. Daran muss ich mich selbst auch immer wieder erinnern. Es ist einfach, auf Social-Media-Plattformen ein solidarisches Statement zu posten oder einen Hashtag zu teilen. Es erfordert keinen großen persönlichen Einsatz, keine echte Verpflichtung. Es ist bequem – ein paar Klicks, und man fühlt sich wie ein Teil einer Bewegung. Doch wie viel bewirkt dieser digitale Aktivismus wirklich? Präziser formuliert: dieser faule Aktivismus? Es ist leicht, sich hinter einem Bildschirm zu verstecken und sich selbst einzureden, dass man etwas Gutes tut, indem man auf „Gefällt mir" klickt oder einen kurzen Kommentar hinterlässt. Aber echte Veränderungen erfordern mehr als nur das „Verschenken" einiger Herz-Symbole oder das Drücken des „Teilen"-Buttons. Sie erfordern aktives Handeln, Engagement, manchmal sogar persönliche Opfer.

Dieser Slacktivismus, dieser faule Aktivismus bewirkt meiner Meinung nach zu 99 Prozent rein gar nichts. Das Einzige, was hierbei passiert, ist, dass man sich mit etwas zufriedengibt, bevor man überhaupt damit angefangen hat. Wenn auf Hawaii ein Waldbrand entfacht wird und Tausende Menschen ihr Zuhause verlieren, ist das reposten dieses Faktes oder selbst ein Statement-Reel zu dem Ereignis zwar eine nette Aufmerksamkeit, ändern wird sich dadurch aber rein gar nichts. Außer dass man sich selbst belügt, etwas Gutes bewirkt zu haben.

Auch ich ertappe mich hin und wieder bei dem Gedanken, mit meiner Social-Media-Präsenz und einer Story etwas bewirken zu können. Doch den Leuten auf Hawaii wird erst geholfen, wenn aktiv gehandelt wird. Geldspenden aus der Ferne oder helfende Hände beim Wiederaufbau vor Ort machen den tatsächlichen Unterschied. Nicht die digitale Präsenz. Natürlich ist es wichtig, ein Bewusstsein zu schaffen und Gespräche anzustoßen, aber wenn diese nicht zu einer Handlung führen, sind sie am Ende nicht mehr als leere Worte. In solchen Momenten der Versuchung muss ich mich selbst immer wieder fragen, ob all der Aktivismus nur dazu dient, mein eigenes Ego zu streicheln. Ich möchte mich nicht hinter meinem Online-Profil verstecken. Heute nicht und auch nicht in Zukunft.

Social-Media-Anfragen, die mich zu meiner Anfangszeit noch völlig überrumpelt haben, sortiere ich heute sorgfältig aus. Bevor ich ein Produkt promote, teste ich es zuerst selbst. Nur, wenn ich persönlich zu einhundert Prozent davon überzeugt bin und es von Herzen weiterempfehlen kann, schafft es den Weg in meine Story oder meinen Feed. In der Vergangenheit gab es einige enttäuschte Kunden, denen ich nach dem Testen ihres Produktes abgesagt habe. Aber durch den

Reinfall meiner ersten Kooperation, die mir ganze 4,10 Euro einbrachte, ist mir bewusst geworden, dass ich auf meiner Social-Media-Plattform niemandem etwas schulde. Ich muss nicht, wie anfangs befürchtet, auf den Zug aktueller Trends aufspringen, die ich eigentlich kritisch betrachte. Ich muss auch nicht zu allem eine Meinung haben oder meine Meinung mitteilen. Ich darf wachsen. Ich darf Fehler machen. Ich darf mit der Zeit Grenzen setzen, um besser zu werden. Ich darf vor allem eins: die Kira sein und bleiben, die ich auch in der realen Welt bin.

Einundzwanzig Jahre

Ich beiße von der großen saftigen Erdbeere ab und genieße die Sonne in meinem Gesicht. Heute ist der 29. April, eigentlich noch viel zu früh für die Erdbeersaison, aber bei 25 Grad und knallender Sonne konnte ich einfach nicht widerstehen. Eine ältere Frau setzt sich auf den Straßenbahnsitz gegenüber von mir und lächelt mich an, während ich mir die nächste süße Frucht in den Mund schiebe. Ich bin ungeschminkt, meine blau-roten Socken beißen sich mit meinem Kleid im Tigerprint, meine Beine sind nicht gründlich rasiert und der lila Nagellack blättert langsam von meinen Fingernägeln ab. Vor einem Jahr, kurz nachdem ich zur Miss Germany gewählt wurde, wäre es für mich unvorstellbar gewesen, so das Haus zu verlassen. Ich bin fast schon etwas paranoid geworden, erkannt zu werden und dabei einen schlechten Eindruck zu hinterlassen. Den Mut, hier heute völlig ungerichtet sitzen zu können, musste ich mir in den letzten Monaten erst zurückerkämpfen. Ein Kampf gegen mein inneres Ich, das sich vor Ablehnung fürchtet. Denn täglich bei Events im Mittelpunkt zu stehen, verändert irgendwann auch die Perspektive auf sich selbst. Es ist herausfordernd, ständig mitgeteilt zu bekommen, wie kompetent, schön und bewundernswert man ist, und sich dann Tage später mit Augenringen vor dem Spiegel vorzufinden und das Gefühl zu haben, der kommenden Aufgabe nicht gewachsen zu sein. Beides bin ich. Aber beides im Gleichgewicht zu halten und sich nicht einem davon einfach hinzugeben, ist manchmal schwieriger als gedacht.

Ich werde häufig gefragt, ob ich mich durch den Sieg bei Miss Germany verändert habe. Natürlich habe ich das! Ist es nicht unmöglich, sich innerhalb so vieler Monate nicht zu verändern? Schließlich hinterlässt doch alles, was man sieht, erlebt oder verarbeitet, einen Eindruck und prägt das eigene Lebensbild ständig neu. Und mei, o mei, ich habe in jüngster Vergangenheit so viel gesehen, gesagt und erlebt wie nie zuvor. Aber das ist vermutlich nicht das, worauf die Frage abzielt, sondern vielmehr darauf, ob ich mich als Mensch in meinem Wesen verändert habe. „Macht und Erfolg machen süchtig", meinte erst kürzlich eine Bekannte während eines Events zu mir. „Hat dich das in den letzten Monaten nicht verändert?"

„Ja, das hat es.", bleibt mir in solchen Momenten nur zu antworten übrig. Aber vermutlich auf eine andere Art und Weise, als es die meisten erwarten würden. Meine anfängliche Euphorie über alles Neue und Spektakuläre hat nachgelassen. Heute schaue ich viel realistischer auf die Dinge. Es ist fast schon vergleichbar mit einer Beziehung. Denn die rosarote Brille hat sich mit der Zeit abgenutzt, und auch die Schmetterlinge in meinem Bauch, die ich bei meinem ersten Gang über den roten Teppich oder Luxushotelbesuch hatte, sind mittlerweile verschwunden. Jetzt ist da nur noch die Realität, die ich neben allen unbequemen Erkenntnissen durchaus genieße. Denn heute weiß ich, dass hinter jedem Menschen, der bereits in jungen Jahren auffällig erfolgreich geworden ist, jemand steckt, der dafür viel aufgegeben und einen Teil von sich selbst geopfert hat. Erst neulich erzählte mir eine Bekannte, die sich in der Unternehmenswelt bereits etabliert hat und nicht viel älter ist als ich, von ihrem heimlichen Aufenthalt in einer Burnout-Klinik. Während sie mir von all ihren aktuellen Projekten erzählte, ertappte ich mich bei der Frage, wie viele Jahre ich wohl noch mein rasendes Lebenstempo ohne ungesunde Auswirkungen würde aufrechterhalten können. Mein Verhältnis zu Arbeit und mein Platz für persönliche Hobbys und Beziehungen hat sich auf jeden Fall verändert. Zumindest bis an den Punkt, an dem es mir bewusst geworden ist.

Macht und Erfolg haben mich verändert. Begegnungen und Erlebnisse haben mich verändert und auch schlechte Entscheidungen und falsche Ratgeber. Aber sie haben mich nicht süchtig gemacht. Sie haben mir vor Augen geführt, dass all diese Luxusgüter eben nur Luxusgüter sind und kein Lebensinhalt. Sie haben mir gezeigt, an welchen Punkten ich zu schnell unterwegs bin oder eben auch, was mich nicht glücklich macht. Was ich will, ist, ungeschminkt in dieser Straßenbahn zu sitzen, Erdbeeren zu essen und mich dabei keine Sekunde schlecht zu fühlen. Denn Macht und Erfolg haben widerwärtige Schattenseiten, für die ich keinen Raum in meinem Leben schaffen möchte. Und zwei dieser Punkte, die ich bereits wieder aus meinem Leben verbannt habe, sind zum einen der

Drang, immer perfekt aussehen zu wollen, weil man erkannt werden könnte, und zum anderen der Fakt, dass Hobbys oder private Beziehungen kaum mehr Platz in meinem alltäglichen Leben hatten.

Ich selbst würde behaupten: Nein, in meinem Wesen habe ich mich im Großen und Ganzen nicht verändert. Und das war und ist eine aktive Entscheidung, die ich in verschiedenen Situationen immer wieder treffe.

Gleichzeitig bremst mich auch mein Glaube an diesem Punkt aus. Ich bin der Überzeugung, dass das, was ich heute arbeite und lebe, nicht allein mein Verdienst ist. Vielmehr würde ich behaupten, dass mir diese Verantwortung von Gott anvertraut wurde. Und mit dieser möchte ich nicht leichtfertig umgehen.

Doch ich muss auch gestehen, an manche der neuen Lebensumstände habe ich mich durchaus gewöhnt. Denn Menschen tun mittlerweile automatisch Dinge für mich, die sie zuvor nicht getan haben. Wie zum Beispiel, mein Gepäck zu tragen. Erst neulich stand ich amüsiert am Bahnhof, als ich merkte, dass ich einfach ohne meinen Koffer weitergelaufen war. Dass Menschen meine Tasche tragen, ist nichts, was ich einfordere, sondern vielmehr etwas, worauf sie beharren. Aber mit der Zeit ist es mir dermaßen zur Gewohnheit geworden, dass es mir erst auffiel, als es einmal nicht der Fall war.

Ich habe in der vergangenen Zeit viel gesehen, Gutes wie Schlechtes. Ausschnitte davon habe ich in diesem Buch geteilt, in der Hoffnung, durch meine Geschichte und das, was ich erlebt habe, Menschen in verschiedenen Bereichen zu helfen oder zum Nachdenken anzuregen. Die Themen Social Media, die, wenn man sie so nennen mag, „Glitzer- und Glamourwelt“, der Glaube, mein Körperbild, Übergriffe und das Gefühl, nicht genug zu sein oder sich beweisen zu müssen, begleiten mich fast täglich. Doch ich versuche, an all dem zu wachsen und andere zu ermutigen, ihren Konsum, ihre Sicht auf Influencer, Promis, Luxusgüter und auf sich selbst immer wieder zu hinterfragen. Denn was mich in der vergangenen Zeit zwischen all diesen Themen und Erlebnissen anstelle von Ruhm oder Macht viel mehr getragen hat, ist das Gefühl von Dankbarkeit. Dankbarkeit für diesen neuen Lebensabschnitt, der mich, neben manchen erschreckenden Erkenntnissen, täglich wachsen lässt und mich unglaublich glücklich macht. Eine Dankbarkeit, an die ich mich nicht gewöhnen möchte. Sie soll für immer etwas Wertvolles bleiben.

Während ich mir die letzte Erdbeere in den Mund schiebe, muss ich grinsend an mein jüngeres Ich denken. Sie würde mich mit offenem Mund anstarren und womöglich kreischend im Kreis hüpfen, wüsste sie, wie viel Schönes ich in der vergangenen Zeit erreichen und erleben durfte. Wenn sie wüsste, dass sie am Ende doch noch die richtigen Menschen finden und glücklich werden würde. Ohne ein Chamäleon sein zu müssen.

***

„Bist du heute bei der Teatime dabei?“, fragt mich einer der Lighthouse-WG-Jungs, während er mir eine Packung meines Lieblings-Tees mit Bratapfelgeschmack entgegenstreckt.

Ich nicke und grinse. „Jetzt erst recht!“

Seit einiger Zeit treffen wir uns als WG mindestens einmal pro Woche, um zu reden, gemeinsam Spiele zu spielen und dabei vor allem eins zu tun: Tee zu trinken.

Eine halbe Stunde später sitzen wir bei gedimmtem Licht schweigend um den Esszimmertisch und schreiben Dankbarkeitslisten. Vor mir die dampfende Tasse. Der Schreibprozess hat etwas Heilsames. Es scheint fast so, als würden mit jeder Sache, die ich aufschreibe, die negativen Erlebnisse der vergangenen Monate stückweise verblassen.

Ist es nicht paradox?, schwirrt es mir plötzlich im Kopf herum. Ich lasse es so oft zu, gestresst oder verzweifelt zu sein, und entwickle dadurch häufig einen Tunnelblick auf das Negative. Ein Streit, Neid, Unzufriedenheit und der Gedanke an das, was in meinem Leben besser laufen könnte, bekommen an manchen Tagen mehr Beachtung als das, was mir bereits guttut und mich erfüllt. So wie in den vergangenen Wochen. Aber diese Liste hilft mir, zurück auf den Boden der Tatsachen zu kommen.

Auch wenn ich es damals noch nicht wissen konnte, hat sich das Schreiben einer solchen Liste zu einem jährlichen Ritual in meinem Leben etabliert. Um negativen Gedankenmustern entgegenzuwirken, verfasse ich heute, einige Jahre später, bereits die sechste Dankbarkeitsliste, die mir noch immer hilft, negative Erfahrungen loszulassen.

Dankbarkeitsliste 2024

„Ich bin dankbar für die Sonne, die morgens in meine Wohnung scheint. Für Croissants und Chai Latte. Dankbar, dass ich mir meine Zeit zum Arbeiten selbst einteilen kann. Für Freunde, die im letzten Jahr zu Familie geworden sind. Für den Park in der Nähe meiner Wohnung und die kleine Eisdiele, die das beste After-Eight-Eis der Welt verkauft. Ich bin dankbar für den Titel „Miss Germany", der mir so viele Türen öffnet. Dankbar für all die Städte und Länder, die ich dadurch bereisen darf, und für meine beiden Managerinnen Ria und Katha, die mir helfen, mit all dem zurechtzukommen. Ich bin dankbar für den Geruch von frischem Sommerregen und dass ich sowohl in Magdeburg als auch in Wien ein Zuhause gefunden habe. Dankbar, dass ich es mir leisten kann, mehrmals pro Woche essen zu gehen, und dass ich die Dachterrasse meiner Nachbarn mitbenutzen darf. Ich bin dankbar für meinen gesunden Körper und dafür, dass ich das Gefühl habe, mich langsam immer mehr in ihm wohlzufühlen. Ich bin dankbar für die Gemeinde, die ich gefunden habe, und dass sich durch ein simples „Okay" zu einer Winterfreizeit vor so vielen Jahren mein ganzes Leben verändert hat. Dankbar für meine Mädels, für tiefgründige Gespräche, Städtetrips, Kaffee-Dates und lange Telefonate. Es ist ein Privileg, Freundinnen in so vielen Städten zu haben und besuchen zu können. Ich bin dankbar für meinen Job als Gnadauer Jugendbeauftragte und Podcast-Hostin. Für all die vergangenen und kommenden Opern-, Theater- und Ballettbesuche. Ich bin so dankbar für gute Bücher, vor allem aus der Sparte „cosy crime". Ich bin dankbar für Tomatensuppe, meinen Glauben, der mich so oft trägt, und

all die Herausforderungen der letzten Zeit, an denen ich wachsen durfte. Ich bin dankbar für mein Leben und wie gut es geworden ist.“

Es gab eine Zeit, in der ich dachte, dass ich nicht fürs Glücklichsein bestimmt sei. Ich war wütend über all das, was mir widerfahren ist. Enttäuscht von meinem Leben, das mir im Vergleich zu dem, was ich täglich auf Social Media sah, so unglamourös und unbequem erschien.

In den letzten Jahren habe ich begriffen, dass die normalste Sache der Welt ein unglamouröses Leben ist. Diese Erkenntnis hilft mir bis heute fast jeden Tag, mit großen und kleinen Herausforderungen und Tiefpunkten umzugehen und dennoch glücklich zu sein.

Doch einmal im Jahr gibt es im Normalfall den Moment, an dem mir plötzlich alles zu viel wird. Das Einzige, was ich in dieser Situation fühle, sind Überforderung und Panik. Und an diesem Punkt hilft weder irgendeine Erkenntnis noch eine Dankbarkeitsliste. Meine Projekte und Verpflichtungen scheinen nicht ansatzweise machbar. Weder zeitlich noch im Rahmen meines Energielevels. Es fühlt sich an, als würde ich vor lauter Aufgaben ersticken. Phasen, in denen es mir schwerfällt, dankbar zu sein, und in denen ich am liebsten alles hinschmeißen und mich unter meiner Bettdecke verkriechen würde.

Normalerweise rufe ich für den nötigen Energieboost tränenüberströmt meine Mutter an. „Mausi, du schaffst das. Such dir eine Aufgabe, mit der du beginnst, und arbeite Schritt für Schritt deine To-do Liste ab.“ Heilsame Worte, die mich an eine Passage des Kinderbuches *Momo* erinnern. Die Protagonistin

Momo sitzt gemeinsam mit dem alten Straßenkehrer Beppo am Tisch. „Manchmal hat man eine sehr lange Straße vor sich. Eine so schrecklich lange, dass man denkt, man könnte sie niemals schaffen", erklärt er Momo und ergänzt: „Und man fängt an, sich zu eilen, und man eilt sich und eilt sich. Und sie wird trotzdem nicht kürzer. Diese Straße, sie bleibt genauso lang wie vorher. Nur, dass man am Ende vor lauter Anstrengung ganz aus der Puste ist. Man strengt sich an und strengt sich an und kann nicht mehr."

In solchen Phasen fühle ich mich wie Beppo, der die niemals endende Straße kehrt. Dann, wenn mir meine Aufgaben über den Kopf wachsen oder mich erneut ein kleiner oder großer Rückschlag trifft. Ich renne, versuche, mache, strenge mich an und werde am Ende doch nicht fertig. Aber in diese Situation hinein teilt er mit Momo eine wertvolle Weisheit. „Du darfst nie an die ganze Straße auf einmal denken, verstehst du? Man muss immer nur an den nächsten Schritt denken. Atemzug. Und Schritt. Und Besenstrich. Immer und immer wieder. Dann macht es Freude. Das ist wichtig! Dann machst du deine Arbeit gut! Und auf einmal merkt man, dass man die ganze Straße gemacht hat. Schritt für Schritt. Ohne aus der Puste gekommen zu sein."

Ich versuche, nicht mehr zu rennen und dabei meine Dankbarkeit zu verlieren. Ich versuche, schrittweise mit dem umzugehen, was vor mir liegt, und mich in diesen Phasen von der Dankbarkeit tragen zu lassen. Aufgabe für Aufgabe. Tiefpunkt für Tiefpunkt. Glücksmoment für Glücksmoment. Lebenskapitel für Lebenskapitel. Denn wie bereits bei Momo gesagt: Das macht glücklich!

Einundzwanzig Jahre meiner Lebensstraße habe ich wie Beppo bereits gekehrt und einen neuen Abschnitt beginne ich schon bald unter dem Motto: „Journalismus ist eine Reise."

Anhang

Möchtest du mehr über die anderen Kandidatinnen wissen?

Steckbriefe der Finalistinnen

Romy Kölzer:
Ex-Tennisprofi, Business & Performance Coach und Co-Founderin von „The Female Brand"
Thema/Kernsatz: Ich will als Vorbild vorangehen und Female Empowerment leben. Mein Ziel ist es, Frauen im Rahmen eines Netzwerkes miteinander zu connecten, um gemeinsam an Problemen zu arbeiten und dadurch wachsen zu können.

Eva Placzek:
Hebamme, Wirtschaftspsychologin, Gründerin des Podcasts und der Aufklärungsplattform „Frauenstark" und Speakerin im Bereich „Gewaltfreie Geburtshilfe"
Thema/Kernsatz: Jeder dritten Frau wird Gewalt unter Geburt angetan, weshalb ich als Hebamme aktiv dagegen arbeite. Mein

Ziel ist es, aufzuklären, ein neues System zu entwickeln und die Geburtshilfe wieder menschlicher zu machen.

Chantal Epli:
Staatlich geprüfte Modedesignerin, Mama und Gründerin des „Glückskind Reutlingen“ Stores
Thema/Kernsatz: Ich setze mich für Mütter ein und will mit meiner eigenen Geschichte zeigen, dass Karrierefrau und Mutter keine Gegensätze sind. Ich mache mich dafür stark, dass Frauen im Beruf sowie als Mutter wertgeschätzt und gefördert werden.

Lena Petrides:
Partnerin einer Investment-Kanzlei, strategische Unternehmens- & Investmentberaterin und Co-Founderin des „Female Cashflow Clubs“.
Thema/Kernsatz: Frauen verdienen im Schnitt immer noch 21% weniger als Männer, haben weniger Vermögen und deutlich geringere Renten. Ich will finanzielle Emanzipation vorantreiben und Wissen aus diesem Bereich weitergeben, um Frauen den Schritt in die finanzielle Unabhängigkeit zu erleichtern.

Audrey Boateng:
Laufendes Studium im Bereich „International Business Management“, Menschenrechtsaktivistin, Gründerin einer NGO für hilfsbedürftige Kinder in Ghana und Schauspielerin.
Thema/Kernsatz: Meine Stimme ist für alle Frauen, denn ich will eine inklusive und diskriminierungsfreie Gesellschaft

einfordern und mich für alle stark machen, die jetzt noch nicht gehört werden!

Vanessa Didam:
Schornsteinfegermeisterin und Energieberaterin
Thema/Kernsatz: Nur jede zehnte Mitarbeitende im Handwerk ist weiblich. Ich möchte junge Menschen und insbesondere junge Frauen für Handwerksberufe begeistern und sie in diesem Prozess begleiten.

Sandra Friedrichs:
Freie Redakteurin, aktiv in der PR- und Marketingabteilung im Bereich Gaming und selbstständig als Streamerin und Youtuberin.
Thema/Kernsatz: Mein Ziel ist es, der Gaming-Community eine Plattform zu bieten, um über ihre Probleme zu sprechen und dadurch die Einsamkeit zu überwinden. Mentale Gesundheit spielt auch bei Livestreams und Games eine große Rolle, dagegen wird bisher aber zu wenig vorgegangen!

Saskia von Bargen:
Angehende Einzelhandelskauffrau & Aktivistin der LGBTQIA+ Community.
Thema/Kernsatz: Wir müssen uns bemühen, eine inklusive Gesellschaft zu schaffen, in der die Vielfalt der Identitäten gefördert, anerkannt und gefeiert wird. Dafür benutze ich meine Stimme.

Catharina Convents:
CEO des Unternehmens „Katia Convents“, Modedesignerin für „Let’s Dance“, Tänzerin und Plus Size Model.
Thema/Kernsatz: Unser Körper ist das Fundament für neues Leben, ich selbst kann keine Kinder auf natürlichem Weg bekommen, doch der Weg zur künstlichen Befruchtung ist ein langer. Ich mache mich dafür stark, dass Frauen bei der Thematik Kinderwunsch finanziell und emotional mehr unter die Arme gegriffen wird.

Möchtest du wichtige Arbeit mit einer Spende unterstützen?

Spendenwerke

EASTSIDE.
Jugendgemeinde in Magdeburg, mit dem Fokus, junge Menschen durch Freizeiten, Veranstaltungen und wöchentlichen Jugendkreis zu erreichen, dabei Glaubensfragen zu beantworten und im musikalischen, kreativen und sozialen Bereich zu fördern.
Empfänger: EC Magdeburg
IBAN: DE88 5206 0410 0008 0248 80

ALABASTER JAR
Berliner Hilfsprojekt für Frauen in der Prostitution
Empfänger: Samaritan’s Purse e.V.
IBAN: DE12 3706 0193 5544 3322 11
Betreff: Alabaster Jar